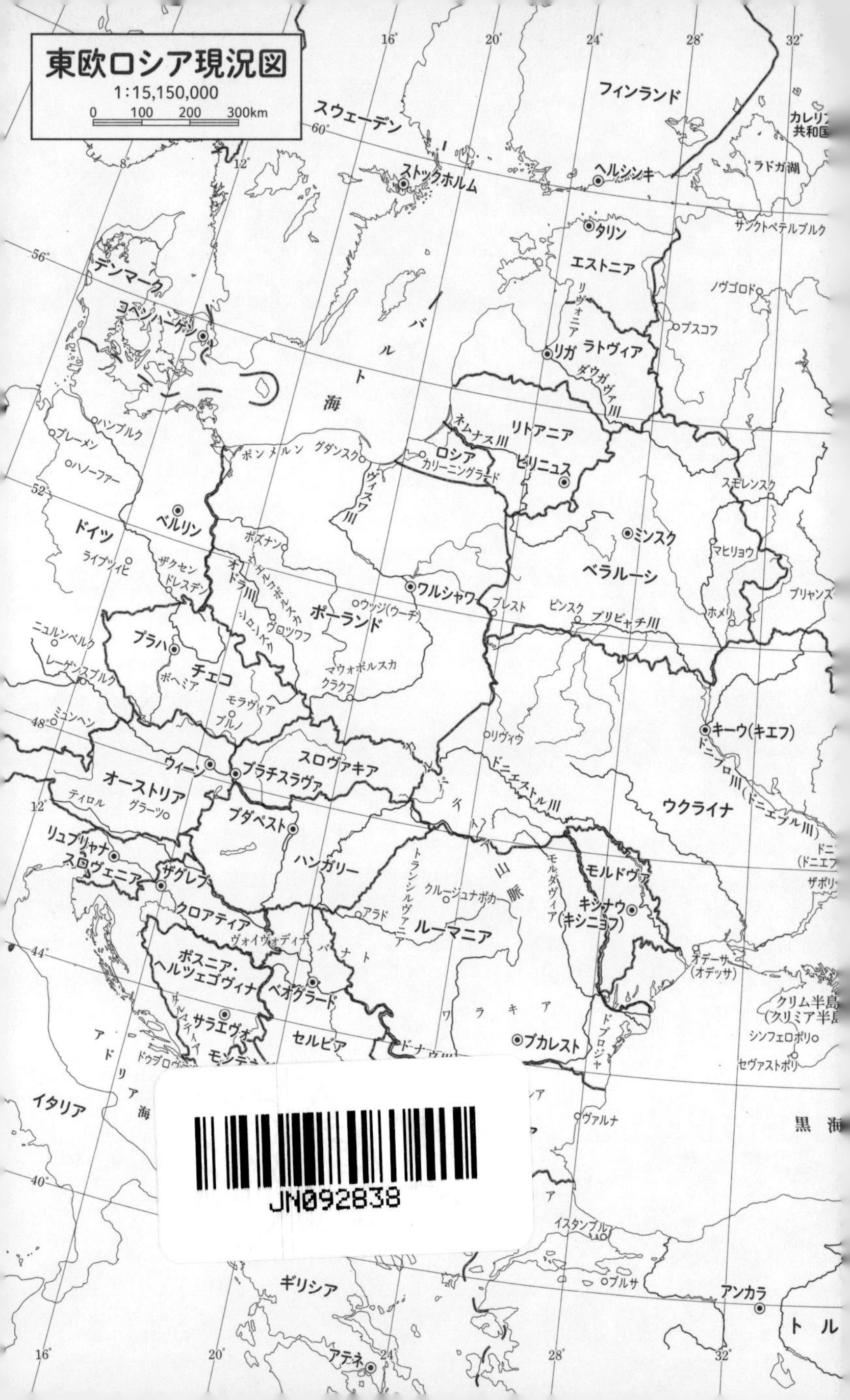
東欧ロシア現況図
1:15,150,000
0 100 200 300km
16°
20°
24°
28°
32°
8°
12°
60°
56°
52°
48°
44°
40°
フィンランド
スウェーデン
カレリア共和国
ラドガ湖
ストックホルム
ヘルシンキ
サンクトペテルブルク
タリン
エストニア
ノヴゴロド
デンマーク
コペンハーゲン
バルト海
リヴォニア
プスコフ
リガ
ラトヴィア
ダウガヴァ川
ハンブルク
ブレーメン
ハノーファー
ポンメルン
グダンスク
ロシア
カリーニングラード
ネムナス川
リトアニア
ビリニュス
スモレンスク
ヴィスワ川
ベルリン
ドイツ
ポズナン
ミンスク
マヒリョウ
ライプツィヒ
ザクセン
ドレスデン
オドラ川
ヴィエルコポルスカ
ワルシャワ
ベラルーシ
ブリャンスク
ウッジ(ウーチ)
ブレスト
ピンスク
プリピャチ川
ホメリ
ポーランド
ヴロツワフ
シロンスク
ニュルンベルク
プラハ
チェコ
レーゲンスブルク
ボヘミア
マウォポルスカ
クラクフ
モラヴィア
ブルノ
ミュンヘン
キーウ(キエフ)
リヴィウ
スロヴァキア
ウィーン
ブラチスラヴァ
ドニプロ川(ドニエプル川)
ドニエストル川
オーストリア
ティロル
グラーツ
カルパティア山脈
ウクライナ
ブダペスト
リュブリャナ
スロヴェニア
ザグレブ
ハンガリー
トランシルヴァニア
モルダヴィア
モルドヴァ
ドニエプル
ザポリージャ
クルージュナポカ
キシナウ(キシニョフ)
クロアティア
アラド
ルーマニア
ヴォイヴォディナ
バナト
オデーサ(オデッサ)
ボスニア・ヘルツェゴヴィナ
ベオグラード
ダルマティア
クリム半島(クリミア半島)
サラエヴォ
ワラキア
ドブロジャ
シンフェロポリ
アドリア海
セルビア
ブカレスト
セヴァストポリ
ドナウ川
ドゥブロヴニク
イタリア
ヴァルナ
黒海
イスタンブル
ブルサ
ギリシア
アンカラ
トルコ
アテネ

YAMAKAWA SELECTION

スラヴ民族の歴史

伊東 一郎 編

山川出版社

［カバー写真］
ミュシャ「スラヴの菩提樹の下で誓いを立てる若者たち」
（『スラヴ叙事詩』より）

『山川セレクション　スラヴ民族の歴史』への序文

本書は一九八六年に故森安達也先生の編により出版された『民族の世界史 10　スラヴ民族と東欧ロシア』のセレクション版として刊行されるものである。原書は従来ソビエト・ロシア史と東欧史という二つの枠組みで別々に論じられてきたスラヴ民族の歴史を諸民族の相互関係の歴史として通観し、あわせて共通性の多いスラヴ民族の民衆文化を通文化的に概観する、という趣旨で編まれた。四〇年近く前にこの原書が出版された当時、連邦国家ソ連もチェコスロヴァキアもユーゴスラヴィアもまだ存在しており、東西ドイツはまだ統一されていなかった。二〇二〇年代を迎えた今、解体と分裂を重ねて細分化され、隔世の感があるスラヴ諸民族である。しかしその歴史の全体を各国史という縦割りではなく、民族相互の関係史として俯瞰した歴史書がその後も未だにないことに鑑み、今回の出版の計画が立てられた。そのさい原書に紙数を割いたスラヴ諸民族の文化史的な記述は削除し、記述を歴史に絞ったセレクション版をつくることになった次第である。本書の前身の『スラヴ民族と東欧ロシア』の編者であった故森安達也先生に声をかけられ、最若輩の身で執筆に参加した私だったが、今回はおこがましくもセレクション版の編者となることになった。本書が不世出のスラヴィストでいらした森安先生に恥ずかしくないものになっていることを祈るばかりである。

原書のまえがきで森安先生はその編集方針と理念についてつぎのように書かれており、それは本書においても変わらないので、ここに再録しておく。

「わが国ではいまや主なスラヴ諸国の歴史が邦語で読めるようになっているので、本書では各民族ないし各国の通史はあつかわなかった。そのかわり、スラヴ諸民族が長い歴史のなかで深いかかわりをもった他の民族、他の国々との交渉史といった形で、スラヴ民族史を見直すことにした。簡単にいえば、世界史におけるスラヴ諸民族の役割を明らかにすることである。ふつう関係史というと、加害者と被害者、または高度の文明の供給者と受容者といった図式で割りきりがちである。しかしスラヴ諸民族の歴史は、他の諸民族との複雑な関係と同時にスラヴ諸民族相互の錯綜した関係があり、簡単な図式では割りきれない。本書においてはそういった点にも留意した。その方針にそって第二章第6節（本書第三章第6節）ではオスマン帝国とバルカンの関係をあつかった。

第四章（本書第四章）はスラヴ民族史のまとめとして、近現代の問題をとりあげた。具体的にはスラヴ世界と西欧文化の関係、および社会主義の問題で、これはスラヴ民族が近現代の世界にいかなる寄与をなしたか、という観点でもある」

ちなみに故菊地昌典先生の執筆された第四章第2節は、原書出版当時の一九八〇年代の状況にもとづいて書かれたものだったので、編者の伊東が現在の状況に合わせて手を入れさせていただき、ソ連崩壊後のスラヴ諸民族の歴史の概略をその後に書き加えさせていただいたことをお断りしておく。

一九八〇年代以降のスラヴ諸国において、不幸にもユーゴスラヴィア紛争やロシアのウクライナ侵攻など、スラヴ民族間の衝突が頻発してきたことを考えると、類書のないスラヴ民族史である本書を新しいかたちで出版する意義もあるのではないかと考える次第である。

二〇二二年九月

伊東一郎

追記

本書においては、キリル文字に不案内な読者の便をはかり、キリル文字はすべてラテン文字に転写した。その要点はつぎのとおり(ロシア語を基準として、それと異なる場合は注記する)。

е→e/je, ё→o/jo または ë, ж→ž, й→j, х→ch または x, ц→c, ч→č, ш→š, щ→šč; št（ブルガリア語), ъ→ǎ（ブルガリア語), ы→y, ь→'

目次

山川セレクション

スラヴ民族の歴史

第一章　スラヴ民族とは

スラヴ民族とは

　スラヴ民族を一言で定義するなら、印欧（インド・ヨーロッパ）語のひとつであるスラヴ語派に属するスラヴ諸語を母語とする民族、ということになろう。したがってスラヴ民族という呼称は、ゲルマン民族、あるいはラテン民族といった言語系統を同じくする諸民族の呼称に対応するものといえよう。しかし他の印欧語に比べると、その印欧共通基語からの分化が遅かったこと、単一のスラヴ共通基語の時代が長かったこともあって、スラヴ諸語の言語的共通性はゲルマン系諸語やロマンス系諸語よりもはるかに高い。スラヴ語相互間の近さは、スラヴ人同士が他のスラヴ語をきわめて容易に理解しうるという事実からも知ることができるし、スラヴ諸語において語彙の六〇％は共通であるともいわれているくらいである。したがって言語的共通性から測るかぎり、スラヴ民族の文化はゲルマン民族、あるいはラテン民族よりもはるかに大きな共通性をもっている、ということになる。もちろん、言語的共通性がそのまま文化の共通性であるとはいえないが、われわれがしばしばスラヴ人の文化——たとえば音楽や絵画――にある種の共通の感性的特徴を思いうかべることも確かであり、そこに西欧諸民族とは明らかに異なる民族的特殊性を感じていることも確かであろう。

スラヴ人の文化が西欧文化のもつ普遍的共通性に参与できなかったことにはいくつかの原因を指摘できよう。まず、スラヴ人の地理的環境が西欧からは周辺に位置していたために、西欧文明の基礎となったキリスト教以前のギリシア・ローマ文化の遺産を直接受けつぐことができなかったこと。また他の印欧語族のように近代以降新大陸への進出を経験しなかったため、本来の居住域を超越した国際的な文化を形成することができなかった半面、現代まで保たれた民族の地理的な統一が、スラヴ民族相互の密接な文化的交流を保証してきたこと。また二十世紀のスラヴ圏が、ソビエト・ロシアによって事実上社会主義圏として統一され、その結果、西欧文化圏と政治的に切り離されたこと、などがあげられよう。

しかし逆の見方をするなら、スラヴ人の文化はアジア世界に広く開かれていたのであり、このような地理的条件は、スラヴ世界に西欧とは異なる独自の歴史を歩ませてきた。このためにスラヴ世界を中心とした東ヨーロッパは、つねに歴史の視野からぬけ落ちてきたといえる。たとえば、東西交渉などで論じられるのはもっぱら西欧とアジア、すなわちユーラシアの北西部と南東部であって、その視野には、二億人の人口をもち西ヨーロッパを除く全ユーラシアにひろがるスラヴ世界がすっぽりとぬけ落ちている。

無印　スラヴ
ゲルマン
バルト
他の印欧系
フィン・ウゴル系
アルタイ系
カフカズ系
アフロアジア系
ラップ人
フィンランド人
フィン(カレリア)人
ノルウェー人
スウェーデン人
ロシア人
コミ人
コミ・ペルム人
エストニア人
マリ人
チュヴァシ人
ラトヴィア人
タタール人
ウドムルト人
デンマーク人
リトアニア人
モルドヴィン人
バシキール人
ポーランド人
ベラルーシ人
ロシア人
ドイツ人
チェコ人
スロヴァキア人
ウクライナ人
カザフ人
ハンガリー(マジャール)人
カルムイク人
★
ルーマニア人
グルジア人
トルクメン人
イタリア人
セルビア人
ブルガリア人
アゼルバイジャン人
アルメニア人
ギリシア人
トルコ人
イラン人
アラブ人
★スロヴェニア人，クロアティア人，マケドニア人

東欧ロシアの主な民族分布

スラヴ人の歴史をたどることは、こうして、ロシアと東ヨーロッパという概念で分断されてきたスラヴ世界をユーラシア史全体の視野からとらえなおすことである。それでは、このスラヴ民族とはどのように形成され、現在の地理的環境に位置を占めるようになったのであろうか。

1　国家形成以前のスラヴ人

現在までの言語学的研究によると、スラヴ人が六～七世紀ごろまで言語的統一を保っていたことは明らかである。しかしその故地がどこであったか、すなわちどこでスラヴ民族が民族的な独自性を獲得して歴史の舞台に登場したかということについては、結局、現在まで確かなことはわかっていない。これは、ゲルマン民族やギリシア・ラテン民族と異なり、中世以前のスラヴ人が文字をもっていなかったために、考古学的資料の民族的帰属を明らかにすることがきわめて困難であること、また言語学的方法によってもこの問題の探究には限界があること、さらにこの問題の解明にスラヴ諸国の学界における民族主義的感情が微妙にからんでいることなどが原因となっている。

印欧語族の故地

スラヴ人の故地を論じるためには、まず印欧語族の想定上の故地をある程度確定しなければならない。この印欧語族の故地については諸説が唱えられており、そのなかで前四千年紀に黒海北岸に現われる高塚墳《クルガン》文化を印欧語族共通の文化とみなすリトアニア出身のアメリカの考古学者ギムブタスの説が比較的有力である。しかしこの地方を、当時まだ未分化のラテン語、ケルト語、イリュリア語、ゲルマン語、バルト語、スラヴ語などのヨーロッパ系印欧語のみの共通の故地とみなすロシアとジョージアの言語学者イヴァーノフ、ガムクレリッゼの考えもあり、それによれば、この地域での「原古代ヨーロッパ語」の成立は前三千年紀ごろとされる。いずれにしても、のちにスラヴ民族に分化するグループを含む印欧語族の一派が、このころ黒海北岸に居住していたことは明らかであろう。

印欧語族は前二千年紀にはアナトリア、エーゲ海、地中海地域に進出し、また西進して単葬墓と副葬品の石の戦斧《せんぷ》を特徴とする戦斧文化をヨーロッパにもたらす。彼らはウマを家畜として用い、製銅術を知っていた。この文化の一派として、前一七〇〇年ごろ、初期農耕文化であるいわゆる「縄文土器文化」が現われる。この文化は、中部ドイツを中心としてポーランドにおよんでいた。その担い手は明らかではないが、おそらくゲルマン、ケルト、スラヴ、バルト、イリュリアなどのヨーロッパ系の印欧語族の一部に関係するものであろう。一部のソビエトの学者は、この文化をすでに分化した原スラヴ人のものとみなしているが、一般には承認されていない。これに対してギムブタスは、この

「縄文土器文化」の同時代にカルパティア山脈の北にひろがっていた印欧語族の文化(北カルパティア文化)を、のちの原スラヴ人の文化の核になるものとみなしている。この文化はドニエストル川中流域にひろがり、「縄文土器文化」と密接な関係をもっていた。新石器時代に同じ地域にひろがっていた農耕文化であるククテニ・トリポリエ文化と異なり、この文化は牧畜を中心とした印欧語族の文化的特徴をよく示している。

言語学的な視点から原スラヴ人の文化の成立を考える場合、いつスラヴ語が印欧共通基語から分化・独立したかが問題になるが、この分化の時期については、考古学的資料はなにも語ってくれない。その時期については、前一千年紀の中葉を中心としてさまざまな説が唱えられているが、ごく初期に成立していたヒッタイト、トラキア、イリュリア、トカラ、アルメニアなどの諸言語と比べると、スラヴ語の印欧語からの分化はもっとも新しい時期におこったと考えられる。このことも原スラヴ人の文化を考古学的に確定することを困難にしている。またスラヴ語とバルト語の間に共通基語時代を認めるかどうかについても見解が分かれており、ポーランドの学界では伝統的に共通基語時代を認める説が有力だったが、現在ではむしろ並行発達説のほうが有力である。

スラヴ人の故地

十九世紀以来スラヴ人の故地として想定されてきたのは、西はオドラ(オーデル)川にいたる中央ヨ

青銅器時代末期のラウジッツ文化

ーロッパ、東はウラル山脈から中央アジアにいたる広大な地域である。しかしそれらの地域のなかで、現在も故地として考えうるものは、大きく分けて次の二つである。

(1) ヴィスワ川とオドラ川にはさまれた中部ヨーロッパ

(2) 黒海北岸の現在のウクライナ地方

考古学の分野で第一の説を支持するものは、ポーランドの考古学者コストシェフスキらであり、第二の立場をとるのは、前述のギムブタスである。またチェコの歴史家ニーデルレやロシアの考古学者トレチヤコフなどは、この両者の折衷的な説をとっている。

◉ラウジッツ文化説

ヴィスワ・オドラ説の骨子は、前十四〜

前十三世紀に、バルト海、エルベ(ラバ)川、カルパティア山脈、ブグ川に囲まれた地域、すなわち現在のポーランド、ボヘミア、モラヴィアに広がっていた農耕・牧畜文化であるラウジッツ文化を原スラヴ人の文化に結びつけるものである。青銅器時代後期から鉄器時代前期にかけてのこの文化は、矩《く》形《けい》住居集落で有名なポーランド西部のビスクーピン湖遺跡にみられるように、多くの高城・水城を建設し、防塞《ぼうさい》集落を形成していた。またこの文化は、遺灰を骨壺に納めて埋葬した火葬墓地をもっており、アルプス北部のクノヴィッツおよびヘッティンク文化とともに、この時代の中部ヨーロッパに出現する火葬墓文化の一部を構成している。その遺物と建造物は、この文化の担い手がスキタイ系の遊牧民と活発な交易を行なっていたこと、また同時に彼らと高い緊張関係にあったことを物語っている。

このラウジッツ文化は、地域的に西部と東部の二つに分かれる。西部ラウジッツ文化は、前一四〇〇年ごろドナウ川中流域から影響を受けた前ラウジッツ文化を基礎に形成され、東部ラウジッツ文化は、前十三〜前十二世紀にトシチネツ文化を基礎に形成されたもので、ケルトとイリュリア系の文化的要素を示していた。

コストシェフスキは、ラウジッツ文化を基礎としてカシューブ地方の北部に成立したポモージェ(ポメラニア)文化をスラヴ共通基語時代(前八〇〇〜前三〇〇)の文化に比定している。このラウジッツ文化説は、チェコの歴史家ニーデルレによって基本的に支持されているが、彼はラウジッツ文化人をスラヴ人の唯一の先祖とみなすことには慎重で、スラヴ人の故地をラウジッツ文化の枠を超えてヴィスワ川の東方のドニエプル川流域にまで拡大している。これに対しロシアの考古学者セドフは、ラウジッツ文化を未分化のヨーロッパ系印欧語族の文化とみなしている。彼はまたラウジッツ文化からポモージェ文化への連続性を否定し、ポモージェ文化はむしろ西バルト系の文化であったと考えている。

一方、ポーランドの言語学者レール゠スプワヴィンスキは、原スラヴ人の文化と異論なくみなしうるのは東部ラウジッツ文化のみである、としている。彼によれば、前二〇〇〇年ごろに東進してきた縄文土器文化人と西進してきたフィン・ウゴル族と思われる櫛目文《くしめもん》土器文化人とがオドラ川とオカ川の間で交わった結果、原バルト・スラヴ族が形成された。そして前十三世紀ごろに彼らはラウジッツ地方に移動し、そこで元来ケルト・イリュリア系の文化であった東部ラウジッツ文化と接触した。この結果、この地域で、東部の原バルト人と西部の原スラヴ人が分化し、前述のポモージェ文化から後述のプシェヴォルスク文化へとスラヴ人の文化が展開していくと考えるのである。このように、レール゠スプワヴィンスキをはじめとするポーランドの言語学者の大部分は、バルト語とスラヴ語との間に共通基語時代を認めるバルト・スラヴ同祖説の信奉者であり、ラウジッツ文化をスラヴ人の単独の故地として仮定したために、バルト・スラヴ共通基語時代をこの仮説のようにきわめて古い時代に想定せざるをえなくなっている。

他方、ロシアの考古学者トレチヤコフは、ラウジッツ文化を原スラヴ人の文化の形成に参与したもっとも重要な文化のひとつとはみなしているものの、この文化をスラヴ人全体の故地とみなすことには反対している。それはラウジッツ地方をスラヴ人の故地とみなすなら、スラヴ人はそこから東進することによって分散したことになるが、ラウジッツ文化の東進の過程は考古学的にあとづけられていないからである。

結局、ラウジッツ文化がスラヴ人の文化であったことを示す決定的な証拠はなく、その民族的帰属は現在も明らかではない。西欧にはこの文化の担い手をイリュリア人、トラキア人、あるいはゲルマン人とみなす説も根強く、またセドフの主張するように、まだ未分化の複数の印欧系民族の祖先であった可能性もあろう。ナチス・ドイツがポーランドに侵入したさいに、ラウジッツ文化＝ゲルマン文化説を「ポーランドは元来ゲルマン人のものである」という主張の傍証としたことからも推測できるように、この問題は純粋に学問的レベルでのみ論じられてきたわけではないのである。

スラヴ人の故地については、このように諸説が唱えられているが、いずれにせよ前八〜前七世紀に北イラン系の遊牧民であるスキタイ人が黒海北岸へ侵入し、西はドナウ川、東はドン川、北はドニエプル川とブグ川の上流にいたる広大な王国をつくりあげた時代に、スラヴ人の居住地はおそらくこのスキタイ人の勢力範囲に含まれており、彼らから大きな影響を受けたと思われる。ラウジッツ文化は前五世紀ごろ消滅するが、その原因もおそらくこのスキタイ人の侵入であったと思われる。シロンスク（シレジア）からモラヴィア、ボヘミアにまでいたるその侵入経路には、多くの破壊されたラウジッツ文化の要塞とスキタイ人の墓が発見されている。このスキタイ人の中央ヨーロッパへの侵入は、そ

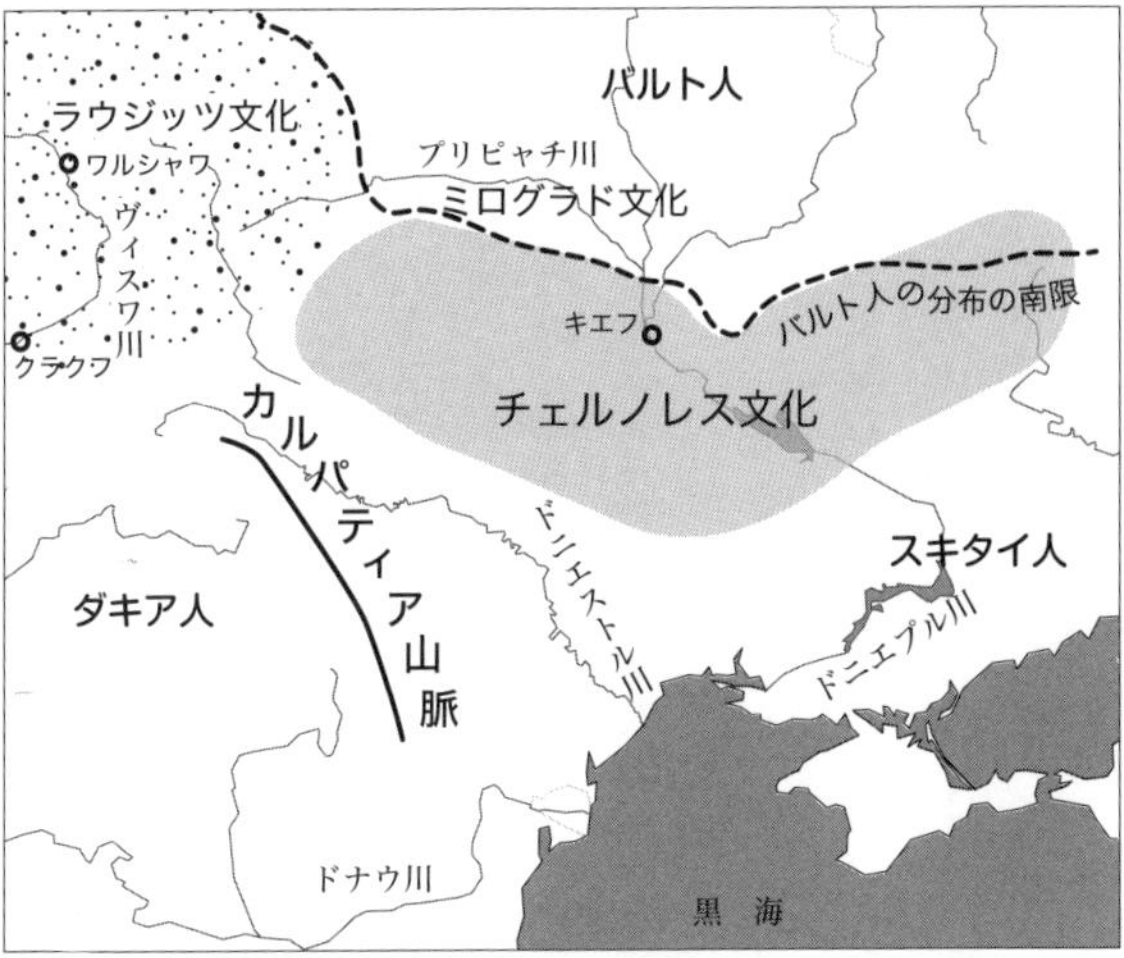

初期鉄器時代(前750〜前500ごろ)におけるチェルノレス文化

の土地の先住民の勢力を弱め、ゲルマン人やケルト人の東への大規模な民族移動の原因ともなった。

もしラウジッツ文化をスラヴ人のものと考えるならば、スラヴ人の文明が他の印欧語族に比べて立ち遅れているのは、このスキタイ人の侵入による打撃が原因と考えられるし、またラウジッツ文化を非スラヴ人のものとみなすなら、スキタイ人によって荒廃させられたエルベ川流域とバルト海沿岸域に、スラヴ人が西進して定着したと考えるのが自然であろう。その後ヴィスワ川中・上流域に前五〜後二世紀に鐘状墓文化と呼ばれる文化が成立するが、セドフはこれをスキタイ人の侵入を契機として西バルト族から分離したスラヴ族のものとみなしている。彼はこの文化を、ラウジッツ文化とその領域に移住してきた西バルト系のポモージェ文化の相互作用によって生まれたものと考えているのである。

◉農耕・農民スキタイ人説

一方ギムブタスは、前述の北カルパティア文化からコマロフ文化、さらにビログルディフカ文化をへて成立したと思われるチェルノレス文化を、最初に同定しうるスラヴ人の文化とみなしている。しかし、ギムブタスは、トレチヤコフがコマロフ文化とともに原スラヴ人の文化とみなしているトシチネツ文化については、これを原バルト人に関係するものと考えている。彼女によれば、チェルノレス文化を担った原スラヴ人は、侵入してきたスキタイ人に征服されたが、ヘロドトスがその『歴史』のなかで「農耕・農民スキタイ人」と呼んでいるのがこの原スラヴ人だという。この仮説は古くから唱えられていたが、のちに述べるトルバチョフとトポロフの研究による古いスラヴ語水名の分布域は、この仮説による原スラヴ人の分布域に一致する。

骨壺原文化

その後前二世紀ごろになると、やはりのちのスラヴ人の分布域にあたる地域に「骨壺原文化《こつつぼげんぶんか》」と呼ばれる文化が現われる。この文化を担った人びとは、一般に遺灰・火葬骨を骨壺に収め、青銅製の副葬品とともに古墳に埋葬した。

この骨壺原文化のなかで、カルパティア山脈東南部からヴィスワ川とオドラ川のはざま、ドニエストル川上流域、ハンガリーのティサ川溪谷に前二～後五世紀に現われたものをプシェヴォルスク文化

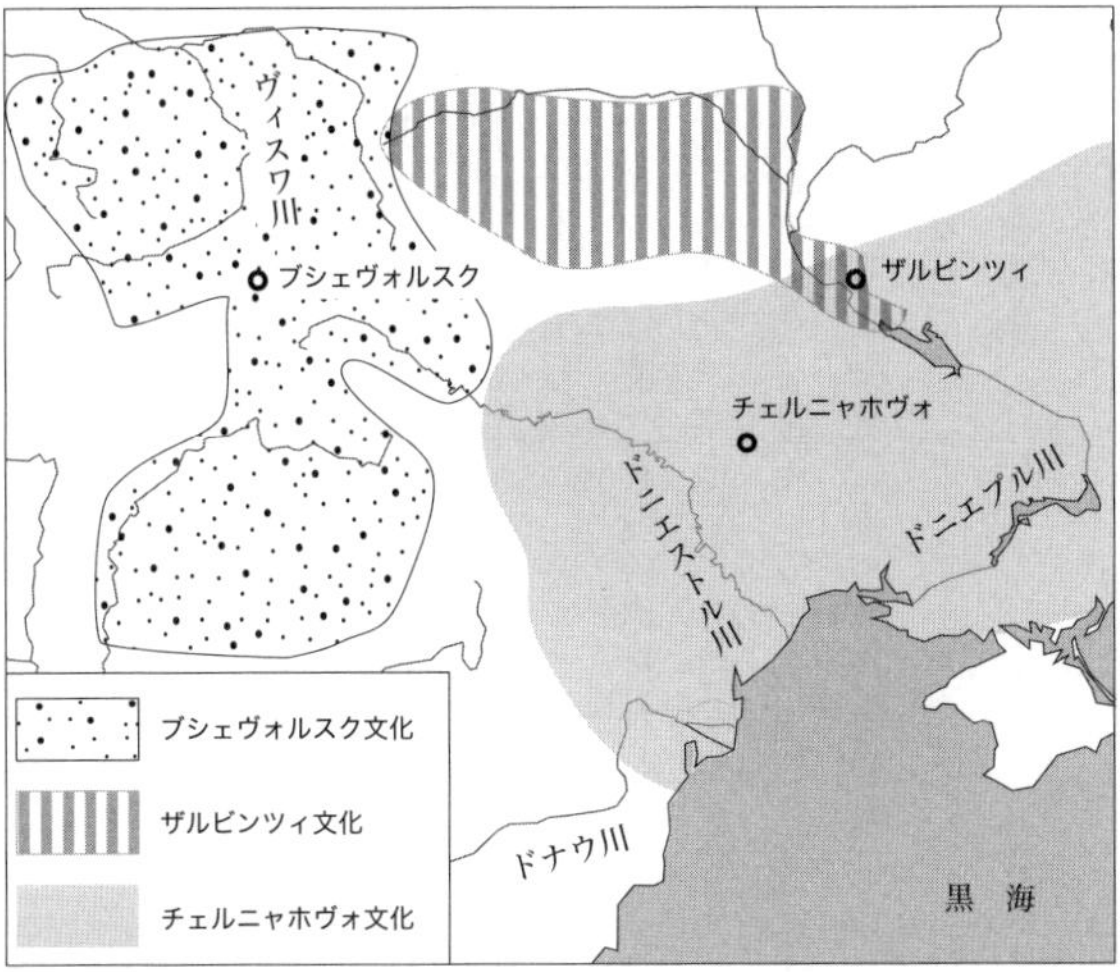

骨壺原文化の分布

と呼んでいる。ポーランドの考古学者の多くは、六世紀の初期スラヴ人の土器とこの文化に特徴的な簡潔な形態の土器との関連性に注目し、これを古代の著作家のいう、いわゆる「ヴェネディ」、すなわち若干の分化をとげた西スラヴ人の文化ではないかと考えており、その文化を「ヴェネディ文化」と呼んでいる。しかし、そこに強く現われたゲルマン的要素には無視できないものがあり、この文化が民族的にはゲルマン系のヴァンダル族やスラヴ族を含む一種の混合文化であった可能性も強い。

これに対して、ドニエストル川流域の骨壺原文化は、しばしば東スラヴ人の文化と考えられてきた。この文化は、前二世紀から後二世紀にかけてウクライナの森林‐ステップ地帯に現われたザルビンツィ文化と、その後二〜七世紀に現われるチェルニャホヴォ文化である。ザルビンツィ文化の特徴は、主に川岸か丘の上に壁をめぐらせてつくった高城の存在であり、この城塞的要素はのちのチェルニャホヴォ文化にはみられなくなる。ザルビンツィ文化人は農耕民だったが、その物質文化にはケルトの強い影響がみられた。彼らは優れた鉄器を生産し、装飾品を残している。しかし、このようなザルビンツィ文化をスラヴ人の文化とみなすことには異論もある。同じ地域にこのザルビンツィ文化に先行して現われるチェルノレス文化をギムブタスのように原スラヴ人の文化とみなすなら、チェルノレス文化とのちのザルビンツィ文化との間になんの関連もみられない事実は説明しにくい。現在では、ザルビンツィ文化をバルト人の文化とみなす仮説も有力である。

ザルビンツィ文化を受けて現われるチェルニャホヴォ文化は、かつてのザルビンツィ文化圏の南、黒海北岸のステップ地帯にひろがっており、以前はしばしば六世紀の文献にその名がみえるアンテス人のそれや、十二世紀ロシアの『原初年代記』に記述されている東スラヴの一二部族に擬せられたが、現在では多くの学者によって否定され、むしろイラン系民族、ゲルマン系のゴート人、スラヴ系諸民族の混合文化ではなかったかと考えられている。なぜなら、この文化の遺跡にはスラヴ人の葬制の特徴である火葬墓だけでなく、土葬墓も数多く発見されているからである。またチェルニャホヴォ文化に特徴的な長方形の地上式住居は、六世紀以降に現われるスラヴ人特有の半地下式の竪穴住居とはまったく異なっている。このチェルニャホヴォ文化人は、ロクロでつくった良質の黒色あるいは灰色の陶器をもっており、ローマの貨幣がたくさん発見されていることからローマの属州文化と密接な関係をもっていたことが推測される。この文化が消滅する時期は、この文化のひろがっていた旧ゴート属領にフン族が侵入した時期に一致しており、この文化を担っていた農耕定住民の文化を破壊したのはフン族であったと考えられる。

このように現在までの考古学の成果を総合するならば、かつて縄文土器・戦斧文化、ラウジッツ文化から骨壺原文化にいたる直線的歴史としてとらえられていた先史時代のスラヴ人の歴史は、実際にははるかに複雑な様相を帯びていたことが明らかになってきたのである。

言語学による故地の探究

一方言語学の側から提起されてきた諸説もまたさまざまである。言語学の視点からは、まずスラヴ語の印欧語内での親縁関係が故地を考えるうえでの手がかりになる。スラヴ語ともっとも近い関係にある印欧語はバルト語だが、バルト語とスラヴ語との間に単純に共通基語時代を認めるポーランドの学界の意見は、現在ではそのままでは受け入れがたくなってきている。というのも、最近ではスラヴ共通基語の成立前にバルト語内部の分化が起きていた、とする仮説が有力となり、スラヴ共通基語はバルト語のなかでもとくに西バルト語と密接な関係にあったことが明らかになってきたからである。いずれにしても現在にいたるまで、異論なく原バルト・スラヴ人のものとみなされている考古学上の文化圏は存在していない。他の印欧語とスラヴ語との近縁関係から一般的にいえることは、原スラヴ人は北方のバルト人、西方のゲルマン人、東方のイラン人に囲まれたある地域に居住していた、ということだけである。

言語学がこの問題のさらに具体的な究明のために用いてきたのは、スラヴ語固有の動植物名の分析、およびスラヴ語の地名、水名の分布から原スラヴ人の故地を推定しようとする方法である。

ポーランドの言語学者ロスタフィンスキは、スラヴ語の植物名の分析からポレーシエ地方からドニエプル川上流域をスラヴ人の故地とした。これはカリーニングラードとブコヴィナ地方を結ぶ線の西にしか成育しないブナを意味するスラヴ語(ロシア語 buk)がゲルマン語からの借用語であり、西エストニア(エーゼル)諸島とキシニョフ(キシナウ)を結ぶ線の西に成育するイチイとキズタが本来のスラヴ語(ロシア語 tis, pljušč)で呼ばれていることから、この線の間に故地を求めようとするものである。しかしこの地域には、原スラヴ人のものに比定できるような考古学的遺跡は発見されていないし、有史以前の植物の分布域が現在のそれとは大きく異なっていることが明らかになった現在では、この説の説得力は失われつつある。

ドイツの言語学者ファスマーは、水名の分析からプリピャチ川からドニエプル川中流域を原バルト・スラヴ族の分化した地域とみなしている。しかしラウジッツ文化を原スラヴ人のものとみなすポーランドの言語学者は、この地域よりもオドラ川とヴィスワ川にかけての水名のほうがより古い、と

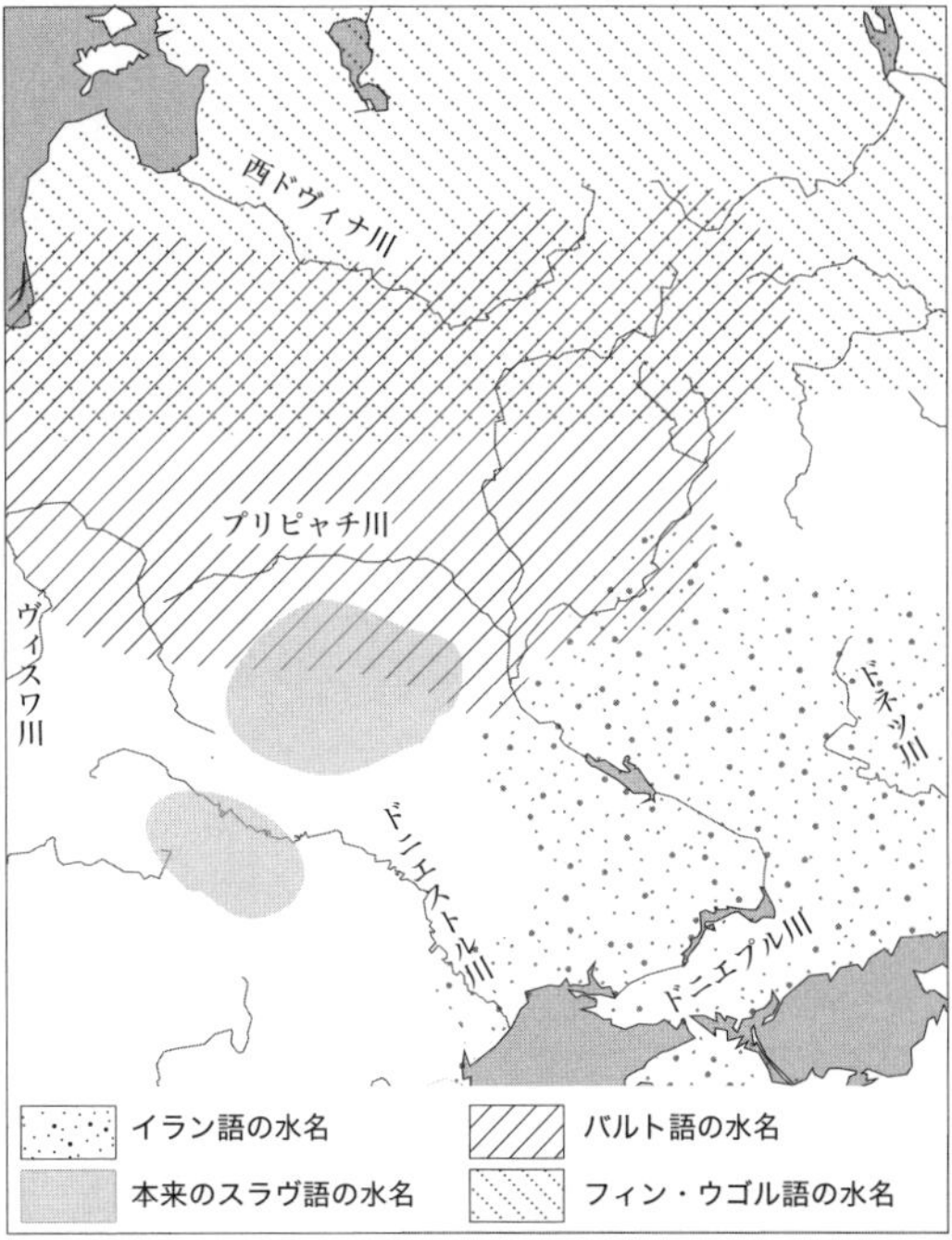

水名の分布

主張している。またロシアの言語学者トルバチョフとトポロフの研究は、プリピャチ川の北とドニエプル川中流域にバルト語起源の水名が集中して現われていることを示しており、スラヴ人の故地をファスマーの推定より南の地域に示唆している。この水名の分布状況は、プリピャチ川沼沢地をかつてのバルト人とスラヴ人を隔てる自然の障壁であった、とするスイス出身の言語学者センの説に結びつく。

考古学からみた六世紀のスラヴ人

このように六世紀以前の考古学

的資料あるいは言語学的分析からは、スラヴ人の故地、およびその後の移住の過程などは漠然としかわからない。異論なくスラヴ人のものとみなされている考古学的遺物は、六世紀以後に現われるいわゆるプラハ・コルチャク式土器のみである。コルチャク式土器文化の中心はプリピャチ川南部の支流であり、東部はドニエプル川流域、西部はブグ川、南はドニエストル川にいたる地域に、またプラハ式土器は現在のチェコスロヴァキア、ポーランドの南部および中部、オーストリアとドイツの東部、ルーマニアとバルカン地方、西ウクライナに広く分布している装飾のない手こねの土器で、それにともなう住居や葬制も、一様な文化の広がりを示している。このプラハ・コルチャク式土器文化を担ったスラヴ人は、典型的な方形の半地下式住居に住み、三、四戸からなる家屋群がグループをなしていた。

このタイプの土器の出現は、それまで半放浪的生活を送っていたスラヴ人の定住化と結びついていると考えられ、その文化はおそらく南ポーランドから東スロヴァキアを故地とし、そこから拡大していったものと思われる。この文化はおそらく同じ六世紀ごろの文献にその名がみえるスラヴ人の一部族スクラヴェニのものであろう。

次にやはりスラヴ人のものと思われる文化が、六世紀から七世紀にかけてウクライナ中部のペニコフカに現われる。このいわゆるペニコフカ式土器文化は、多くの点でプラハ・コルチャク式土器文化と共通性をもっているが、明らかに先行するチェルニャホヴォ文化の影響を受けている。この文化は

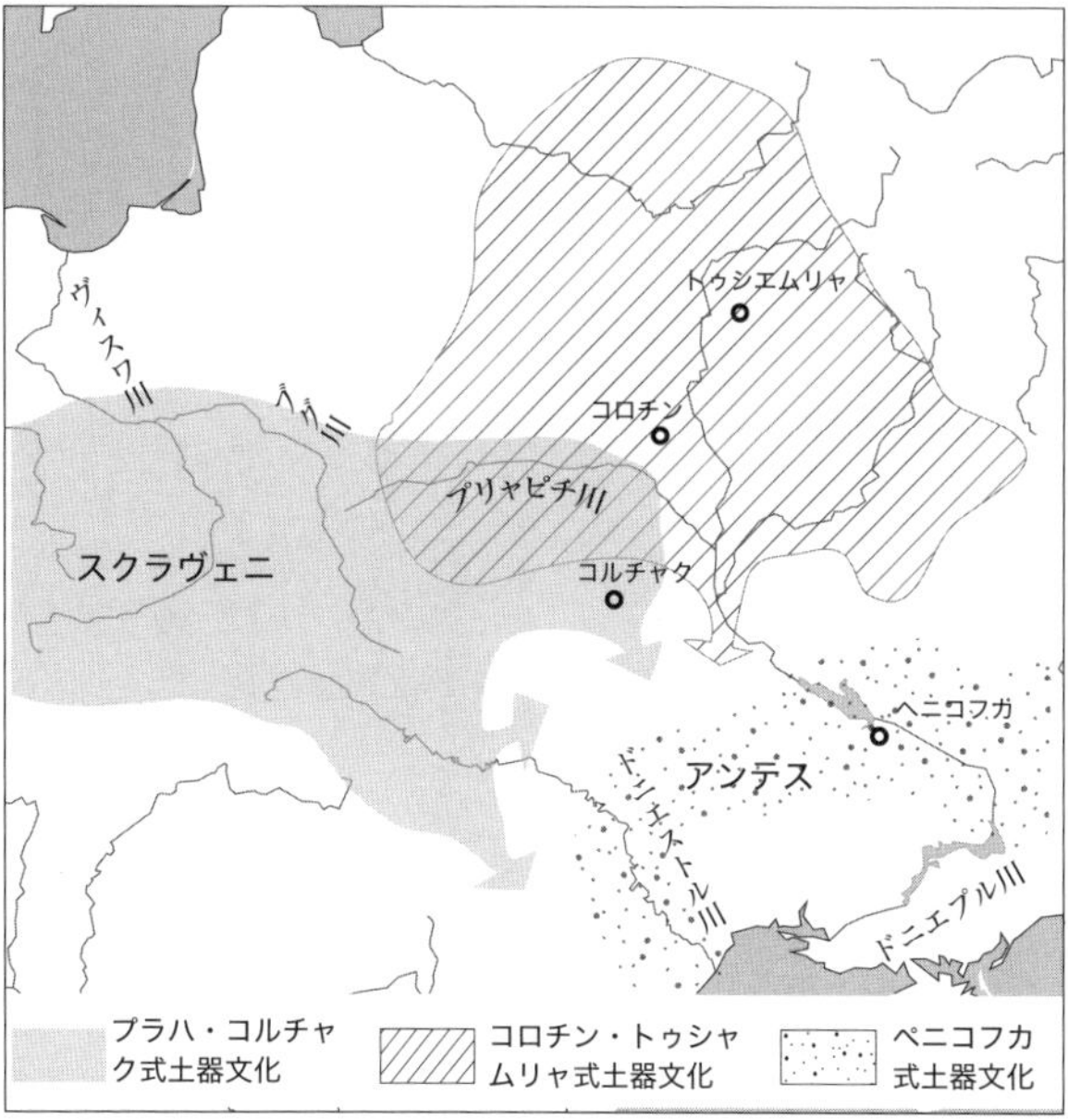

6世紀のスラヴ人の土器文化

おそらくスラヴ化したサルマティア（サルマタイ）人のもので、六世紀の歴史記録にその名がみえるアンテス人の文化と考えられる。またやはり同じころに、ドニエプル川上流の森林地帯にコロチン・トゥシェムリャ型土器文化が現われる。この土器はプラハ・コルチャク式土器とは若干の形態の差があり、バルト人あるいはのちにスラヴ化したバルト人の文化ではないかと考えられている。

こうして考古学と言語学の二つの学問分野での研究成果を総合するならば、その故地はともかくとして移住以前の六世紀前後のスラヴ人の居住域は、カルパティア山脈を南限としてその北と東西にひろがるかなり広い地域であったことが推測されるのである。しかし、言語学的に推定される故地に印欧語族から分化した原スラヴ人が居住しはじめたのは、少なくとも前五〇〇年よりは遅くない時期であると考えられ、その後プラハ・コルチャク式土器文化が現われる紀元後六世紀までの一千年の間、スラヴ人がどのように移動・分散していったかは明らかではないのである。

古典古代の著作に現れたスラヴ人

スラヴ人自身が九世紀まで文字をもたなかったため、それ以前の古典古代の歴史家の著作は、スラヴ古代史をさぐるための重要な資料である。しかしそのような資料は数少ない。古典古代にギリシア人やローマ人が接触したのは、主に黒海北岸に居住していた部族やバルカン半島に南下した南スラヴ人であり、北東ヨーロッパに居住していたスラヴ人とはほとんど没交渉だったからである。

◉スキタイ時代のスラヴ人

スラヴ人をさすと思われる民族名が最初に歴史書に現われるのは、前五世紀のヘロドトスの『歴史』である。ドニエプル川の河口に滞在したヘロドトスは、そこで当時の黒海北岸に居住していた多くの民族についての情報を集め、著書のなかにその名を列挙しているが、そのなかにはスラヴ人の部族も含まれていると推定されている。

たとえば、ドニエストル川とドニエプル川中流域に居住するとされるネウロイ人は、スラヴ人の人狼信仰を思わせる狼への変身儀礼を行なっていたらしいことが記されており、ヌラ、ヌジェッといった現在の東ポーランドの水名に関係があるとも考えられている。このネウロイ人の文化は、多くの考古学者によってミログラド文化に比定されているが、ロシアの言語学者シャーフマトフはこれを西フィン系民族のものと考えたし、この文化をバルト人のものとみなす説も有力である。またこれと区別されている「農耕・農民スキタイ人」と呼ばれていたグループも、多くの学者によってスラヴ人とみなされている。ギムブタスもこれを原スラヴ人とみなし、すでに述べたように、その文化をチェルノレス文化に比定している。また同時代のラウジッツ文化人は、スキタイ人と交易関係を結んでいたことが知られており、少なくともその通商路が当時のスラヴ人の居住域の中を通っていたことだけは確かであろう。そしてこのスキタイ期あるいはそれよりも早い時期に、スラヴ人はイラン系言語から宗教関係の術語を借用したと考えられる。

◉スクラヴェニ

二世紀のプトレマイオスの『地理』によれば、ウラル山脈からスキタイの北部にかけてはアラン、アラノルシなどの諸族とともに、スオベニと呼ばれる民族が住んでいたとされるが、これは六世紀以降の歴史書にギリシア語でスクラヴォイまたはスクラヴェノイ、ラテン語でスクラヴィ、スクラヴィニまたはスクラヴェニの名で言及されるスラヴ人をさしている可能性がある。ビザンツの歴史家プロコピオス(?～五六二)は、その『ゴート戦記』の五三六～五三七年の項において、このスクラヴェノイという民族がドナウ川の下流に居住していたとしており、またこのスクラヴェノイを後述のアンテスと同じ言語を話す、としている。また同じく六世紀の歴史家ヨルダネスは、その『ゴート史』(五五一)において、スクラヴォニなる部族がカルパティア山脈とヴィスワ川の間に居住していた、と記している。

この部族の名称が、ノヴゴロドに居住していたと伝えられる東スラヴのスロヴェネ族、バルト海沿岸に今世紀初頭まで居住していた西スラヴのスロヴィンツ人、現在のクロアティアの地名スラヴォニアなどのそれと同系統のものであることは明らかであり、スラヴ人の総称として用いられているロシア語スラヴャーネなどの語もおそらくここに由来する。その分布を考えるなら、このスクラヴェニは同時代のプラハ・コルチャク式土器文化を担ったスラヴ人であろう。バルカン半島に侵入したスラヴ人が一般的にこの名で呼ばれたために、しばしばスクラヴェニは南スラヴ人のみをさすものと考えられてきたが、それは必ずしも正しくないようである。

これらの語の共通スラヴ語形 *slověninŭ(複数形は *slověne。*は文献上の証拠はなく、言語学的に再建された推定形を表わす)の語源は明らかではない。現在までに唱えられている諸説には、

(1) 「栄光」「誉れ」を意味する slava に関係づけるもの
(2) 「言葉」を意味する slovo に由来すると考えるもの
(3) 水名に由来するとするもの

(4)「自由」を意味するスラヴ語 svoboda と関係づけるもの

(5)「自らの」「自民族の」を意味するスラヴ語 svoj に結びつけるもの

などがある。

このなかで蓋然性の高いのは(2)と(3)ではないかと考えられる。スラヴ人が隣接していた西方のゲルマン人を、彼らの理解できない言語を話す人びと、という意味でネムツィ nemcy、すなわち「無言の人間」と呼んだことを想起するなら、「言葉」slovo をもつ人間、と自らを呼んだことは、考えられることである。実際に十二世紀に書かれた『原初年代記』では、「舌」「言語」を意味する jazyk が民族、部族の意味で用いられているし、スラヴをテーマとした初期のスラヴ語のテクストには、slovo と slověne を用いた言葉遊びがしばしばみられる。これは一種の民間語源である可能性も大きいが、少なくともごく古い時代からスラヴ人の民族意識が言語的共通性によって支えられていたことを示していて興味深い。(1)の「栄光」を意味する slava との結びつきは、おそらく「スラヴ人」の複数形として、のちに slověne にかわって slavjane という語形が現われてから意識されたもので、近代スロヴァキアの詩人ヤン・コラール(一七九三~一八五二)の『スラーヴァの娘』には、スラヴ人 Slav と栄光 sláva を用いた次のような意識的な言葉遊びを見出すことができる。

Slavme slavně slávu Slávův slavných　〝我らは栄えあるスラヴ人の栄光を誉れ高く誉め揚げん〟

またスラヴの名称と結びつく水名としては、プリピャチ川下流に流れこむ一支流にスラヴタ Slavta

川があり、その名はしばしばウクライナ民謡に登場する。また『イーゴリ遠征物語』には、ドニエプル川の枕詞としてスロヴティチという呼称が見出される。同様の語根をもつ水名はウクライナに広くみられるため、スラヴ人の故地をこの地域とする学者たちは、これらの水名にちなんで「スラヴ」なる名称が生まれたと考えている。

この「スラヴ」という名称は、後期ビザンツのギリシア語で南スラヴを意味したスクラヴォイ、中世ラテン語スクラヴィに受けつがれ、さらに中世ドイツ語スクラーヴェンに伝えられた。ちなみに中世初期にスラヴ人は、ヴェネツィア、ヴェルダン、バイエルンのレーゲンスブルクなどで奴隷として売買されており、以来ヨーロッパでは、スラヴ人を意味する語が同時に奴隷を意味する語としても用いられるようになった。ドイツのオットー一世に九五五年に敗れたパンノニア地方のスラヴ人が、大量に奴隷として売られた事件は有名である。なおヨーロッパ諸語の多くで、語頭の sl- が skl- に交替しているのは、この呼称が sl- という音韻結合を許さないギリシア語を経由してヨーロッパに伝えられたためと考えられる。

⦿セルブ族とフルヴァート族

プリニウスは七七年に書いた『自然誌』のなかでアゾフ海とカフカズ(コーカサス)山脈の間に居住するセルビという民族について、またプトレマイオスは二世紀にカフカズ山脈の北東からヴォルガ川の間に居住していた民族のひとつとしてセルボイをあげているが、この名称は、セルビアを中心とする民族名セルブ（セルビア人）および東ドイツに住む西スラヴ族のソルブ（ラウジッツ）人の自称であるセルブにおそらく関係する。現在のポーランドのマウォポルスカ地方からポモージェにかけて、またヴェルコポルスカ地方の全域にサルビアという地名がさかんに現われるが、これはこのころこの地域に居住していた同名の部族連合である「白セルブ」に由来するものであろう。ポーランドの考古学者ヘンセルは、六〜七世紀にアヴァール人の襲来によって崩壊したこの白セルブのあるものはバルカン地方へ、あるものはラウジッツ地方に移住した、と考えている。

また二〜三世紀に黒海の北東からドン川下流にかけて居住していたとされるホロアートイは、名称としては現在のクロアティア人をさす自称フルヴァートに関係し、さきのセルボイのイラン語的形態とも解釈できる。この名称は、十世紀のビザンツ皇帝コンスタンティノス七世・ポルフュロゲネトス（位九一三〜九五九）が現在のカルパティア山脈の北、西ウクライナから東スロヴァキアにかけて居住していたと記している白フルヴァート（白クロアティア人）にも関係し、おそらく同一民族の東から西への移動を物語っていると思われる。

このセルブ族とフルヴァート族の起源については諸説があるが、元来カフカズ（コーカサス）を原住地とするサルマティア系の民族だったものが、フン族の圧迫から逃れて移動する過程で、ゴート族やスラヴ族を吸収し、逆にスラヴ化したものという説が有力である。

◉アンテス

プリニウスは『自然誌』のなかで、アゾフ海とカスピ海の間に居住していたアンテス（複数形アンタエ）に言及しており、二世紀のプトレマイオスもこの名で呼ばれる民族が、クリミア半島とドン川河口付近に居住していたと記している。六世紀のヨルダネスは、ヴェネディ族の主要な支族として、アンテスとスクラヴェニをあげ、この二つの民族が同一の言語を話していたことを強調している。ヨルダネスによれば、アンテスは、スクラヴェニの東、ドニエストル川とドニエプル川の間に位置を占めていた。実際にアンテスは六世紀ごろにこの地域でフン族と戦っている。しかし彼はまた別の箇所では、アンテスとスクラヴェニをヴェネディと別にそれと並列させて言及しており、それらは「ひとつの血で結ばれていた」と表現している。またプロコピオスも、アンテスとスクラヴェニは外見において異ならず、ともに過酷で貧しい生活を送っている、と記している。このアンテスは七世紀にアヴァール人に打撃を受け、以後、その名は歴史文献から姿を消す。

アンテスの名称を、東スラヴの部族名ヴャティチに結びつけ、これを東スラヴの直接の先祖とみなし、その文化を前二〜後七世紀に現われる骨壺原文化、とくにチェルニャホヴァ文化に比定する説は、古くからロシアの歴史家・考古学者らによって唱えられてきた。しかし、すでに述べたように異論も多い。現在ではアンテスをスラヴ化したイラン系の部族連合とみる仮説も提出されており、その予想される分布域は、むしろチェルニャホヴァ文化のあとに現われるペニコフカ式土器文化のそれに重なりあう。またその名称もスキタイ系のイラン語からの借用語で、カフカズのオセト族の名称と同根のアスあるいはオスの複数形に由来する可能性もある。

◉ヴェネディ

プリニウスの『自然誌』は、ヴィスワ川流域に一世紀に居住していたヴェネディ（あるいはヴェネティ）について記しており、九八年に書かれたタキトゥスの『ゲルマニア』は、この時代のヴェネディについて、彼らはカルパティアの東から東ロシアにかけての森林地帯で簡単な住居をつくりながら放浪的な略奪行為を行なっていた、と記している。また二世紀のプトレマイオスによれば、ヴェネディはヴェネディ湾と呼ばれたバルト海と、同じくヴェネディ山脈と呼ばれたカルパティア山脈の間に住んでいた。六世紀のゴートの歴史家ヨルダネスが、スラヴ族の総称としてヴェネディを用いていたことはすでに述べたとおりである。このため伝統的にポーランドの学界は、これを初期の西スラヴ人と考え、前述のプシェヴォルスク文化をこのヴェネディ人の文化とみなしてきた。このようなことからプシェヴォルスク文化はヴェネディ文化とも呼ばれる。

しかしこのヴェネディの名で呼ばれる民族の帰属については問題が多い。というのは、現在までの言語学的研究によれば、ローマ時代にヴェネティと呼ばれていた民族は、ラテン語と著しい類似を示すイリュリア語の一方言を母語としており、前二千年紀にはバルト海沿岸に居住していたことが明らかになってきたからである。このイリュリア系のヴェネティはイタリアのヴェネツィアにその名を残しており、スラヴ系のヴェネティあるいはヴェネディとの関係は明らかではない。しかしゲルマン語でヴィンデン、ヴェンデンはスラヴ人を意味する語として用いられ、東ドイツのソルブ人がドイツ語でヴェンド族と呼ばれていること、フィンランド、エストニア、カレリアなどのロシアに隣接する地域に住んでいるウラル語族が、ヴェネエ、ヴェネなどの名称でロシア人を呼んでいることを考えると、ヴェネディあるいはヴェネティの名称はおそらくケルト語起源で、イリュリア系のヴェネティが、バルト海からバルカン地方へ南下したのちに、名称のみがその土地に東方から移住してきたスラヴ人に転用された可能性が大きい。

このように古典古代の著作家の文献に現われるスラヴ人の像は具体性を欠いており、これらの名で呼ばれるスラヴ人と同時代の考古学的遺跡との関係も必ずしも明らかではない。またヴェネディを西スラヴに、アンテスを東スラヴに、スクラヴェニを南スラヴに単純に比定する古典的な仮説も現在では受け入れがたい。国家成立以前のこの時代のスラヴ人を区分していたものはおそらく言語的分化ではなく、政治的な力関係ではなかったかと考えられるからである。こうしてこれらの古典古代の著作家の記述から推定できることは、少なくとも六世紀にはスラヴ人はほぼ現在の居住域に定住していたらしいということだけなのである。

2　分裂と移住

スラヴ人の分裂と移住

前節に述べたように、スラヴ人の故地はおそらくカルパティア山脈の北部、プリピャチ川の南に位置していたが、四世紀ごろにはすでにスラヴ人は、西はオドラ川流域、東はドニエプル川中流域、北はバルト海沿岸、マズール湖沼帯、プリピャチ川にいたる広い領域を占めていた。

彼らはゴート、フン、アヴァールなどの民族移動を契機として、あるものは南のバルカン半島に南下し、あるものは東に、あるものは西にむかった。これが現在の南スラヴ、東スラヴ、西スラヴの起源である。基本的に農耕民であった彼らは、土地を求めて徒歩で移動していった。

⦿北東ロシアへの移動

スラヴ人の北東への移動がはじまるのはおそらく五世紀のことで、その結果ドニエプル川北部とその支流およびプリピャチ川北部に東スラヴ人の祖先が定住することになる。水名研究の示すところでは、この地域に元来居住していたのはバルト人であった。この東スラヴ人の北東への移動は、六世紀には元来フィン系民族の居住地だった地域にまでいたった。ロシアの考古学者ルイバコフらは、三～五世紀にヴォルガ川上流域地方に現われるいわゆる「長形墳文化」をこの北進した東スラヴ人のもの

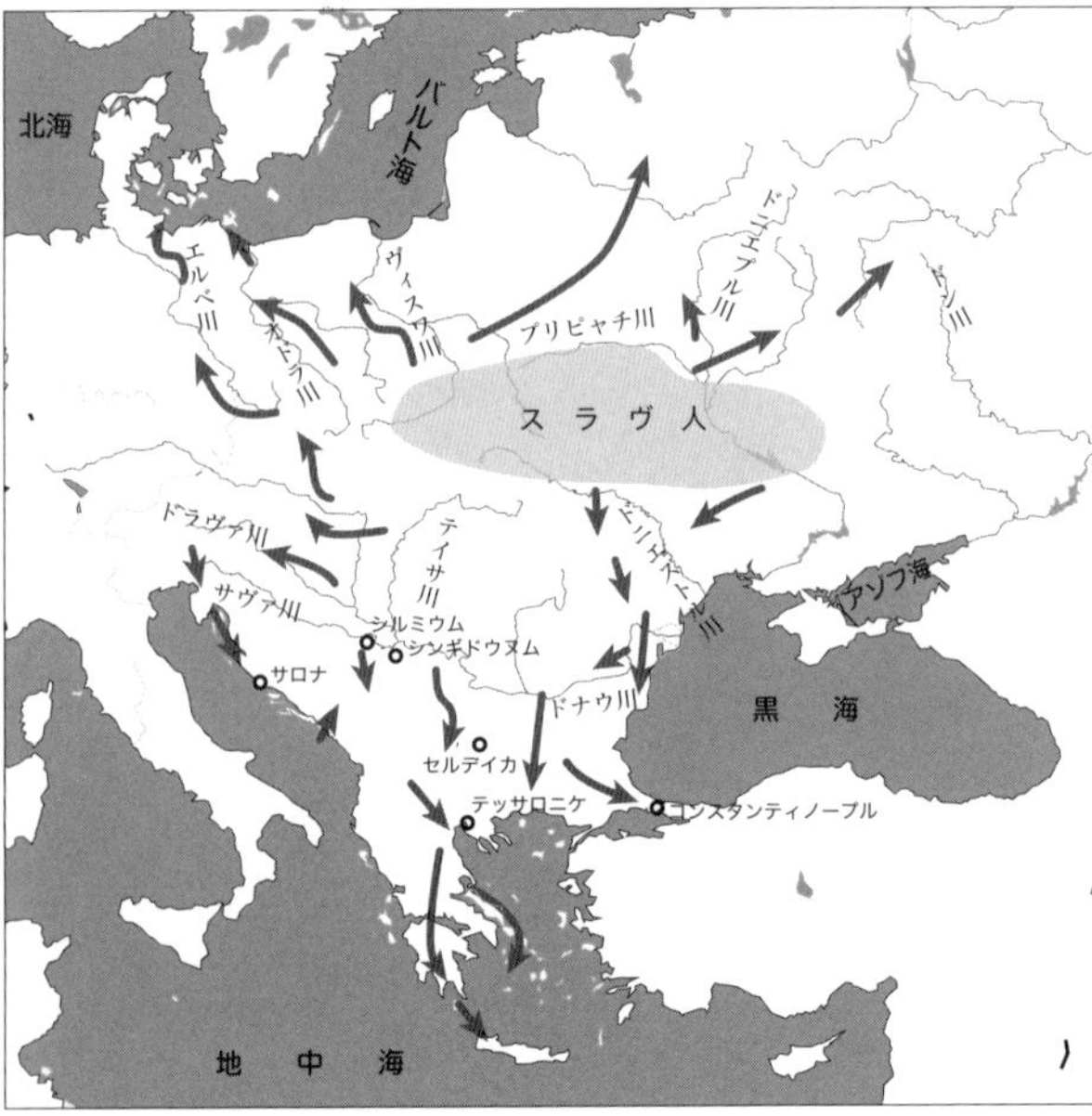

6～7世紀におけるスラヴ人の移住

とみなしている。森林地帯に住む北フィン系諸民族は狩猟・漁撈《ぎょろう》民であり、強力な軍事的勢力を確保することができずに、この東スラヴの北方植民の波のなかに吸収されていった。『原初年代記』には、スラヴ系の部族に隣接して居住していた多くのフィン系民族の名があげられている。しかし東スラヴ人とバルト人、あるいはフィン系諸民族との接触の実態は、これらの民族がいずれも当時文字をもたず文献資料を残さなかったために明らかではない。

◉中部ヨーロッパへの移動

一方スラヴ人の中部ヨーロッパへの移動は、紀元前後からあとづけることができる。バナト地方(ティサ川下流とドナウ川、ムレシ川およびカルパティア山脈に囲まれた現在のルーマニア西部からセルビア北東部にかけての地域)には、二世紀以降スラヴ語起源と思われるヴカ、ヴルバス、ヴチツァといった地名が現われる。しかし、このころのスラヴ人のドナウ川中流域(パンノニア)への植民はおそらく散発的なものであった。五世紀中ごろには、おそらくチェルニャホヴァ文化を破壊したのちのフン族が西進し、この地に侵入するが、スラヴ人はこの時期までここに居住していたらしい。

アッティラへの使節としてビザンツ帝国から派遣されたプリスコスは、四四八年にバナト地方を通ったが、その住民はメドスという飲み物を飲み、彼ら自身の母語のほかに、フン語、ゴート語、ラテン語を話したと記している。メドスはおそらく蜜酒を意味するスラヴ語 medŭ のギリシア語形であり、彼らの母語とは、少なくともプリスコスが対比しているフン語、ゴート語、ラテン語のいずれでもないことから、スラヴ語である可能性が強い。また四五三年のアッティラの死にともなって催された葬儀の記述にさいして、ヨルダネスはその葬儀のなかで、ストラヴァと呼ばれる酒宴が行なわれたことを記しているが、この術語はおそらく葬礼のさいの儀礼的な共食を意味するスラヴ語の *sŭtrava から借用されたものであろう。

ちなみに十二世紀にキエフで書かれた『原初年代記』は、スラヴ人が最初に住みついたのはドナウ川沿岸であった、としており、また十三世紀のポーランドの年代記もパンノニアからポーランド人、チェコ人、ロシア人の先祖であるレフ、チェフ、ルスの三兄弟が出たとしている。このスラヴ人ドナウ原住地説は現在では支持されていないが、少なくとも二世紀以降からスラヴ人がそこに居住していたことは確かであり、これらの年代記の記述もその記憶によるものかもしれない。

アッティラの死後、フン族はアゾフ海沿岸に退き、のちにブルガール族が勃興するさいにその中核となった。ドナウ川中流域に閉じこめられていたスラヴ人は、かつてのローマ、あるいはビザンツの国境地帯への移動の道を開かれ、またカルパティア山脈の東にいたスラヴ人は、ダキアとトランシルヴァニア・アルプス(南カルパティア山系)からスロヴェニア北部ユーリイ・アルプスまでの地域へと移動を続けた。このうち、パンノニアを居住域の中心としたグループはのちのスロヴェニア人となる。

◉西方への移住

紀元後の早い時期にヴィスワ川とオドラ川との間に居住していた西スラヴ人の先祖は、ゴート族の移住を契機として三世紀ごろからゲルマン人の去ったゲルマニア東部に西進をはじめた。五世紀ごろの歴史文献は、エルベ川をゲルマン人と西スラヴ系のソルブ族の境界として記述している。六世紀にはスラヴ人はエルベ川の下流を渡り、七世紀ごろには現在の東ドイツのリューネブルク平原、すなわちエルベ川とヴェーゼル川の間に進出していた。さらにはルギ(ルヤーン)族は、リューゲン島からデンマーク島嶼部にまで進出していた。レトラとリューゲン島のアルコナには、スラヴ異教の神殿があったことが知られている。ザーレ川とシュプレー川の間にはソルブ族、ミルチャニ族、ルジチ族などが居住し、ゲルマン人をさらに西方に移動させた。現在のドイツの南東部シュプレー川上流域で話されているソルブ語は、この当時のソルブ人のこの地域への植民の名残りである。

スラヴ人のドイツへの移住(6世紀ごろ)

　プトレマイオスは、その地図のヴィスワ川下流にヴィルツィ(ヴェレティ)族の名を記しているが、六世紀ごろに彼らはオドラ川中流からシュプレー川上流域に移動してきていた。このヴィルツィ族は、またリュテチ族と呼ばれ、その中心はブランデンブルクにあったが、このころにエルベ川流域に現われるいわゆるフェルドベルク式土器は、この地域に進出してきたヴィルツィ族のものではないかと考えられている。エルベ川とリューゲン島の間のバルト海沿岸地域にはオボドリト族が、その北西にはヴァグリ族が居住していた。エルベ川下流域以北に居住していたいくつかの部族は、ポラーブ族と総称された。エルベ川沿岸で十八世紀中葉まで話されていたポラーブ語(「ポラーブ」はエルベ川すなわちラバ川沿岸を意味する)は、この当時のポラーブ族の言語の名残りである。

このころのスラヴ人の西方への進出は、この地域におけるスラヴ語の水名や地名の分布によってもあとづけられる。たとえば現在のライプツィヒの地名も、このあたりにまで進出していたスラヴ人の呼称で、「菩提樹の町」を意味するリープスクに由来しており、ポーランドでは現在でもこの呼称を用いている。また同様にドレスデンの地名も、「湿地の森に住む人」を意味するスラヴ語 *Dręždžane に由来すると考えられている。

同じ民族移動の結果ゲルマン人の去ったボヘミアでは、文献上では五一二年にはじめてスラヴ人の存在が報告されている。しかし考古学的資料からは、すでに五世紀には現在のモラヴィアとスロヴァキアにスラヴ人が屠住していたことが推測されている。

◉バルカン半島への移住

スラヴ人は五〜六世紀以降に、カルパティア山脈の北側から二つのルートを通ってバルカン半島に移住していった。第一のルートは、ハンガリー平原から、ドラヴァ川、ドナウ川中流域にむかうもので、すなわち現在のハンガリーから北部ユーゴスラヴィアにむかうルートである。第二のルートは、黒海の北岸から、モルドヴァ、ルーマニア平原をへてドナウ川を渡り、現在のブルガリア、マケドニア、ギリシア方面へと南下するものである。スラヴ人はこの第二のルートを通り五世紀末から六世紀前半にかけて五回もドナウ川を越えた。たとえば五一八年には、アンテス族がドナウ川を越えてビザンツ帝国に侵入している。

スクラヴェニの名称で呼ばれるスラヴ人がバルカン半島に現われるのもこのルートによってであり、彼らは具体的にはおそらくヴァルダル川、ストルーマ川を利用して移動を行なった。たとえば五二八年に、スクラヴェニ族がトラキアに現われたのもこのルートによってであった。このことはこの地域の水名・地名の分布から推定することができる。また五三八年には、フン族とアヴァール族はアンテス族の支援を受けてドナウ川を渡り、小スキティア(現ルーマニア南部とブルガリア北部の黒海沿岸。ドブルジャ地方)と下モエシア(バルカン山脈以北の現ブルガリア北東部)に侵入した。五四〇年以降、クトゥリグル族と呼ばれるブルガール族の一派とスクラヴェニ族は、トラキア、イリュリア、テッサリアなどの各地をたえず脅かし、五四八年にはイリュリア地方に侵入し、エピダムヌス(デュラキウム、現アルバニア・ドゥラス)に達した。翌五四九年には彼らは三〇〇〇人の軍団を編成し、いったんヘブロス川(現マリツァ川)河畔に落着き、そこで二手に分かれてイリュリア地方とトラキア地方を略奪した。

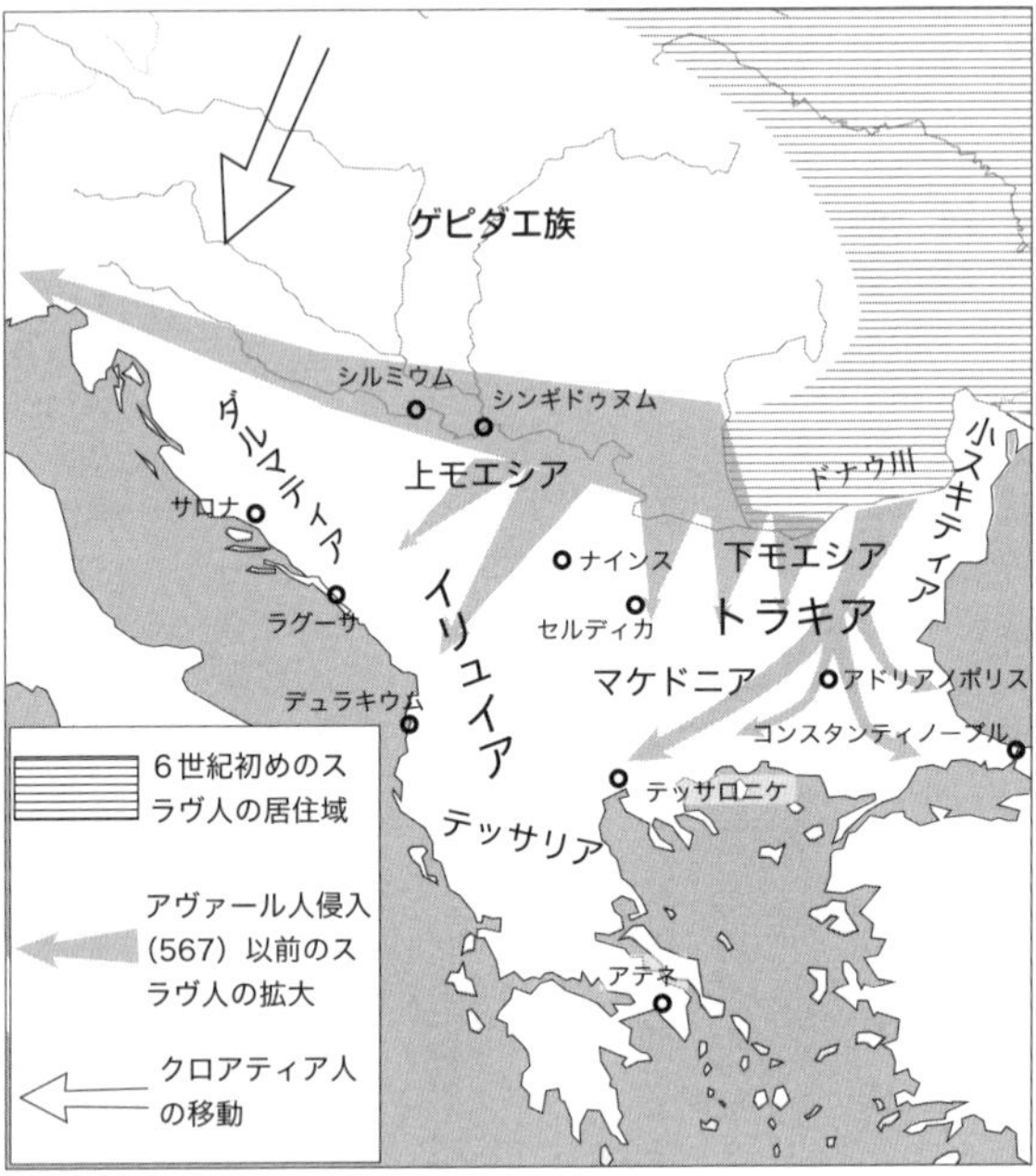

スラヴ人のバルカン半島への移住（6世紀）

五五〇年にはアドリアノポリス（現エディルネ）をへて、翌年にかけてバルカン半島一帯で略奪をほしいままにした。このとき彼らはコンスタンティノープルとテッサロニケを脅かしている。

こうしてこれらの諸都市にいたるギリシア全土にスラヴ人がひろまる。この結果彼らはトラキア人を東方に、ケルト人およびイリュリア人を西方に移動させ、彼らの一部を吸収、同化した。この地域はスクラヴィニエ、スクラヴォニエなどといった名称で呼ばれるようになった。現在のクロアティアのスラヴォニアの地名はその名残りである。また現在のギリシアに多く残されているスラヴ語起源の地名・水名も、この時代のスラヴ人の分布状況を物語っている。

五五八年から五五九年にかけて、スクラヴェニ族の援助を受けたクトゥリグル族がドナウ川を越え、バルカン半島に大規模な侵入を行なった。彼らはまず小スキティアと下モエシアに入り、マケドニアとギリシアを通過しテルモピュレーにいたり、トラキアのヘルソネソスにむかった。ギリシア各地にはこの時代に建てられた要塞が残っているが、これらは彼らからの防禦のためにつくられたものと考えられている。

アヴァール人の侵入

アッティラの帝国が崩壊したのちの六世紀後半に、また新しくアジアからスラヴ世界に侵入してきた遊牧民がアヴァール人であった。彼らはおそらく元来南ロシアに居住していたトルコ系民族だったが、六世紀半ばにウラル(ヤイク)川を渡り、五五八年にはビザンツ帝国のカフカズ辺境に現われた。五六一年にはバヤン・ハンに率いられてドナウ川に達するが、その過程でブルガール族の一派ウティグル族、および黒海北部に居住しアンテスという名で呼ばれていたスラヴ系民族を征服、吸収する。彼らはゲルマン系のランゴバルド族と同盟を結び、ゴート族の一派であるゲピダエ族を破り、五六七年には「アヴァール・ハン国」を建て、パンノニアに侵入した。その後ランゴバルド族がイタリアにむかったために、その領域は拡大し、東はドン川流域、西はエルベ川とアドリア海に達した。アヴァ

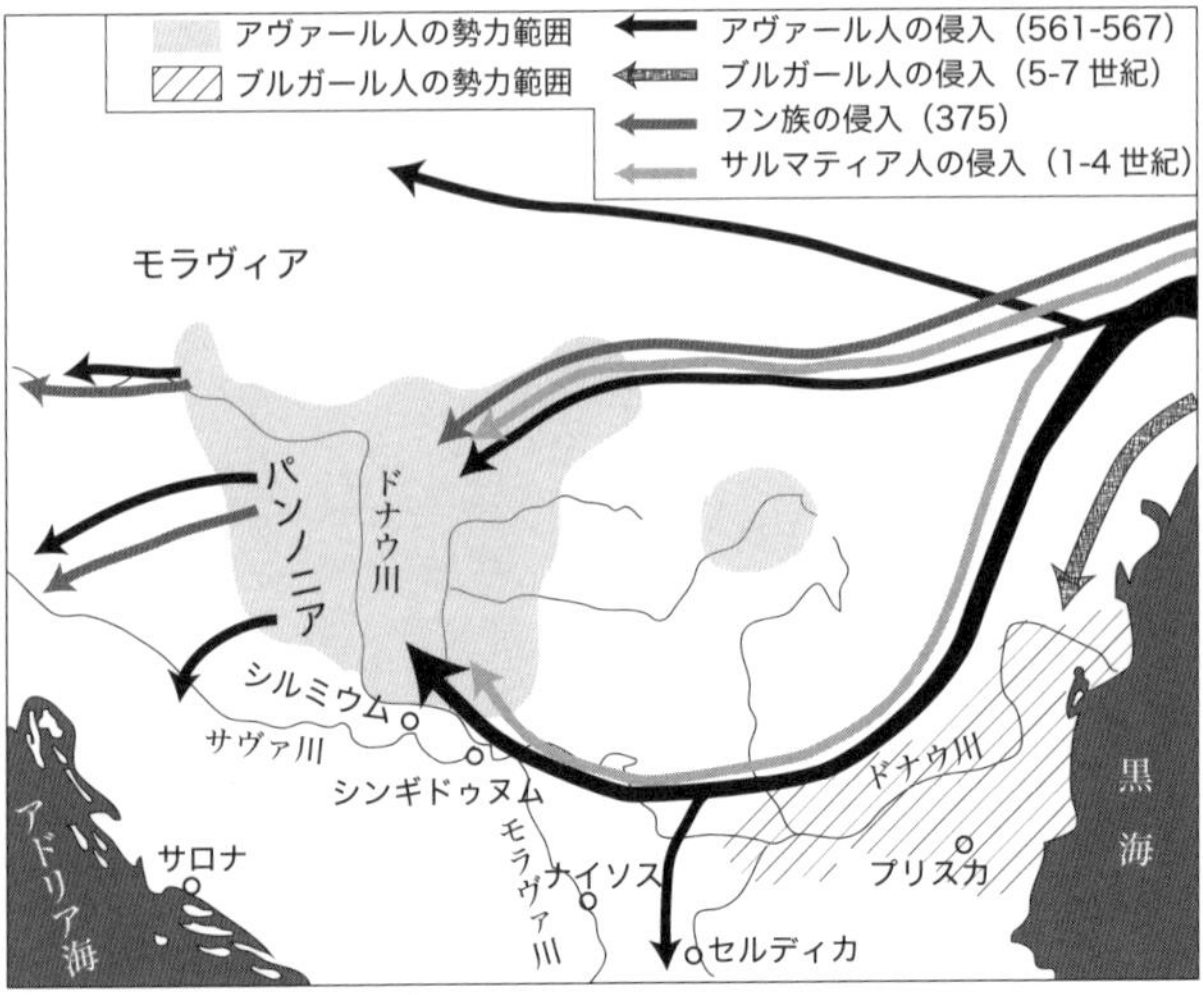

スラヴ世界への遊牧民の侵入

ール・ハン国の中心はパンノニアのドナウ川中流域にあったが、アヴァール人はすでにそこに居住していたスラヴ人を支配し、その軍事組織に組み入れた。十二世紀ロシアの『原初年代記』には、ドゥレビという名の部族がアヴァール人の圧制によって苦しんだ、という記述があり、これはこの当時のパンノニアのスラヴ人のことであろう。アヴァール人は五六八年にはさらにモラヴィアに達し、ここに居住していたスラヴ人をも支配する。

　このようなアヴァール人の襲来をビザンツ帝国は逆に利用しようとした。メナンドロスによれば、ビザンツ皇帝ティベリオス(位五七八〜五八二)は、帝国内のスラヴ人を掃討し、帝国の外へ追放するようにとアヴァール人の首長、バヤン・ハンを説得したのである。六〇万の重騎兵がイリュリアから小スキティアへ、ドナウ川を下って移動した。

ドナウ川を渡ったアヴァール軍は、スラヴ人の住居を破壊し、略奪を行なった。

しかしこのころまでにスラヴ人は、自らの力をたくわえてきており、たび重なるアヴァール人からの攻撃にもかかわらず、多くのバルカン半島での会戦で事実上アヴァール人と対等の同盟者となっていた。のちの歴史記述にスラヴ人とアヴァール人の同一視がみられるのはこのためである。

五七九年には、パンノニアに居住していたスラヴ人は、シンギドゥヌム（現ベオグラード）とシルミウム（現スレムスカ・ミトロヴィツァ）の近郊でサヴァ川を渡った。彼らはいったんシンギドゥヌムで集結したのち、さらにドナウ川に沿って東進し、モラヴァ川との合流点からモラヴァ川をさかのぼって南下した。彼らはダキアからヴァルダル川に沿って進み、エーゲ海沿岸に現われた。五八一年には、スラヴ人のあるものはトラキア地方に定住したと考えられる。

五八二年にはアヴァール・スラヴ連合軍は、シンギドゥヌムの北方、サヴァ川河畔のシルミウムに現われ、バルカン半島全域にひろがった。彼らは四年ほどのちにふたたびドナウ川の北に退去した。ティベリオスのあとをついだビザンツ皇帝マウリキオス帝（位五八二～六〇二）は、ドナウ川を帝国の北限として維持することができた。しかしその死後ふたたびスラヴ人は、バルカン半島に侵入し、マケドニアとトラキアはとくに大きな被害を受けたのである。

スラヴ人の攻撃がとくに激しかったのは、六一〇年から六二六年にかけてであった。『聖デメトリオスの奇跡』の六一四～六一六年の記事によれば、数多くの部族から構成されたスラヴ人は徒歩で戦い、テッサリアを荒廃させた。彼らは一年がかりでつくった丸木船で、キュクラデス諸島を含むギリシア島嶼部、アカイア、エペイロス、イリュリアのほぼ全域、小アジアの一部に達した。彼らはこのころナイソス(現ニシ)とセルディカ(現ソフィア)を支配していた。

西からのルート、すなわちパンノニアからイストラ(イストリア)半島をへてアドリア海沿岸にいたるルートからも同じころスラヴ人が侵入してきた。六一一年にはスラヴ人はイストリアでローマ軍を破り、六一二年にスプリト近郊のアドリア海に面したローマの町サロナにいたり、六一四年にこれを完全に破壊した。

他方バルカン半島東部のスラヴ人は、六二六年にアヴァール人と連合してコンスタンティノープルを攻撃したが、これはビザンツ帝国に撃退されてしまう。これ以後バルカン半島の覇権は、アヴァールからスラヴへと移っていき、スラヴ人はアヴァール人の支配を脱していくのである。七世紀中ごろまでにバルカン半島はほとんどスラヴ化し、このころ人種的に純粋なギリシア人が住んでいたのは、エーゲ海諸島とトラキア、コンスタンティノープルの周辺だけであった。

このアヴァール人の大敗に前後して、アヴァール人の支配に服していたボヘミア、モラヴィアのスラヴ人、またこのころパンノニアを中心とする地域に現われたスロヴェニア人などは、サモというフランク商人の指導のもとに叛乱をおこし、国家を建てた。この国家に対して主権を主張したフランク王ダゴベルト一世を六三一年に撃退したサモは、その領土をこのころすでにソルブ人の部族連合が成立していたラウジッツ地方にまで拡大した。しかしこのサモの王国は、六五八年にサモが死ぬと、アヴァール人に滅ぼされてしまう。

サモの王国

ブルガリアの成立

バルカン半島には、七世紀の末にアスパルフ・ハンに率いられたトルコ系のブルガール族が侵入した。彼らの一部は最初アヴァール人の支配下にあったが、その勢力が弱まると、その支配を脱し、ハザールによる圧迫もあって西にむかった。六七九年にドナウ川を越えたアスパルフ・ハンは、すでに現在のブルガリアに居住していた先住のスラヴ人を征服し、彼らとともにビザンツ軍を破り、六八一年に皇帝コンスタンティノス四世（位六六八～六八五）と協定を結び、独立を承認される。ここに第一次ブルガリア帝国が成立し、その首都はプリスカにおかれた。

9世紀初めごろのブルガリア帝国とフランク王国

最初このブルガール族の拠点は遊牧に適した東北ブルガリアにあり、彼らは中央アジアなどで用いられていたものと同じ天幕（ユルタ）に居住していた。また、彼らは火葬を行なうスラヴ人に対して、死者を土葬にする習慣をもっていたし、陶器の形態や装飾などにおいても、スラヴ人とははっきり異なる文化的特徴をもっていた。その後ブルガール族は言語的には逆にスラヴ族に同化されるが、現在のブルガリアの民俗文化のなかには、ブルガール族に由来すると思われるアルタイ的要素を数多く見出すことができる。

アヴァール人の国家は七九六年にカール大帝に滅ぼされ、パンノニアのスラヴ人はフランク王国の支配下におかれる。さらに八〇三年には、カール大帝はダルマティア海岸に現われ、スロヴェニア人とクロアティア人を支配下においた。これはその後のチェコ、スロヴァキア、スロヴェニア、クロアティアとドイツ・オーストリアとの緊密な関係を規定することになった。ちなみにこのカール大帝の名は、スラヴ諸語に借用されて「王」を意味する普通名詞となった(ロシア語コローリ korol' ポーランド語クルール król など)。一方、第一次ブルガリア帝国はクルム・ハン(位八〇三〜八一四)の時代にその国土をひろげ、八〇九年にクルム・ハンはセルディカに達した。

西スラヴにおける国家形成

九世紀の初めになると、モラヴィアのモラヴァ川沿岸に居住していたモラヴァ族を中心とした部族連合が成立し、モラヴィア国が建てられた。これはスラヴ人自身が建国した国家としては最初のものである。この国家の存在は八二二年にはじめて言及される。

ポーランド国家成立以前の西北スラヴには、すでに述べたように多くの部族が居住していた。この当時オドラ川の上流には、シレンジャーネ族が住んでいた。またやはり九世紀半ばにはオドラ川とヴィスワ川の間のポモージェ地方に、ポモージェ族と呼ばれる部族連合が存在していた。このポモージェ族は現在のカシューブ人、二十世紀中葉に絶滅したスロヴィンツ人の先祖である。またヴィスワ川沿岸にはかなり古くからマゾフシェ族が住んでいた。さらにヴィスワ川上流にはヴィスラーネ(ヴィスワ)族と呼ばれる部族連合が存在した。このヴィスラーネ族は、八七五年ごろにはモラヴィア国のスヴァトプルク(八九四没)の支配下にあった。ヴィスラーネ族の領域には、おそらくレンジャーネ族と呼ばれる部族連合が含まれていた。これはロシアの『原初年代記』にリャフという名で言及されている部族と同一のものであろう。ロシアにおいては、おそらくこのヴィスワ川沿岸のレンジャーネ＝リャフが地理的な近接性もあってポーランド人一般をさす名称になったものと思われる。十世紀半ばになると、ポーランドにおける政治的覇権はグニェズノを中心とするポラーニ族に移り、最初のポーランド国家が建設されることになるのである。一方バルト海沿岸、ポモージェ地方の西スラヴ人は、ノヴゴロドを中心とした東スラヴの北部と密接な交流をもっていたことが推測されているが、ポラーニ族のように部族連合から国家形成の道をたどることなく、その多くが絶滅していったのである。

東スラヴにおける国家成立前夜

一方東スラヴにおいては、キエフ・ロシアの成立以前の状況は文献資料が少ないためにはっきりしないが、『原初年代記』によれば、多くの部族が割拠していた。九世紀ごろの東スラヴ人は、トルコ系の遊牧民であるハザール人に朝貢していたことが知られており、同時代の遺跡はハザール、ブルガール、アランなどの遊牧民に由来するサルトヴォ文化の影響を示している。七世紀にアゾフ海沿岸に居住していたブルガール人は、このハザール人に攻撃され、北進したものはヴォルガ・ブルガールを建て、西進したものはすでに述べたようにブルガリアを建国している。またこの時代のノルマン人は、

900年ごろのロシアにおけるスラヴ諸部族

スカンディナヴィアからヴォルガ川、カスピ海をへてバグダードにいたる通商の道を開いていた。

『原初年代記』によれば、そのころの東スラヴには、ドニエプル川中流域に住むポリャーネ族、その西部の森林地帯に住むドレヴリャーネ族、プリピャチ川と西ドヴィナ川の間に住むドレゴヴィチ族、西ドヴィナ川河畔に定住したポロチャーネ族、イリメン湖畔に住み、ノヴゴロドを興したスロヴェネ族、デスナ川、セイム川、スーラ川のほとりに住んだセヴェリャーネ族、ヴォルガ川、西ドヴィナ川およびドニエプル川上流に住むクリヴィチ族、伝説的にポーランドに由来するとされるラジミチ族とヴャティチ族などが居住していた。また現在のウクライナの西部には、ドゥレビ、ブジャーネ、ヴォルイニャーネなどの部族が住んでいた。これらの部族のものと思われる文化には地方差があり、ヴャティチ、ラジミチ、ドゥレビ、ドレヴリャーネ、ドレゴヴィチなどの部族は、スラヴ人に特有の火葬ではなく、サルマティア系の影響をうかがわせる土葬を行なっていた。ちなみにノヴゴロドで比較的最近発見されたいわゆる「白樺文書」は十一世紀までさかのぼることができるものだが、西スラヴ的な言語的特徴を示しており、民族的にもノヴゴロドを興したスロヴェネ族やクリヴィチ族を西スラヴに由来すると考える説もある。

いずれにしても初期の北部ロシアの部族が、バルト海沿岸の西スラヴ人と密接な関係をもっていたことは確かなようである。このような状況のなかで、キエフを中心とするポリャーネ族の部族連合がのちのキエフ公国の基礎をきずくことになるのである。

ルーシの起源

ロシアを意味する古形のロシア語「ルーシ」の語源は今も未解決である。この名称は『原初年代記』では九世紀の史実の記述にはじめて言及されるが、このルーシが独立した民族としてそれ以前から存在したかどうか、という問題、そしてロシア国家形成におけるノヴゴロドとキエフの役割の評価などはこのルーシの語源論と深くかかわっている。

ルーシ Rus' の名称は、『原初年代記』では、九世紀ごろから十一世紀にかけてバルト海沿岸で活動したヴァリャーグ人と呼ばれるノルマン人をさす言葉として用いられる。さらに『原初年代記』の八六二年の項によれば、このときスラヴ人の間に内乱があり、彼らは自らこの「ルーシ」であるノルマン人のもとに使節を送り、「我らの土地は広く、豊かだが秩序がない。来て我らを統治し、支配してほしい」と告げた。この要請に応じてロシアの地に来たのがリューリク、シネウス、トルヴォルの三兄弟であり、長兄リューリクはノヴゴロドに、次兄シネウスはベロオーゼロに、末弟トルヴォルはイズボルスクに居を定めたという。以来この外来の支配者の名称にちなんで、「ルーシ」がロシア国家の意味で用いられるようになったという。

欧米の学界は、一般的に『原初年代記』のこの記事を文字どおり受けとり、ルーシ人をノルマン人と解釈している。この立場に立つ研究者は必然的に「ルーシ」の語源を古代アイスランド語で「漕ぎ手」をさすロースメン Robsmenn、スウェーデン語でスウェーデン中部ウップランド州沿岸地域を意味するロスラーゲン Roslagen、それに由来するフィン語のスウェーデン人に対する呼称ルオトシ Ruotsi などに求めてきた。この語源説の弱点は、「ルーシ」に直接結びつく部族名称を古代北欧語に見出せない点であるが、同時代の諸外国ではルーシの名称は明らかにノルマン人を意味する言葉であった。たとえばビザンツ皇帝コンスタンティノス七世・ポルフュロゲネトスは、ドニエプル川の早瀬の名称をスクラヴェニすなわちスラヴ人の言語とルーシ人の言語の二カ国語で記しており、彼のいわゆるルーシの言語による名称はすべて古代北欧語で解釈できる。またスペインおよびフランスのノルマン人は、アラビア語の資料においてやはりルス Rus と呼ばれていた。

一方、ロシア・ソビエトの学界は伝統的に、「ルーシ」という民族は九世紀以前から北方のノヴゴロドを中心とした地域ではなく、南方のキエフを中心とした地域に居住していた、という見解をとってきた。その傍証としては、ローシ川のような水名があげられ、六世紀中期のシリアの年代記が黒海北岸の森林―ステップ地帯に居住していたとしているロス、ルスの名がしばしばルースと同一視された。

またこの説の支持者は、『原初年代記』におけるキエフ建都伝説をも自らの傍証としている。この伝説によると、ポリャーネ族の居住していた地域に長兄をキイとする、シチェク、ホリフの三兄弟が住んでおり、彼らがキエフを建て、キエフは長兄キイにちなんで名づけられたという。この伝説を史実とするソビエトの学者は、七世紀のアルメニアの歴史家ゼノブ・グラクの記述を、キエフの七世紀以前からの存在を傍証するものとしてあげている。それはクアルという都市がクアル、メンティ、ヘレアンの三兄弟によって建てられた、というものである。しかし最近の研究では、キエフの名称はむしろイラン系の言語に由来し、その都市としての発展は八世紀以後のハザール人の活動と密接に結びついていたらしい。

また最近では、バルト海沿岸の西スラヴ人をルーシとみなす説も唱えられている。いずれにしてもリューリク朝の最初の為政者たちの名称が明らかにゲルマン系のものであることなどからみても、キエフ・ロシアの国家形成にノルマン人が決定的な役割を果たしたことはおそらく否定できないところである。

ちなみにラテン語のルテニは、元来このルーシの住民あるいはルーシ(東スラヴ)人を意味する言葉だったが、のちにウクライナ人とベラルーシ人に限って用いられるようになった。この言葉はさらにガリツィアおよびカルパティアのウクライナの住民のみをさすようになり、この地域はルテニアと呼ばれ、この意味で英語その他のヨーロッパ諸語に借用された。

スラヴ人の定住と分化

このようにしてヨーロッパ各地に分散したスラヴ人の分布の見取図は、十世紀初頭のマジャール族(ハンガリー人)の中部ヨーロッパへの侵入と、さらにのちのルーマニアの勢力の拡張によって、東西スラヴと南スラヴが分断されることで完成されるのである。マジャール族の侵入によってチェコとスロヴァキアが切り離され、この両者の言語的・民族的分化がはじまった。スロヴァキア語でスロヴェンスコと呼ばれるスロヴァキアの名称は、明らかに「スラヴ人の国」を意味する言葉で、元来は現在のチェコスロヴァキア全体を意味するラテン語の名称だったようである。

スラヴ人の分化は、以上概観してきた移住の初期からはじまっているが、東スラヴ人の分化はもっとも遅く、モンゴル侵入後にヨーロッパ・ロシアにおける政治勢力の版図が変化し、その結果東スラヴ人の居住域が政治的に分割された結果、十四世紀ごろにはじめてロシア人、ウクライナ人、ベラルーシ人が分化する。ウクライナの名称は、当時のモスクワ公国からみた「辺境」を意味する言葉に由来し、「白ロシア」を意味するベラルーシについては、諸説があってその語源は不明である。なお革命前は、対比的にウクライナは「小ロシア」、ロシアは「大ロシア」とも呼ばれた。

最後にコサック(カザーク)についてふれておく。コサックはしばしば民族名と考えられている場合があるが、元来は十五〜十六世紀にポーランドやロシアの領内から過酷な農奴制や宗教的圧迫に耐えかねて逃亡してきたロシア人やウクライナ人の農民である。彼らはウクライナや南部ロシアのステップ地帯の主要な河川に住みつき、独特の軍隊的自治組織を形成した。ドン川流域に住みついたドン・コサックとドニエプル川下流域に住みついたザポロージェ・コサックはとくに有名である。彼らは馬術に優れ、遊牧民の侵入に対する防衛隊の役割を果たすようになった。その過程でトルコ系諸民族との少なからぬ混血が生じたと思われるが、コサックとは民族的にはロシア人もウクライナ人も含む一種の社会層なのである。

このように分化しそれぞれ独自の歴史を歩んできたスラヴ諸民族は、現在では相互に大小さまざまな文化的な違いをみせている。また形質的にも現在のスラヴ人は全体としてコーカソイド(白人種)に属するという以外には共通性をもはやもっていないし、その下位区分も言語による分類とはあまり一致していない。たとえば短頭、長身で皮膚、毛髪の明るい北方人種(ノルディック)は北ポーランドに、短頭で背が低く、皮膚と毛髪の明るい東ヨーロッパ人種は中部ポーランドからロシアに住む。ちなみにこの東ヨーロッパ人種はモンゴロイドと若干の類似を示す。また短頭で背が低く、褐色あるいは栗色の髪とやや濃色の皮膚をもつアルプス人種はチェコ、スロヴァキアと南ポーランドに、アドリア海周辺と西部バルカン山地には短頭、長身のディナール人種が住む。このような状況はまた次に述べるスラヴ圏の地理的環境とも密接に結びついているのである。

3 地理的環境

自然環境

以上述べてきたような歴史的過程をへて現在のスラヴ人が居住するにいたったユーラシア大陸の自然環境は、北部の森林と南部のステップ、カルパティアからバルカンにかけての山岳地方に大きく区分できよう。

⦿山　地

現在のスラヴ人の居住区は、地質学的にはドナウ川河口からオドラ川を結ぶ線の東西によって二つに分けられる。

この線の西では、山脈は古生代以降の造山運動によって形成されているために浸食しつくされずにかなり高い高度を保っている。スラヴ圏においては、中央から南ヨーロッパにかけてのびる山脈がそれである。すなわちポーランド南部、チェコスロヴァキアからハンガリーにかけて、スデーティ(ズデーテン)山地と、タトラ山系を最高峰とするカルパティア山脈がのび、カルパティア山脈はトランシルヴァニア・アルプスとバルカン山脈へと連なる。ハンガリー盆地の南には、ディナラ(ディナール)・アルプスがのびている。これらの山岳地帯においては、牧羊が重要な生業となっており、カルパティア地方とバルカン地方は物質文化一般において大きな共通性を示している。山岳地方はカフカズ(コーカサス)に典型的にみられるように、一般に民族と言語の細分化をもたらすが、スロヴァキア、ウクライナ、ポーランドが接するカルパティア地方には、それぞれ独自の文化をもったウクライナ系のレムキ、ボイキ、フツルイ、ポーランド系のグラーレなどのエスニック・グループが居住している。バルカン地方はまた地中海世界というさらに広い地理的・文化的世界に属し、そこに住む南スラヴ人の文化を地理的に規定している。

これらの山脈に対して、ドナウ川河口からオドラ川を結ぶ線の東では、山脈はほとんど浸食されつくしている。ロシアにおける唯一の山脈は、ヨーロッパとアジアの境界になっているウラル山脈だが、その平均高度はせいぜい一〇〇〇メートルほどしかない。スラヴ語で「山」を意味するゴラ、ホラは、南スラヴ語やスロヴァキア語ではしばしば「森」を意味するが、このことはスラヴ人の生活圏におけ

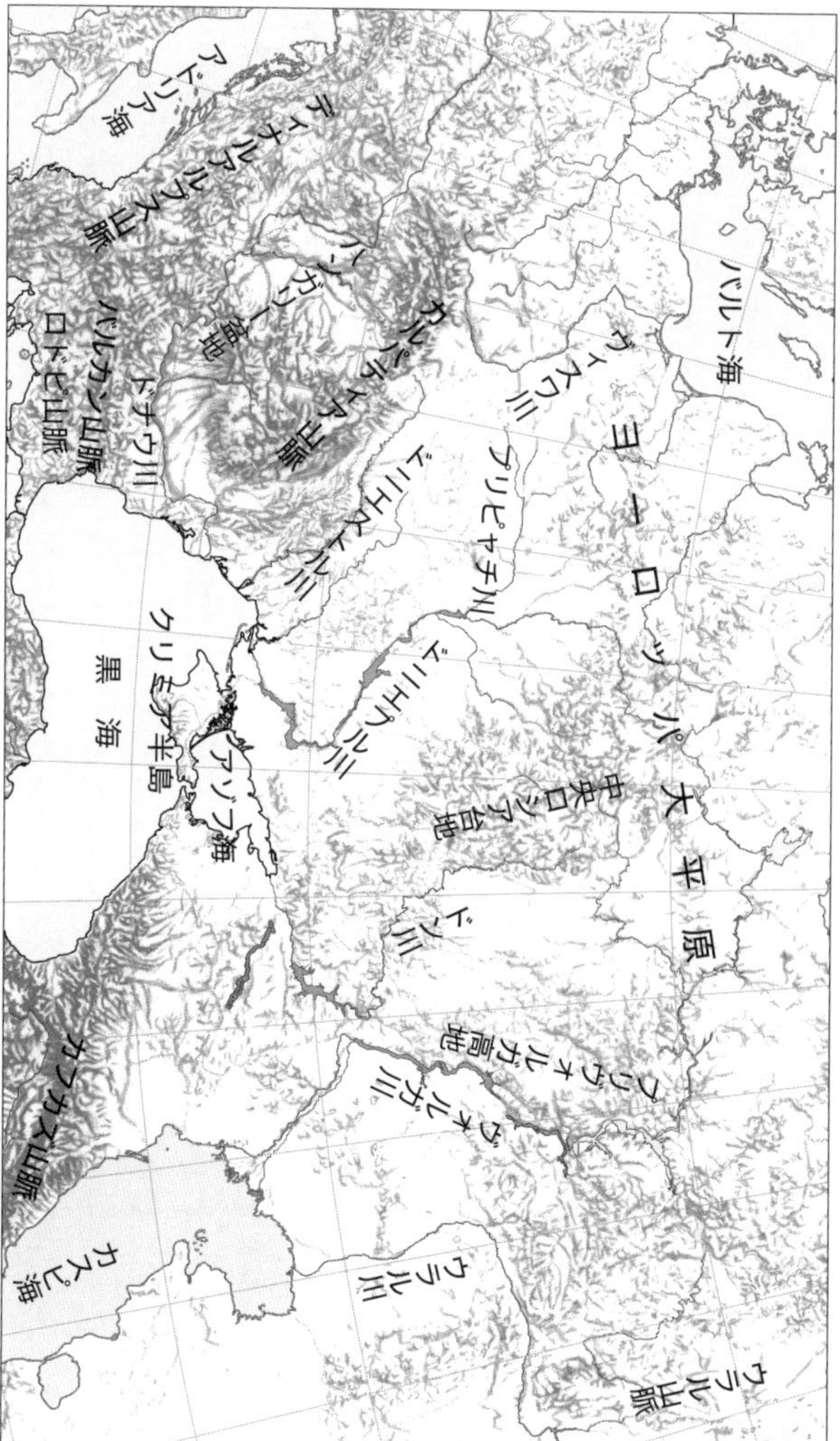

バルト海
ヨーロッパ大平原
ヴィスワ川
プリピャチ川
ドニエストル川
ドニエプル川
中央ロシア台地
ドン川
プリヴォルガ高地
ヴォルガ川
ウラル川
ウラル山脈
カスピ海
カフカス山脈
アゾフ海
クリミア半島
黒海
ドナウ川
バルカン山脈
ロドピ山脈
ハンガリー盆地
カルパティア山脈
ディナルアルプス山脈
アドリア海

東ヨーロッパの地勢

る「山」というものが、元来森林に覆われたそれほど高くない山であったことを暗示している。旧ソ連圏で山岳地域として有名だったのはカフカズ山脈だが、プーシキン、レールモントフ、トルストイからパステルナーク、マンデリシタームにいたるロシア・ソビエトの詩人、小説家たちがこの地域にもち続けたエキゾティックな関心は、このようなロシアの地理的環境と結びついていたのである。

前述のドナウ川河口からオドラ川を結ぶ線の東側は、ユーラシア大陸の東端にいたるまで基本的に平原地帯である。ロシア、ウクライナ、ベラルーシにひろがる東ヨーロッパ平原は、ポーランドで北ドイツ平原に連なり、ひとつの地理的な統一体をなしている。ポーランドの名称(ポーランド語ポルスカ)が「平原の国」を意味することが想起されよう。中部ヨーロッパの平野部の大きなものはワラキア平野とハンガリー盆地だが、現在では前者はルーマニア、後者はハンガリーの中心となっており、こうして事実上スラヴ圏は、ロマンス系のルーマニアとフィン・ウゴル系のハンガリーに隔てられた北部の平野部(東・西スラヴ)と南部の山岳部(南スラヴ)に大きく分けられることになる。この区分は、とくに現在のスラヴ諸民族の物質文化の基本的な性格をも規定するものとなっている。

◉森　林

北部の平原地帯は、さらに森林地帯とその南のステップ地帯に分けられる。そしてスラヴ人が森林に対して平野を文明化された空間と考えていたことは、ロシアの『原初年代記』において、「平野の住民」を意味する「文明的な」ポリャーネ族と「森の住民」を意味する「野蛮な」ドレヴリャーネ族を対比的に記述していることからもうかがえる。

この森林地帯は、北から北部ロシアのタイガ、針葉樹林帯へと変化していくが、スラヴ圏において中心を占めるのは、常緑針葉樹と落葉広葉樹の混合林である。これはロシア、ベラルーシ、ポーランド、チェコ、スロヴァキア、旧ユーゴスラヴィアのほぼ全域にひろがっている。このうちロシア、ベラルーシ、東ポーランドではカシ、ナラ（ともにスラヴ語 dub）が優勢であり、その他の地域ではブナ（スラヴ buk）が優勢である。この地域と、黒海北岸のステップ地帯との間には落葉広葉樹林がひろがっている。この森林地帯の南限は、カルパティア山脈の南からキエフ、カザン、チュメニの線に沿ってアルタイ山脈へとのびている。このような植生の地域差はフォークロアにも反映していて、たとえばロシア民謡では頻繁に歌われる白樺はブルガリア民謡などでは歌われず、そのかわりにポプラがしばしば登場している。

現在までの研究によれば、スラヴ人の故地の大部分を占めていたのは、狩猟民の居住する森林地帯と遊牧民の活動舞台であるステップ地帯にはさまれた森林 - ステップ地帯であった。初期のスラヴ人はこの地域を放浪しつつ、狩猟や養蜂、森を伐採し火を入れる焼畑農耕を主な生業としていたと思われる。森林とは、スラヴ人にとっては野獣の出没する危険な未開の空間であり、森の主が支配し魔女バーバ・ヤガーが住む別世界であった。この別世界は、それゆえに世俗的空間に対する宗教的空間としても機能したのであり、ロシア正教の静寂主義（ヘシュカスモス）を育む空間となったのであった。

モンゴル侵入以後ロシアの中心はステップから森林地帯に移ることになったが、十四世紀以後、北方ロシアの森林を切り開いてつくられた修道院は、農業的植民と結びついて発展し、修道院は世俗化した空間を捨ててさらに人里遠く離れた森林へ入る、という過程をくりかえすことによって、森林の開拓に大きな貢献をなしたのである。

⦿ステップ

この森林 - ステップ地帯の南には、広大なステップ地帯が中央ユーラシアの全域にひろがっており、ここは古来スキタイ、フン、アヴァール、モンゴルといった遊牧民の東西の回廊となった地帯であった。このためステップ地帯は、スラヴ人にとってはいわばアジアへの窓として機能してきた。

ステップ地帯におけるこれらの遊牧民の東西の移動が中世までのスラヴ人の歴史に大きな影響をあたえてきたことは、すでにみてきたとおりであり、スラヴ人にとって遊牧民は、いわば歴史の触媒のような役割を果たしてきたといえよう。遊牧民は、定住農耕民の文明を相互に結びつける媒介者的役割を果たしていたが、定住農耕民の中央集権的な国家の概念とは無縁であったからである。たとえば、東スラヴ人の国家建設が西欧に比べて遅れたこと、またその文化が東方の影響を色濃く受けたこと、逆にスラヴ民族史における比較的早い時期にブルガリアがブルガール族によって建国されたこと、東・西スラヴと南スラヴがマジャール族の侵入によって地理的に分断されたこと、などはいずれもスラヴ人と遊牧民との接触が原因であった。

◉河　川

このようにステップ地帯がスラヴ圏の東西を結ぶ陸路の中心であったのに対し、スラヴ圏の南北を結んでいたのは河川であった。ドニエプル川からヴォルホフ川、ロヴァチ川を結ぶルートは、キエフとノヴゴロドを結ぶ重要なルートだったし、ヴォルガ川はモスクワをカスピ海に結びつけていた。またドナウ川とドニエストル川はヴィスワ、エルベ、オドラ川などと連絡することによってやはり南北を結ぶ重要なルートとなっていた。

スラヴ人はこれらの河川のほとりに居を定め、しだいに都市を建設していった。たとえばドニエプル川河畔にはキエフ、ヴォルガ川に通じるモスクワ川河畔にはモスクワがある。ヴィスワ川河畔にはクラクフとワルシャワ、エルベ川に通じるヴルタヴァ川河畔にはプラハ、ドナウ川とサヴァ川の合流点にはベオグラードがある。

ちなみに中世初期のスラヴ人の部族名には河川の名にちなんだものが多い。たとえば東スラヴのブジャーネ族、ポロチャーネ族はそれぞれブグ川、ポロタ川に由来するし、西スラヴのハヴォラーネ族はハーヴェル川、ヴィスラーネ族はヴィスワ川の名に由来する。

◉気　候

スラヴ圏の気候区分は、以上のような地理的区分や植生の分布とほぼ並行している。東および西スラヴの大部分は温帯大陸性気候で夏は涼しい。これに対してブルガリアは、同じ温帯大陸性気候でも夏暑く、酷暑のころのキリスト教の祭日には、仕事をすると火事になるという俗信があるくらいである。またクロアティアやモンテネグロの沿岸部では地中海性気候が特徴的である。この地域では朝早くから仕事をはじめ、昼過ぎに一日の仕事を終えて帰宅し昼食をとり、昼寝のあとまた町にくりだす、という地中海型の生活習慣が伝統的なものであった。

ユーラシアとしてのスラヴ圏

ところで地理的概念としてのアジアとヨーロッパはウラル山脈を境界として分けられるのが普通だが、この山脈は実際には実質的な自然の境界としての機能を果たしておらず、中央・北方ユーラシア大陸は基本的にカムチャトカ半島にいたるまで自然の障害をもっていない。したがって、かつて用いられていたヨーロッパ・ロシア、アジア・ロシアという地理的区分は現在ではあまり用いられなくなっている。

このような地理的条件は、十六世紀以来のロシアのシベリアへの植民を容易にした原因でもあり、ナホトカとペテルブルクのロシア語がわれわれが想像するような方言差をほとんどもたないのも同じ理由による。それは裏返せば、果てしなく無限定にひろがる空間がもたらす漠然とした憧憬と不安感の原因であり、ベルジャーエフはこの自然環境がロシア人の感性に大きな影響をあたえたとしている。そのような感覚はチェーホフの『曠野《こうや》』(原題『ステップ』)のような文学作品、あるいはボロディンの

『中央アジアの草原にて』や『ポロヴェッツ人の踊り』といった音楽作品からもうかがうことができよう。

また事実上境界のない北方ユーラシアの空間にひろがったロシアにおいては、十八世紀以来人びとの文化的自己意識として、ロシアはヨーロッパに属するのか否か、という問題が提起されることになった。これがロシア思想史におけるスラヴ派と西欧派の起源であるが、このスラヴ派およびその他のスラヴ正教圏が文明のアイデンティティのよりどころとしたビザンツ帝国の首都コンスタンティノープルが、地理的には小アジアを目の前にしたヨーロッパの東端に位置していたことは重要である。

一方、現在のスラヴ圏の西半分はカトリック圏であり、この地域はむしろ地理的にはヨーロッパの中心に位置している。チェコの首都プラハがウィーンよりも西に位置している、という事実は、政治的な概念としての西欧と東欧という呼称にとらわれているとわかりにくい。事実、西スラヴ人は東欧という呼称を嫌い、中欧という言葉をよく用いる。とくに今世紀初頭のチェコ、ハンガリー、オーストリアなど言語的には系統を異にする中部ヨーロッパ諸国はひとつの中欧文化圏をきずいていた、とも考えられるのである。またカトリック国であるポーランドでは古くからラテン文化の影響が強く、文化的にははっきりと西欧を志向している。しかしこのような文化的な違いにもかかわらず、地理的な諸条件はスラヴ諸民族にさまざまなレベルでの交流をもたらした。十九世紀のスロヴァキアの行商人がシベリアまで徒歩で足をのばしていたことなどは、このようなスラヴ圏の全ユーラシア的な広がりを納得させてくれる。

このようにみてくると文化・地理的な統一体としてのスラヴ圏は複雑な構造をもっていることがわかる。それはヨーロッパとアジアの双方を志向する文化的・地理的空間なのである。

第二章
スラヴ民族の言語と宗教

1 スラヴ民族の言語

スラヴ諸語は、使用人口が二億人を超えるロシア語から、わずか三万人足らずのソルブ語まで、標準文語として成立している言語数は一三を数え、ゲルマン諸語、ロマンス諸語とならぶ有数の言語群である。文字は二種類あり、いわゆるキリル文字を使用するのは東スラヴ語群のすべてと南スラヴ語群のうちセルビア語、マケドニア語、ブルガリア語で、ラテン文字を使用するのは西スラヴ語群のすべてと南スラヴ語群のうちスロヴェニア語、クロアティア語である。

後述するように、スラヴ諸語は、方言分化が比較的遅かったため、お互いの間の親縁性が今もなおかなり強く、たとえばロマンス諸語(フランス語、イタリア語、スペイン語、ポルトガル語、ルーマニア語など)間のそれと比べても、はるかに似通っているといえよう。ただしスラヴ諸語のうち東端に位置するロシア語と南端に位置するブルガリア語およびマケドニア語は、他のスラヴ諸語と多少のずれが認められる。またお互いによく似たスラヴ諸語の間でも、同じ単語の意味が長年の間に少しずつ変わっていく場合がある。たとえば stroj という語は、ロシア語、セルビア語、ブルガリア語などでは「体制、システム」の意味であるが、チェコ語、スロヴァキア語、スロヴェニア語、クロアティア語では「機械」、ポーランド語では「衣装」の意味になる。

スラヴ語派

現在、スラヴ世界においてそれぞれに独立した標準文語を有し、実際に使用されているスラヴ語は、全部で一三を数える。それらの諸言語は単一の祖語(スラヴ共通基語)にさかのぼりうる親族関係にあり、一括してスラヴ語派と呼ばれる。スラヴ語派は古く印欧共通基語から分岐したもので、バルト語派やインド・イラン語派などとともに印欧(インド・ヨーロッパ)語族の東方群に属する。

スラヴ語派は、個々の帰属言語の発達史と近親性の度合にもとづいて、東スラヴ語群、西スラヴ語群、南スラヴ語群の三つの下位グループに分類される。

⦿東スラヴ語群

(1)**ロシア語**　ロシア連邦を中心に広く旧ソ連構成国の全域において使用されてきたスラヴ語派中最大

スラヴ諸語の分布

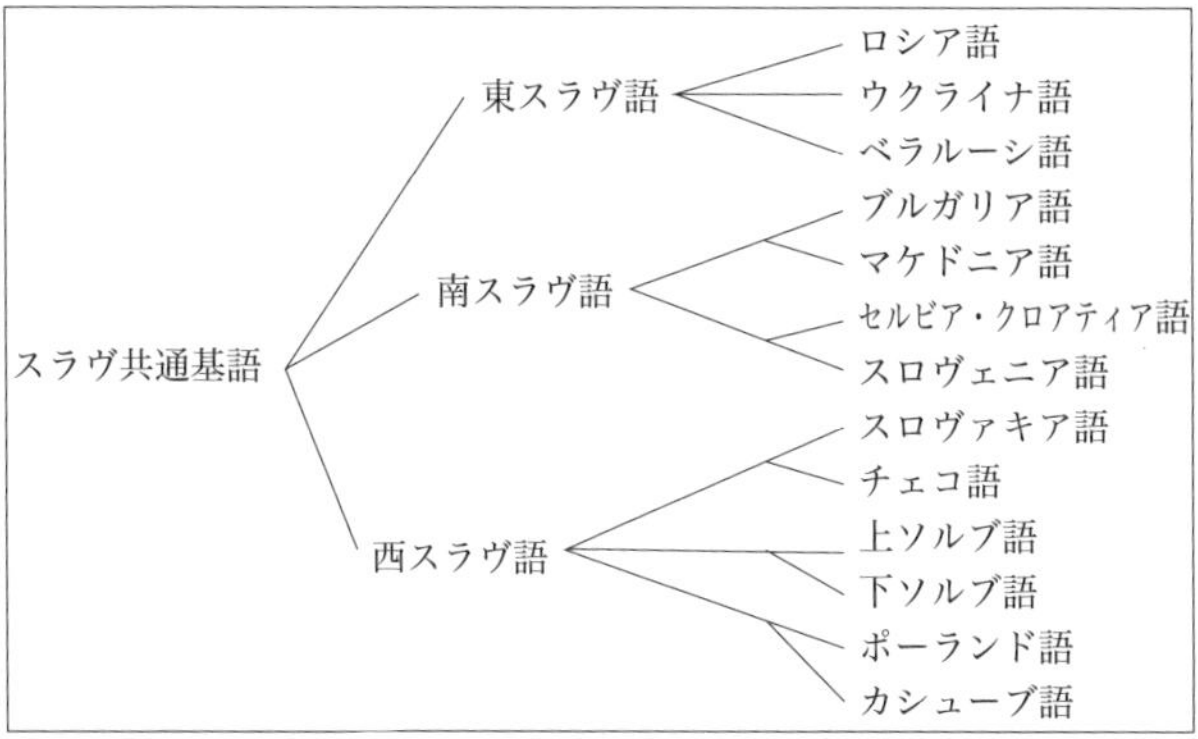

スラヴ諸語系統図

の言語。ロシア語を母語とする人は世界で二億人おり、その数はロシア連邦のロシア語話者数一億三七五〇〇万人を上回っている。

(2)**ウクライナ語**　ウクライナにおいて用いられている言語(公用語)で、二〇〇一年の国勢調査によればウクライナ語の言語人口は三六八〇万人だが、ウクライナ語を第二の母語とする人びとも含めると、スラヴ語のなかではロシア語につぐ有力言語である。ウクライナ人はロシア各地にも居住し、ロシア連邦人口の二%(約二九二万人)を占めるほか、カザフスタン、隣接するポーランド、スロヴァキア、ルーマニアなどに居住し、アメリカとカナダにそれぞれ約一〇〇万人ずつ移民が住む。なお、起源的にカルパティア山麓地帯のウクライナ語の方言であるルシン語は、ポーランド南東部、ウクライナのカルパティア山麓部、スロヴァキア北西部、セルビア北部のヴォイヴォディナにわたって広く話され、地域的変種をもつ。東スラヴ語群の個別言語として見る立場もある。

(3)**ベラルーシ語**　ベラルーシ共和国の国語。同国の人口九五〇万人のうち、ベラルーシ人は八三・七%、ロシア人が八・三%であるが、ベラルーシ語とロシア語が公用語とされ、人口の過半数が家庭でロシア語を話すといわれている。

⦿西スラヴ語群

(4)**ポーランド語**　ポーランド共和国の国語・公用語。約三八〇〇万人の言語人口をもつ。ポーランド国境に接するチェコ北部のチェシン地方、ベラルーシ、ウクライナ、リトアニアにもポーランド語を話す人々がいる。

(5)カシューブ語　ポーランド北東部、ヴィスワ川下流左岸地方で約五万人に話される(二〇〇二年時点。カシューブ語をポーランド語の一方言として、独立の言語とみなさない立場もある)。カシューブ語領域の北西ではカシューブ語の古型方言であるスロヴィンツ語が話されていた。その話し手は二十世紀中葉まで数家族残存していたが、その後死せる言語となった。カシューブ語とスロヴィンツ語は中世初期にヴィスワ川下流域からオドラ川下流域にかけて話されていた「バルト海沿岸スラヴ語」(ポモージェ語)群の末裔である。

かつてはエルベ川下流左岸地方で話されていたスラヴ語にポラーブ語があるが、十八世紀半ばに死滅した。ポラーブ語は、その死滅を予測した農民ヤン・パルム・シュルツェ(一六七七～一七四〇)や牧師クリスチャン・ヘニック(一六四九～一七一九)によって数千語の語彙表と「主の祈り」や農村生活の記録などのテクストが書きとどめられたことによって、その構造の大体は知られている。

「バルト海沿岸スラヴ語」とポラーブ語は、現存のポーランド語とともに、「レッヒ語」と呼ばれる、より大きな単位の語群を形成していた、と考えられる。しかし、バルト海沿岸スラヴ語群の唯一の生き残りであるカシューブ語は、隣接のポーランド語の強い影響を受けてほぼ同化され、現在ではポーランドの地方言語としてあつかわれ、その文化的役割は、マス・メディアの地方出版物、地方放送番組などに限られている。

(6)**上《かみ》ソルブ語(高地ラウジッツ語)**　ドイツ東部のシュプレー川上流域の高地ラウジッツ地方で話され、その文化的中心地はバウツェンである。

(7)**下《しも》ソルブ語(低地ラウジッツ語)**　シュプレー川に沿う上ソルブ語の言語領域の北部(川の流れでは下流にあたる)、低地ラウジッツ地方で話され、中心地はコットブスである。

ラウジッツのスラヴ民族は自らを「セルブ人」と呼び、その母語を「セルブ語」と称したが、「セルブ」という名称は南スラヴの「セルブ」(セルビア人、セルビア語)と紛らわしいので、ふつう原語読みを避けてなかばドイツ語風に「ソルブ」と呼ばれる。ソルブ語はドイツ語に囲まれて南北に隣接する二つの「言語島」をなしている。その言語人口はかつては一五万といわれていたが、現在は、ラウジッツの小・中学校で国語として教育されているにもかかわらず、ドイツ語の勢力に押されて、両方言あわせて約二万五〇〇〇人に減少している。

(8)**チェコ語(チェク語)**　チェコのボヘミアとモラヴィアを中心に約九七〇〇万人(二〇〇一年の調査による)に用いられる。

(9)**スロヴァキア語**　スロヴァキア共和国で約五〇〇万人に用いられる。

◉南スラヴ語群

⑽**スロヴェニア語**　スロヴェニア共和国の国語で、話者は約二〇〇万人。スロヴェニアに隣接するイタリア、オーストリアの国境領域の一部においても話される。

⑾**セルビア・クロアティア語（セルボ・クロアート語）**　現在のセルビア共和国、モンテネグロ（ツルナゴーラ）、ボスニア・ヘルツェゴビナ、クロアティア共和国の四カ国にまたがる広大な領域において話される。旧ユーゴスラヴィア時代ではもっとも有力な公用言語とされ、言語人口も一五〇〇万を越えたが、ユーゴスラヴィアの解体・分裂の後、セルビア語（言語人口約六五〇万）とクロアティア語（約四五〇万）に分離され、ボスニア・ヘルツェゴビナではボスニア語、モンテネグロではモンテネグロ語を国語の名称として主張するようになった。

⑿**マケドニア語**　北マケドニア共和国の国語。約二〇〇万人に使用される。

⒀**ブルガリア語**　ブルガリア共和国の国語。ブルガリア本国以外にも、ごく一部の地域ではあるが、ウクライナ南部やモルドヴァ、セルビア、北マケドニア、ギリシア、トルコ、ルーマニアにおいて話され、言語人口は約九〇〇万人。

スラヴ民族の移動とスラヴ語の方言分化

スラヴ語派は、その共通基語時代に、南部および南東部領域においてスキタイ人やサルマティア人を介してイラン語派と接触した。スラヴ語派とイラン語派との関係は、とくに宗教などの精神文化に関する古いイラン語系からの借用語彙においてみられるが、構造面では両派の共通点は少ない。たとえば「天国、極楽」をあらわすスラヴ語系語彙、スラヴ共通基語 *rajĭ、ロシア語 raj、セルビア・クロアティア語 raj、ポーランド語 raj などはアヴェスタ語 rāy-(「富、福」)から借用されたものである。「神」をあらわすスラヴ共通基語 *bogŭ、ロシア語 bog、ブルガリア語 bog、チェコ語 bůh もアヴェスタ語 baya-、古代ペルシア語 baga-(「神、主」)、サンスクリット語 bhágas(「授与者」)に溯源するインド・イラン語派からの借用語彙である。

スラヴ共通基語の担い手である古代のスラヴ族は、オドラ川とドニエプル川にはさまれた領域、現在のポーランド、ベラルーシ、ウクライナ北西部にまたがる領域に居住していたと考えられるが、紀元前一世紀と紀元後一世紀の境目にあたるころ、北西方向へ移動を開始し、ゲルマン語派(ゴート族)と接触した。ゲルマン族がスラヴ族におよぼした物質文化・実生活上の影響は、スラヴ語の語彙のなかにゲルマン語からの借用語として明らかな証跡をとどめている。たとえば古代ロシア語 duma(「思考」)、ウクライナ語 duma(「民謡」、原義は「物語」)、ブルガリア語 duma(「言葉」)、スロヴァキア語 duma(「熟慮」)、ポーランド語 duma(「誇り」)はゴート語 dōms(「判断」)からの借用であり、古代ロシア語 chlěvŭ(「家畜小屋」)、ポーランド語 chlew(「家畜小屋」)、チェコ語 chlév(「家畜小屋」)はゲルマン共通基語 *hlaiwam、ゴート語 hlaiw(「墓」「洞窟」)からの借用である。

スラヴ語の方言分裂は民族移動に関係している。紀元一世紀の前半、西スラヴ族の先祖がゲルマン族の西進によって空白化した地域（エルベ川流域）に進出して、他のスラヴ族から分離したことを契機として、以後数世紀にわたるスラヴ族の種族分化とスラヴ語の方言分裂の過程がはじまる。

ゲルマン民族の移動に関連して、スラヴ族の東・西・南の方向への移動と領土拡張が最も活発化したのは、五世紀から七世紀にかけてのことである。

東スラヴ族の先祖は、五世紀から十世紀にかけて、ブグ川、ドニエストル川、ドニエプル川の流域に東進し、しだいに他のスラヴ族から離れた。

南スラヴ族の先祖は、六世紀にカルパティア山脈を越えて南下し、七世紀の間にバルカン半島へ進出して、一時はエーゲ海の島々まで南下した。そして結局はギリシア北部を中心に定住した。西方におけるスラヴ族は、フランク王カール大帝の版図拡張とともに、徐々に退却し、北西部ではエルベ川、オドラ川流域に、南西部ではバイエルン、オーストリアに進出していたスラヴ族の領域は漸次ゲルマン化された。

南スラヴ族は、十世紀には、ゲルマン勢力の絶えざる攻勢と東方からのマジャール族の侵入によって西スラヴとの接触を断たれ、さらにのちにはラテン系民族（後代のルーマニア人）の勢力拡張によって東スラヴ族からも分断され、孤立化した。西スラヴ族と南スラヴ族の勢力拡張はこのように中世初期に終止符が打たれたが、東スラヴ族の版図拡張は十九世紀に極東に達するまで続いた。

古代教会スラヴ語の成立

古代教会スラヴ語は九世紀後半に成立した最古のスラヴ文語である。「古代教会スラヴ語」の「古代」とは、歴史の時代区分としてのそれをさすのではなく、ビザンツ文化と東方正教の伝統の根強いロシア、ウクライナ、ブルガリア、セルビアなどにおいて今日なお教会の典礼用言語として用いられている後代のローカルな教会スラヴ語（たとえば、ロシア教会スラヴ語やセルビア教会スラヴ語）との区別を明確にするための限定詞であり、言語としての「古さ」の意である。古代教会スラヴ語の写本は、十世紀と十一世紀にブルガリアで作成されたものが多く、南スラヴ語の特徴を備えているために「古代ブルガリア語」と呼ばれることもある。ブルガリア文語の最古層（十～十一世紀）は古代教会スラヴ語と一致すると考えてもよいが、十二世紀の文献にはすでにブルガリア語の言語体系における重大な変化（分析的言語への傾向）が反映されており、十二～十六世紀の中世ブルガリア語は古代教会スラヴ語と区別されなければならない。

古代教会スラヴ語は、九世紀後半、ビザンツ皇帝の命を帯びて西スラヴ人の国モラヴィアにキリスト教宣教のために派遣された学僧キュリロスとメトディオスの兄弟が、当時のスラヴ語の表記に適した体系的な文字を考案し、教会文献のギリシア語からスラヴ語への翻訳を試みたことを契機として成立した。

七世紀までに東・西・南の三方向に移動して領土を拡張したスラヴ諸民族は、各地において、氏族制を脱し、小規模ながら、封建領主の支配による民族的国家を形成しつつあったが、文化的には、いまだ文字を知らず、汎神論的な自然宗教の段階にとどまっていた。

十世紀のブルガリアの学僧フラーブルの著述『文字について』(九一四ごろ)によれば、異教時代のスラヴ人は文字というものをもたず、線や刻み目を用いて秘密書法的な読み解きをしていた。

九世紀の初め、フランク王国のカール大帝(シャルルマーニュ、位七六八〜八一四)の死後、王国は分裂して東フランクとなったが、その東側に隣接して、「大モラヴィア国」という西スラヴ人の国家が成立した。当時はまだローマ・カトリック教会とビザンツ・東方正教会とが分裂する以前の時代であったが(東・西教会の決定的分裂は一〇五四年)、異教徒の新興国家モラヴィアはスラヴ世界の布教をめぐる両者の熾烈な勢力争いの尖端となっていた。モラヴィア国の侯モイミル(位八一四〜八四六)は有能な政治家であったが、ローマ・カトリック教会の勢力範囲にある東フランクとの絶えざる闘争を余儀なくされ、八四六年にはその武力に屈した。

しかし、モイミルの跡をついだロスティスラフ侯(またはラスティスラフ、位八四六〜八七〇)は、八五五年以降モラヴィアを政治的に独立させ、東フランクのルートヴィヒ二世・ドイツ人王(位八四三〜八七六)がカトリックへの改宗を通じてモラヴィア併合を図り、さらに八六二年にブルガリアと軍事同盟を結んでモラヴィアを威嚇した政治的危機にさいして、ビザンツ帝国に援助を求めたが、東フランクの圧迫に抗する手段として、軍事力にのみ頼らず、ひとつの文化政策を試みた。すなわち、ロスティスラフがとった処置とは、モラヴィアにカトリック・フランク教会に依存しない独立教会を組織して、国民をキリスト教化するために、ビザンツ帝国に宣教師の派遣を要請したことであった。八六三年（もしくは八六二年）、ロスティスラフ侯はコンスタンティノープルに使者を送り、ビザンツ皇帝ミカエル三世（位八四二〜八六七）に親書を奉呈させた。その書簡の内容は、およそつぎのようなものであったと伝えられる。

　わが臣民ははや異教を去りてキリスト教の教えに帰依せしところ、われらが言葉もてまことのキリスト教信仰を説き明かすべき教師、外国人《とつくにびと》らがそれなる者を知りてわれらに範を仰ぐがごとき、かかる教師をいまだもたず候。尊帝よ、われらがもとへ左様なる、主教にして教師たる者をば遣わせ給えかし。すべての国々へ向いて善き教えはつねに御身より出ずればなり（『コンスタンティノス伝』第十四章）。

皇帝ミカエル三世はこのロスティスラフ侯の要請に応えて、モラヴィア伝道の大任を担うべき「教師」としてコンスタンティノス（キュリロス）とメトディオスの二人に白羽の矢を立てた。「スラヴ人への使徒」として後世にその名を残すこの二人にスラヴ世界の宣教という重大な使命を託すにあたって、皇帝は「汝ら二人はソルン人《びと》なり。ソルン人なれば、なべて、生粋のスラヴ語を話すなり」（『メトディオス伝』第五章）といったと伝えられる。ソルンとはテッサロニケ（ラテン名、サロニカ）のスラヴ語名である。コンスタンティノスとメトディオスはテッサロニケ生まれのギリシア人であったが、当時テッサロニケ周辺には七世紀以来マケドニアに進出し、定住するようになったスラヴ人（ブルガリア人、スラヴ系マケドニア人）の聚落《コロニー》があり、南スラヴ語（ブルガリア・マケドニア方言）が話されていたために、スラヴ語にも通じていた、あるいはギリシア語とスラヴ語の二言語併用者であった、と考えられる。皇帝が、スラヴ語を用いてスラヴ人を教導しうる適任者としてこの二人を選んだ最大の理由のひとつはそこにあった、と思われる。

　コンスタンティノスとメトディオスは兄弟であり、ビザンツの名門の出であった。より有名なコンスタンティノスのほうが弟で、メトディオスが兄である。コンスタンティノスは幼時より天才の誉れ高く、コンスタンティノープルで哲学、神学を修め、二十五歳にも満たぬ若さで哲学教授となり、フィロソフォス（哲人）という名誉ある呼び名で世に知られ、神学・哲学論争に冴えをみせて学界をリードしたが、一方においては外交官の任にあり、語学の才を生かしてアラブ人との政治折衝にあたり、その後、兄メトディオスとともにハザール人の国に赴き、黒海、カフカズ、カスピ海をへてウラルへまで旅した。帰国後、休む暇もなく、モラヴィアへ派遣されることになる。兄メトディオスはビザンツ帝国領のスラヴ人居住地のマケドニアの行政長官を務め、スラヴ人の言語、風俗、習慣に通じていたので、その経験がのちにスラヴ人の教化活動に役立った。

　コンスタンティノスとメトディオスについては、それぞれの聖者伝、『コンスタンティノス伝』と『メトディオス伝』が、二人の死後まもなく弟子たちの手によってまとめられ、そのスラヴ語写本が伝存されているために、「スラヴ人への使徒」の事蹟はある程度まで詳細にたどることができる。

　コンスタンティノスは、モラヴィアへの宣教派遣が決定したとき、「ただちに文字を創り、『はじめに言《ことば》ありき、言《ことば》は神とともにありき』という福音書の言葉を書きはじめた」と『コンスタンティノス伝』は伝えているが、「ただちに」は誇張表現であるにしても、このことは、コンスタンティノスがモラヴィア伝道に先立ってスラヴ語の表記に適した体系的な文字、すなわちグラゴル文字を考察し、「アプラコス」と呼ばれる典礼用福音書抜粋のスラヴ語訳を試みていたことを意味している。コンスタンティノス・メトディオス兄弟が知っていたスラヴ語とは、彼らの故郷のマケドニア地方のスラヴ語でしかありえなかった。コンスタンティノスがモラヴィアのスラヴ語とマケドニアのスラヴ語の相異を知っていたかどうか、彼がそれを意識していたとしても、両方言の差異に正確に精通していたかどうかは、解決しえない問題であろう。コンスタンティノスは、おそらく、コンスタンティノープルにロスティスラフの使節として来たモラヴィアのスラヴ人をとおして西スラヴ語と南スラヴ語の相異に気づいたであろうが、九世紀には形態面においてはスラヴ諸語間の類似性がまだ非常に大きかったために、書き言葉においてはモラヴィアのスラヴ語の方言的差異をとくに気にする必要はなかった。コンスタンティノス、メトディオスのモラヴィア伝道の主眼は、教会の典礼用文書の作成とスラヴ人聖職者の養成にあった。「スラヴ人への使徒」たちは、彼らの将来の弟子たち、すなわちモラヴィアの将来の聖職者たちが、翻訳された文献の言語をさしたる困難を覚えずに理解し、またその方言の所有者たる民衆もそれを理解しうるもの、と確信していたに相違ない。

古代教会スラヴ語はひとつの人為的文章語であって、当時の各地の方言的要素が反映されているにもかかわらず、なおどのスラヴ人にも理解された言語とみるべきであろう。その意味において古代教会スラヴ語はスラヴ共通基語に最も近いもので、崩壊寸前のスラヴ共通基語の姿を、文字を得たことによって、かろうじて記録にとどめた文語である。しかし、残念ながら、コンスタンティノス・メトディオス兄弟の直接の手になる文献は残存していない。

「スラヴ人への使徒」たちが、それまでは文字法も知らぬ未開の土語ともいうべきスラヴ語を文章語化して教会の典礼用言語として導入し、古代教会スラヴ語をローマ・カトリック教会におけるラテン語の位置にかかわるものとしたことは、非常に衝撃的なできごとであった。

コンスタンティノス、メトディオスは八六三年にモラヴィアに赴き、そこに四〇カ月滞在したのち、ローマに旅立った。兄弟のローマ行きの理由は、弟子たちを聖職者に任じてもらうためとも、カトリック・フランク教会から異端視されている自分たちの活動に対してローマ教皇の後楯を得るためともいわれている。

ローマへの旅の途中、兄弟はスラヴ人居住地のパンノニアに足を留め、そこでコツェル侯の手厚い庇護を受けた。コツェル侯の要請に応じてスラヴ人の使徒たちは、パンノニア在住の約五〇人のスラヴ人を弟子として、彼らに文字と教会文書の作成を教えた。ローマ入りをした二人は教皇ハドリアヌス二世(位八六七～八七二)の歓迎を受け、教皇はスラヴ人の間における兄弟の権威を考慮し、また兄弟の助力を得てスラヴ世界に対する自分の影響力を強化することを期待して、スラヴ語を教会の典礼用言語とすることを承認し、自らメトディオスを司祭に叙階し、その弟子の三人のスラヴ人を司祭に任命した。コンスタンティノス、メトディオスの宣教活動はここにローマ教皇の公認を受け、典礼用言語としてのスラヴ語の承認、スラヴ人聖職者の養成という兄弟のモラヴィア伝道の当初の目的は一応達成された。

コンスタンティノスは八六九年、病を得て旅先のローマで客死した。享年四十二。死の直前、彼は剃髪して修道士となり、キュリロスという修道士名を受けた。弟の死後、メトディオスは直接モラヴィアには帰らず、シルミウムの大司教に叙任されたが、フランク系カトリック司祭の迫害を受け、追放や投獄の辛酸をなめた末に最初の任地のモラヴィアに帰還したが、モラヴィアはすでに政治情勢が変化しており、ロスティスラフを侯位の座から引きずり降した甥のスヴァトプルクはスラヴ教会の形成には好意的ではなく、古代教会スラヴ語による文書活動を奨励せず、典礼用言語としてラテン語の使用を推進した。八八五年メトディオスはモラヴィアで死んだ。メトディオスの死後、彼の弟子たちは、ローマ教皇ステファヌス五世から典礼用言語としてのスラヴ語禁止令を取りつけたカトリック司祭らによってモラヴィアを追放され、「スラヴ人への使徒」が興したモラヴィアにおける古代教会スラヴ語による文書活動は終わりを告げる形となった。

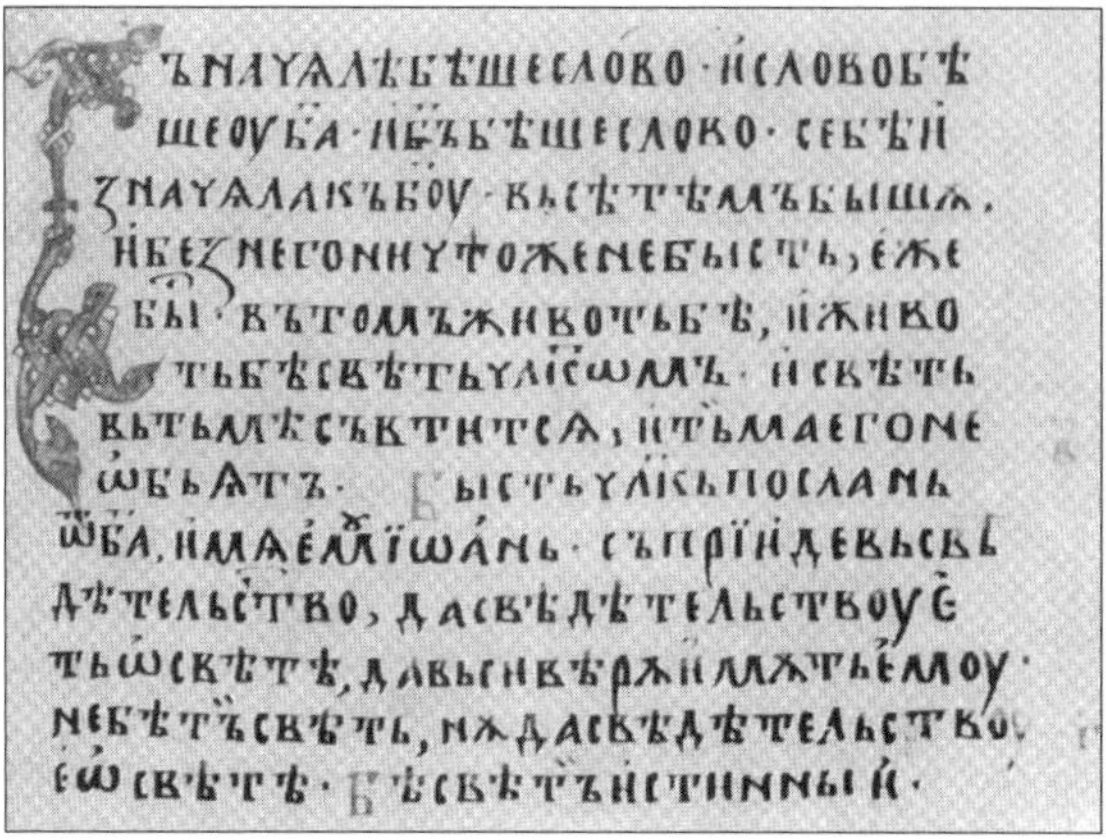

キリル文字　「スラヴ人への使徒」キュリロスにちなんで名づけられた古代教会スラヴ語の文字。9世紀末ごろ東部ブルガリアで成立したらしい。その大半はギリシア語の楷書体文字に起源をもつ。写真は，14世紀ブルガリアのキリル文字写本。

しかし、モラヴィアを追われた弟子たちはクロアティア、ブルガリア、マケドニアに亡命し、古代教会スラヴ語による文書活動を継続した。マケドニアではメトディオスの弟子クリメント(九一六年没)を主軸とするオフリド派が二人の先駆者の文化遺産を嗣ぎ、多くの写本を作成した。その東方のブルガリアのプレスラフには古代教会スラヴ語の文化のもうひとつの中心が形成され、皇帝シメオン(位八九三〜九二七)の治世下に数多くの古代教会スラヴ語文献がつくりだされ、その一部はセルビアとロシアに流出した。

ロシア(キエフ・ロシア)は、十世紀の末にキエフ大公ウラジーミルが東方正教を国教と定めるにおよんで、キエフが正教会文化の中心地となり、ブルガリアで隆盛をみた古代教会スラヴ語による著作・翻訳活動の伝統を継承した。

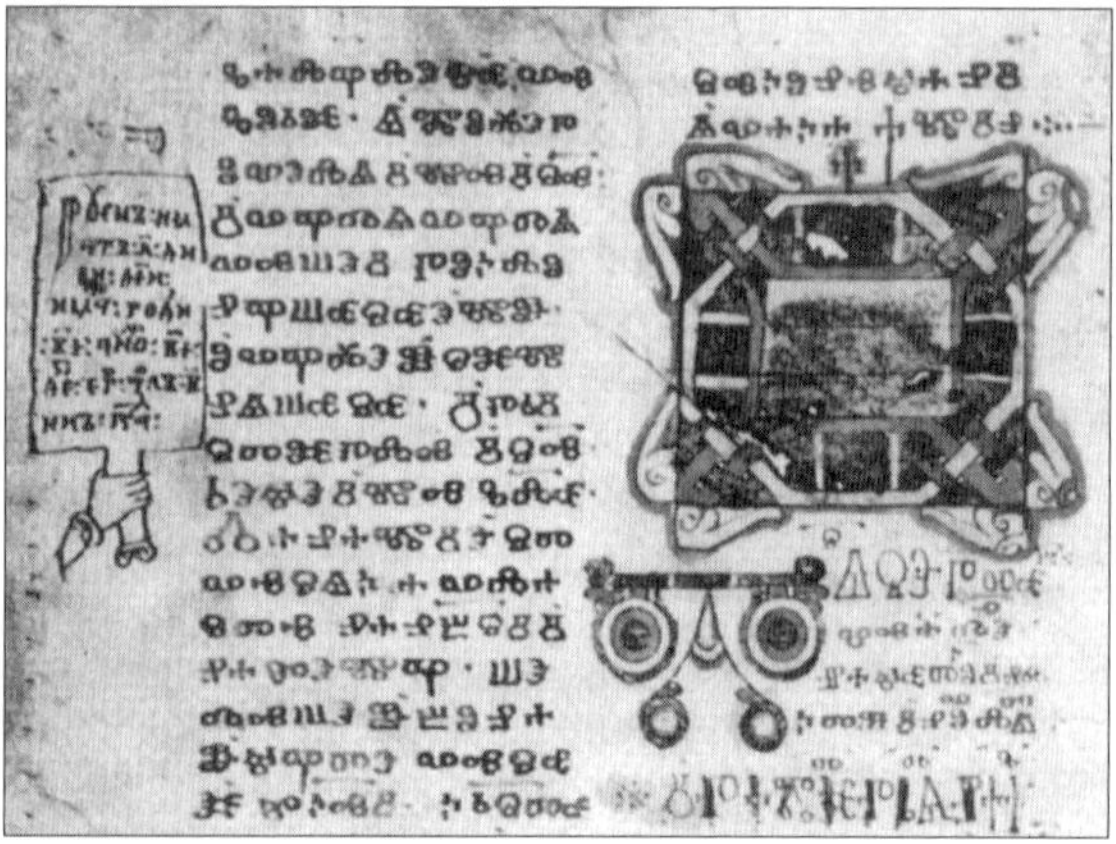

グラゴル文字　アッセマーニ写本。11世紀。

現代のロシア語、ウクライナ語、ブルガリア語、セルビア語などの字母に用いられている文字は、一般に「キリル文字」と呼ばれ、その名称はコンスタンティノスの修道士名キュリロスに由来する。しかし彼の名を冠したキリル文字はコンスタンティノスの独創ではなく、モラヴィア、パンノニアを追われた弟子たちがブルガリアに移住したのち用いはじめた文字で、八八五年以後十世紀初頭までがその成立の時期と考えられる。キリル文字の起源は誰の目にも明らかで、九世紀のギリシア語の楷書体大文字の基になったウンキアリス体を模倣したものである。ロシア語とギリシア語の文字がよく似ているのはそのためである。

コンスタンティノスがモラヴィア伝道に先立って独自に考察したスラヴ文字が、十〜十一世紀の古代教会スラヴ語の羊皮紙写本に残る、シンメトリックな、丸味をおびた花文字風のグラゴル文字であったことは、その著しい様式化と精緻をきわめた音表記と間隙のない体系性からみて、ほとんど疑いの余地はない。グラゴル文字は、一部のクロアティアの教会スラヴ語を例外として、十二世紀以降は姿を消し、よりわかりやすいキリル文字にとってかわられた。

古代教会スラヴ語は非常に優れた中世文語であり、東方正教文化圏にあるスラヴ世界においては、西ヨーロッパにおけるラテン語とほぼ同等の役割を果たした。古代教会スラヴ語は古典ギリシア語の文化遺産の正統な相続者といってもけっして過言ではなく、ギリシア語の豊富な語彙、精緻な文法、華麗な文体、雄渾《ゆうこん》な表現力を譲与された言語であり、このような文化的言語が九世紀後半に「スラヴ人への使徒」コンスタンティノス・メトディオス兄弟の活躍により、蒙昧なスラヴ世界に突如として出現したことは、まことに驚くべき歴史的できごとである。

この古代教会スラヴ語の文語伝統を最も正統的に継承したロシア標準文語が、世界的に優れた文学の表現手段となったのも故なきことではない。

2　スラヴ民族の宗教

異教時代をめぐって

　キリスト教以前のスラヴ民族の宗教に関するわれわれの知識はきわめて乏しい。それが自然の諸力をさまざまな神格に投影する多神教であったことは容易に想像されるが、その具体的な姿、たとえばどのような祭儀をもち、人びとの生活をどのように規定していたか、といった肝心の点はほとんど何も知られていない。神々の名称と職能はある程度知られている。それは東スラヴ族の『原初年代記』がウラジーミルの神像建立を語る記事のなかで雷神ペルーンをはじめとする六つの神格の名をあげているからで、これが東スラヴ族のパンテオンをなしたと考えられている。ところがこの箇所には、家畜の守護神として重要なヴォーロスの名がぬけている。同じ年代記のオレーグの誓いの記事には、ペルーンとならんでヴォーロスがあらわれることから、ヴォーロスは上述の神々よりも古い起源をもつものとも考えられる。このように神々の構成も明確でないうえに、東スラヴ族の神々が他のスラヴ族のもとでも同様に崇拝されたという証拠もない。

　キリスト教以前の宗教に関する史料がごく限られているほか、考古遺物もあまり頼りにならない。先史時代の女神像から地母神崇拝の存在は推定されるが、これはかなり普遍的な信仰であって、スラヴ民族に限らないのである。『原初年代記』には「銀の頭と金のひげのペルーンの木像」があらわれるが、実は本来のスラヴ語には「彫像」をあらわす語がなかったことから、神像の類はあまりつくられなかったらしい。また神殿の遺跡は発掘されていないので、神像を安置し祭儀をおこなう神殿も建てられなかったと考えられている。

つぎに、第三章第1節でもふれるが、多くのスラヴ族が「上からの改宗」によってキリスト教を受容したため、民衆の間には異教が根強く残った。そしてキリスト教と異教的なものの併存を「二重信仰」と呼ぶことがあるが、この言葉はスラヴ、とくにロシアの後進性を強調するさいに用いられることが多い。スラヴ民族に限らず、キリスト教そのものが異教的要素を吸収しながら形を整えてきたことは疑いない。たとえば、クリスマスをはじめとする主な祝祭日は異教の祭りに振りあてられており、祝祭日におこなう教会の儀式や家庭の習慣も各地の古い習慣を受けついでいる。その点は神学のレベルでは解釈しえないものであり、キリスト教の実際の信仰生活はどこでも多かれ少なかれ「二重信仰」の様相をみせているのである。プロテスタントの神学者ハルナックは土俗的キリスト教という言葉を用いたが、宗教史の立場からは、土俗的でないキリスト教の存在は認めがたい。

スラヴ民族と二つの文化圏

スラヴ民族がキリスト教を受容し、国家を形成した〈軸の時代〉は、東西両教会の対立が表面化した時期と重なり、したがってスラヴ民族はその影響を受けている。そして結果として、ロシア、セルビア、ブルガリアなどはビザンツ教会とのつながりから東方正教文化圏に属し、ポーランド、チェコスロヴァキア、クロアティアなどは西方教会との結びつきからカトリック文化圏に入った。これをもって、東西両教会の分裂がスラヴ民族の統一を損ったとする見方もある。だが立場を変えれば、これによってスラヴ民族の文化が多様化したとも考えられるであろう。

では東方正教文化圏とカトリック文化圏の区分は、スラヴ民族の文化のどのような違いにあらわれているのであろうか。その前に、すでに述べたように、スラヴ民族は方言区分からは東、西、南の三つに大別される。この三区分法よりも宗教による二分法のほうが有効なのはなぜであろうか。それを簡単にいえば、キリスト教が文化の形成に決定的な役割を果たしたからで、方言区分はほとんど無視できるのである。つぎに、上記の点から想像されるように、キリスト教のたどった生成発展のなかでも、スラヴ民族の文化の形成に直接かかわったのは、ある一定の時期であるとの前提が立てられる。言葉をかえれば、スラヴ民族のキリスト教受容がたとえば数世紀早くても遅くても、スラヴ文化の様相はだいぶ異なっていただろうということである。

まず、ブルガリア、セルビア、ロシアが採用した宗教は、イコノクラスムをへたのちの東方のキリスト教であった。のちに東方正教会として知られるこの教会は、イコノクラスムののち十世紀までに教義と典礼形式がほぼ完成の域に達し、その後大きな改新は経験しなかった。したがって南と東のスラヴ族は、すでにできあがったキリスト教を受け入れたわけで、それと同時にビザンツ教会の旧套墨《きゅうとうぼく》守《しゅ》の体質および俗権との密着の体質を受けついだ。

他方、ポーランド、ボヘミア、スロヴァキア、スロヴェニア、クロアティアといった西方教会からラテン語典礼を受け入れた地域は、西方教会内部の変革にまきこまれる宿命にあった。具体的には、スラヴ民族のキリスト教受容の時期が、クリュニー改革から叙任権闘争までの間、換言すれば教皇権が確立していった時代にあたるということである。すなわち、叙任権闘争の結果ともいうべきヴォルムス協約(一一二二年)は、ドイツ諸侯に対する教皇の優位を確認したが、それは同時に、フランク教会に対するローマ教会の実質的な支配の確立を意味した。すでにみたように、九世紀のモラヴィアとブルガリアにおいてはローマ教会とフランク教会の布教地争いが続いていたし、十世紀後半のポーランドはローマ教皇に全面的に頼ってフランク教会の支配を断ちきった。

もちろん、スラヴ族の国々は西方キリスト教世界の周辺部にあったから、教会改革と叙任権闘争の結果がただちにおよんだわけではない。ポーランドを例にとると、この国は名目上はローマ教皇の臣属国であったが、実際には教会は諸侯に従属し、聖職者も諸侯の家臣にほかならなかった。聖職者の妻帯は普通で、はなはだしい場合には妻帯司教の例もあった(司祭は別として、司教の妻帯は東西両教会ともに教会法規によって禁じられていた)。そのなかで聖職者の規律のひきしめと教会の地位改善の動きがあらわれるのは十二世紀後半で、ポーランドの叙任権闘争が完結するのは十三世紀中葉である。

ということは、ヴォルムス協約より一世紀以上遅れたということである。

西のスラヴ諸国の教会は出発が遅れたわけだが、その遅れをとりもどすと、あとは西方教会の動きに歩調を合わせていく。すなわち西方教会に属したスラヴ諸国は、中世から近世にかけて、他のヨーロッパ諸国と同じ変動を体験しなければならなかったわけである。文化の形成の面でも、プラハやクラクフの大学の例からわかるように、他のヨーロッパ諸国とほぼ同じレベルにあった。その点に、正教的スラヴ圏と文化の質が異なった原因があるわけである。

カトリック的スラヴ圏と正教的スラヴ圏の文化の顕著な差を一、二述べると、カトリック圏ではラテン文字、正教圏ではキリル文字が用いられ、文字のうえでスラヴ諸語が二分される。またカトリック圏ではラテン語が典礼用語であり、世俗文献も初期にはラテン語で書かれたから、スラヴ諸語にもラテン語の影響がおよんだ。さらにポーランド、スロヴェニア、クロアティアでは、イタリア・ルネサンス文芸がさかんにとり入れられたので、文学ジャンルのみならず言語のうえでもルネサンスの影響を受けた。スラヴ諸国でルネサンスを経験した地域では、文章語に複文の発達が著しい。本章第1節でスラヴ諸語の間の著しい類似性を指摘した。たしかに外観からはそのとおりだが、一歩つっこんで文章の構成をみると、カトリック圏のスラヴ諸語と正教圏のスラヴ諸語の間にははっきりした差が見受けられるのである。

「第三のローマ」と教会

バルカン半島とロシアのスラヴ民族は東方典礼を受け入れたわけだが、これによってビザンツ教会は北と東に拡大した。そのさい、同じ東方典礼の受容の方法にもバルカン諸国とロシアでは微妙な差がある。東方のキリスト教の理念と実践を最も忠実に継承し発展させたのは、ロシアの教会であるとしてよい。「モスクワ第三ローマ」説に従えば、ロシア正教会がビザンツ教会の継承者ということになるが、事はそれほど単純に割りきれないのである。

まず、ビザンツ教会はけっして滅びたわけではない。ビザンツ帝国の崩壊後、一時的な混乱はあったが、スルタンのメフメト二世は新たにコンスタンティノープル総主教を立て、それをもって東方正教徒のミッレト(非イスラム教徒の宗教別の自治共同体)の首長とした。キリスト教世界では教会の管轄区分は行政区分に準じるという原則があるので、コンスタンティノープル総主教はオスマン帝国全域の東方正教徒に管轄権をおよぼすことになった。ブルガリア、セルビアなど長年の闘争の末に教会の独立を果たした国々も、オスマン帝国支配下においては教会の独立を失い、ふたたび旧ビザンツ教会の管轄下に組み入れられてしまった。アレクサンドリア、アンティオキア、エルサレムの三総主教座も名目上は独立していたはずだが、実際にはコンスタンティノープル総主教座の出先にすぎなくなった。バルカン半島のスラヴ諸民族の立場からすると、政治的にはオスマン帝国の支配、宗教の点からは旧ビザンツ教会のいわゆるギリシア人支配という二重の支配のもとに入れられたわけで、教会の支配はオスマン帝国が弱体化する十九世紀まで続いた。

　他方、ロシアの教会はモスクワ公国の勃興とともに発展し、東方正教会のなかでも最大の勢力となった。ここでは、オスマン帝国下の旧ビザンツ教会の拡大をも上まわるロシアの教会の発展を一瞥しなければならない。ビザンツ教会には保守派と開明派の二つの潮流ないし派閥があった。前者はいくつかの著名な修道院を牙城として、熱狂的な信仰に支えられ、ときには国家権力との対決も辞さなかった。後者は教養を重視し、政治権力と結びつき、布教活動のような教会の拡大にも熱心であった。この二つの潮流はロシアにもあらわれ、十六世紀初頭には修道院のあり方をめぐる対立が表面化した。これは修道院の富裕化と世俗化を攻撃した非所有派と修道院の社会的責任を強調した所有派の争いで、保守派ともいうべき非所有派の代表が著名な修道士ニル・ソルスキイで、開明派ともいうべき所有派の代表がヴォロコラムスキイ修道院のヨシフ・ヴォロツキイであった。結局、所有派の立場が勝利をおさめた。そしてモスクワに招かれていたアトス山の修道士マクシム・グレクは、ニル・ソルスキイに共感を示したために逮捕された。また当時のユダヤ派と呼ばれる異端運動は国家権力の手を借りて容赦なく弾圧された。このことはロシアの教会が国家との結びつきをいっそう強め、体制化したことを示している。興味深いことに、ビザンツ教会では最終的には開明派が敗退するパターンがはっきりしているが、ロシアにおいてはだいたい保守派が敗退した。ただ保守派は民衆とのつながりといった面では開明派を寄せつけなかった。この点はロシア教会史をみるうえでの重要なポイントである。

ビザンツ教会は十世紀までに教義と典礼形式を完成させたと述べたが、神秘主義神学だけは例外で、ビザンツ帝国末期の十四世紀に新たな展開をみた。それが静寂主義(ヘシュカスモス)である。これは肉体の統御と精神の集中によって、神の実体を肉眼でみることを目的とする実践的神秘主義神学で、ここでいう神の実体とは、キリスト変容のさいに弟子たちが目撃した「非創造の光」におきかえられる。カラブリア出身の修道士バルラアムを代表とする開明派はこの神学を異端として攻撃するが、神学者グレゴリオス・パラマスはこれを積極的に擁護した。そして曲折をへたのち十四世紀中葉の主教会議で、パラマスの教説の正当性が確認された。新しいものを受け入れないビザンツ教会が静寂主義を公式に認めたのは驚くべきことであるが、この教えはロシアに伝わってさらに深められた。前述の非所有派の代表ニル・ソルスキイはアトス山で静寂主義を学び、さらに、霊的指導者のもとに少人数が集まるスキトと呼ばれる修道生活の方法をロシアに伝えた。静寂主義はロシア人の心性に強く訴え、その後の有力な修道士はほとんどすべてその影響を受けたといっても過言ではない。また静寂主義の実践法のひとつである「主の祈り」をひたすら唱えながら、各地を遍歴する行者もあらわれた。

つぎに、東方では神学の素養よりも信仰の深さがはるかに高く評価された。その結果、生まれながら知能に欠陥のある人とか愚者はそれだけで神に近いものとみなされた。公的教会の警告にもかかわらず、民衆はサロスと呼ばれるこの種の狂人もしくはそれをよそおう佯狂者《ようきょうしゃ》を敬った。サロスには予言の能力があると考えられた。サロスはロシアではユローディヴイと呼ばれ、民衆に敬愛された。

ムソルグスキイのオペラ『ボリス・ゴドゥノフ』で、狂言回しのようにときどき舞台に出て不吉な運命を予告するのがこのユローディヴィである。

十七世紀の後半、ロシア正教会は典礼書の改訂をめぐって大揺れにゆれ、ついに大規模な分裂がおこった。典礼書の不備はずっと以前から指摘されており、十六世紀中葉にイヴァン四世の開いたストグラフ会議でも問題にされたが、改訂にはいたらなかった。「モスクワ第三ローマ」説が悪い方向に作用すると、異教徒の支配下にあるギリシア人の教会に改訂の範を仰ぐことなど無意味ということで、誤りの訂正も不可能となったからである。

ニーコン

しかし一六五二年にニーコンがモスクワ総主教に選ばれると、懸案がふたたび日程にのぼった。また印刷術の普及によって、誤りを正した典礼書の編集がどうしても必要になったという事情もある。かくして、典礼書の改訂のみならず、典礼慣行の修正をともなうニーコンの改革はついに断行された。ニーコン自身はやがて失脚するが、典礼改革は軌道に乗り、これに反対した聖職者、修道士、信徒は破門され、分離派または古儀式派と呼ばれる分派を形成した。その指導者の長司祭アヴァクムはのちに火刑に処せられた。分離派は激しい弾圧にさらされながらも存続した。ただ、司祭を叙任し聖職を後代に伝えるべき主教がとだえると、司祭派と無司祭派に分裂し、後者はさらに無数のセクトに分裂し、勢力を失った。ムソルグスキイのオペラ『ホヴァンシチナ』は分離派の運動が背景になっており、官憲に追われた分離派教徒の集団自殺で幕を閉じる。分離派のうち司祭派は十九世紀末にやっと公認された。だが十七世紀の教会分裂がロシア正教会の活力をおおいに弱めたことは否定できない。

異端の群れ

キリスト教ほど多数の異端を生んだ宗教はない。もちろん異端という言葉は正統を自負する教会からの呼称である。異端を正確に定義するのは困難であるが、ここでは、キリスト教の内部から発生し(すなわち既成の教会と袂を分かち)、キリスト教教義の根幹となる三位一体論とキリストの受肉を否認する分派を異端と呼ぶことにする。スラヴ民族が関係する異端はつぎの三群に分けられる。中世の二元論異端につらなるボゴミル派、つぎに宗教改革の時代にあらわれた異端(ただしプロテスタンティズムは異端としない)、最後にロシアの教会分裂の結果、分離派から派生した異端とそれ以外のロシアの異端である。

十世紀から十五世紀にかけて、バルカン半島から西ヨーロッパのドイツ、フランスにいたる広大な地域で、二元論異端またはマニ教異端と呼ばれる異端が猛威をふるった。この異端はヨーロッパではカタリ派の総称で知られるが、これがバルカン半島、とくにブルガリアのボゴミル派と密接な関係があったことは疑いない。ただしカタリ派のバルカン起源説、すなわち十字軍の兵士や従軍商人がボゴミル派の教えをもち帰って拡大させたとの説は、いまでは疑問視されている。ボゴミル派は十世紀前半にマケドニア地方でおこった異端で、先行するアルメニア起源の異端パウロ派(パウリキアノイ)の影響を受けたことは確実である。パウロ派は、最初は必ずしも二元論を奉じていたわけではないが、この教派がイコノクラスムの時代に小アジアからトラキアに移されたころには、疑う余地のない二元論的異端になっていた。

ボゴミルとはギリシア語テオフィロスのスラヴ語訳で、「神に親しい、神に愛される」の意であるが、伝承によるとこの異端をはじめたマケドニアの司祭の名とされる。ボゴミル派の教えによれば、現世はキリストの兄弟サタンの創造物であるから悪の世界で、人類が救われるのは、霊的存在の神キリストの教えによってである。聖典としては福音書が尊重され、旧約聖書は退けられる。教会と典礼もサタンの創造物として否認される。実際の生活面では、物質をサタンの創造物としたために、禁欲主義に走り、また世俗の富とか権威を敵視した。しかもボゴミル派は、カタリ派とは異なり、公然の反抗を戒めたので、その摘発は困難をきわめた。このような異端が勢力を得たのは、当時のブルガリア西部、マケドニア地方の農民がいかにみじめな境遇におかれていたかを示すもので、その意味では反体制運動の様相を呈した。第一次ブルガリア帝国は十一世紀前半に崩壊するが、ボゴミル派は生きのびたばかりか、ビザンツ帝国の中枢部から小アジア、バルカン半島全域に浸透した。十二世紀初頭には首都コンスタンティノープルでボゴミル派が摘発され、その指導者が火刑に処せられた。この事件は帝国にとっても大きな衝撃となった。辺境のスラヴ人農民のあやしげな異端が首都の知識人の心をとらえていたからである。ビザンツ教会は早速異端の摘発に乗りだし、帝国内でのボゴミル派の勢力は衰えた。

しかしボゴミル派は、十二世紀末、第二次ブルガリア帝国の成立とともに息を吹きかえした。皇帝カロヤンは異端に対しむしろ寛大であったが、カロヤンの権力を奪ったボリルはこれを弾圧し、一二一一年に首都タルノヴォで開いた主教会議では公式にボゴミル派を異端として弾劾した。ブルガリアのボゴミル派は十四世紀に入って急速に衰退した。多くの禁欲主義的異端と同じく、ボゴミル派も最後は性的放縦とヌーディズムに堕した。またかなりの部分がオスマン帝国の支配とともにイスラム教に改宗した。なお、ボゴミル派が比較的遅く伝わったボスニアでは、民族感情も手伝って十二世紀末にこの異端が国家宗教の地位を得た。そのためにボスニアはカトリック勢力の干渉をまねき、ハンガリーの支配下に組み入れられた。

つぎに、ロシアの異端についてふれておく。十七世紀中葉の教会分裂で正教会から離れた分離派はほどなくして分裂し、その結果生まれた過激な無司祭派がまた多くの異端を生んだ。ロシアの異端はきわめて多様で、多くは分離派にさかのぼるが、分離派との関係がはっきりしない、いわゆる神霊キ

去勢派の女性　去勢派では女性に対しては乳房を切りとる手術がおこなわれた。

リスト教派も栄えた。ここではいくつか代表的な異端をあげるにとどめる。

　十七世紀後半に中央ロシアの農民の間でおこったフルイスト（鞭身）派は、分離派の流れをくむが、聖霊のみを重視し、禁欲主義を実践した。だが十九世紀後半には禁欲主義と神秘的色彩が薄められ、新エルサレム派が生まれた。この派は二十世紀初頭にウルグァイに移住した。またフルイスト派は禁欲主義を掲げながらも、集団の宗教的恍惚からしばしば性的放縦に堕した。それに対する反動として十八世紀後半に去勢派《スコプツィ》が生まれた。これはマタイ伝十九章十二節の記事を典拠に、「火の洗礼」として去勢をおこなったことで知られるが、全体としてはペシミズムの雰囲気が濃かった。つぎに、神霊キリスト教に属するものとしては、十八世紀中葉に生まれたドゥホボル派と少しのちのモロカン派がよく知られている。ドゥホボル派は、既成の教会制度、聖職、典礼、聖書を否認し、キリストを神の英知を備えたたんなる人間と考えた。そして農民の一種のユートピア思想から、財産を共有化し、国家の徴兵、徴税を拒否したため、苛酷な弾圧をまねいた。十九世紀末には一部がカナダに移住した。そのさい、この教団の反戦思想に共鳴した文豪トルストイが移住の費用を援助した話はよく知られている。モロカン派も既成の教会制度、典礼などを否認したが、ドゥホボル派ほど過激に走らず、聖書のみを教えの根幹とし、その教えを「純粋の霊的ミルク」と称したことから、モロカン派（ロシア語でモロコーは、ミルクの意）の名称がある。この派はドイツのルーテル派内の敬虔派《ピエティスムス》との類似が指摘されている。モロカン派は神霊キリスト教のなかで最大の勢力を得て、信徒数が一〇〇万に達したこともあったが、弾圧によってカフカズ、モルドヴァなどロシア帝国の辺境に追われた。

宗教改革とスラヴ民族

カレル一世の時代に空前の繁栄をみたボヘミアもその蔭にはさまざまの矛盾があらわれていた。それは教会領の拡大と高位聖職者の富裕化、チェコ人とドイツ人の間の反目などである。おりしも教会大分裂（一三七八年）によって教皇の権威は失墜していた。そのなかで、イギリスの宗教改革者ウィクリフ（一三二〇ごろ～八四）の影響を受けたヤン・フス（一三七〇ごろ～一四一五）が、プラハ大学の要職につき、そのかたわらベトレヘム礼拝堂でチェコ語の説教をおこなって、大きな名声を博した。国王ヴァーツラフ（ヴェンツェル）四世（位一三七八～一四一九）は、教会および大貴族と対立し、むしろチェコ人の民族主義的主張に加担し、クトナー・ホラ勅令（一四〇九年）で、プラハ大学におけるチェコ人教授団の優位を定め、フスはプラハ大学の総長に就任した。ドイツ人を主とする外人教授団はローマに赴いて、チェコ人の異端的傾向を訴えた。フスは、対立教皇ヨハネス二十三世の発行した贖宥状《しょくゆうじょう》（免罪符）に反対するにおよび、ついに破門され、プラハを去った。西方の教会統一のために一四一四年に開かれたコンスタンツ公会議は、フスを召喚し、異端として投獄した。フスはわずかにあたえられた釈明の機会にもウィクリフの教説を否認せず、予定説および聖書主義を唱えたため、異端として翌年火刑に処せられた。

フスの処刑はボヘミアの民族主義に火をともし、宗教上の改革運動が政治的要求と結びつき、ターボル派を代表とする政治団体が結成された。もちろん宗教改革の動きも継続し、フスの処刑と前後して、両形色（パンとぶどう酒）の聖体拝領を主張するウトラキズムが勢力を得た。また農民は神の王国の接近を説く終末論（キリアスムと呼ばれる）に走った。カトリック教会と国王ジギスムント（位一四一九〜三七）は異端撲滅の十字軍をおこした。かくして約二〇年にわたるフス派戦争がおこり、フス派は内部分裂にもかかわらず、何度も組織された十字軍をおおいに悩ませた。だがフス派はしだいに劣勢となり、一四三六年の協約《コンパクタータ》で最終的な妥協が成立した。これはウトラキズムを認めたが、実質的にはフス派の敗北を告げるものとなった。フス派戦争は国内を荒廃させた。

十六世紀前半にルターが宗教改革運動をおこしたとき、ボヘミアでもフス派の流れをひくボヘミア兄弟団とウトラキズム信奉者がこれに呼応した。だがカトリックのハプスブルク家は、イエズス会を使った強引な手段で改革運動を弾圧した。のちの三十年戦争（一六一八〜四八）もボヘミアにおける新教徒の叛乱をきっかけに拡大した。この長い戦争でチェコ人のボヘミアはほぼ解体した。十六世紀以後の動きは省略するが、結果としてみると、ボヘミアはドイツ宗教改革後のヨーロッパの政治体制の変動にまきこまれ、それまでの蓄積を失った。いわば貧乏くじをひいたわけである。

ポーランドの宗教改革の様相はボヘミアの場合とはかなり異なる。もともとローマ教会との結びつきが強かったから、教皇に対する反抗もとくになかったし、フス派運動に相当するものもなかった。またフス派運動の波及も支配者の慎重な政策で防止されていた。

ただポーランドは版図内に多数の東方正教徒をかかえていたこともあって、宗教的寛容の精神が普及していた。フスを処刑したコンスタンツ公会議において、ポーランドの法学者パウルス・ウラディミリは、ドイツ騎士団がバルト海沿岸においてキリスト教布教の美名のもとに残酷な異教徒狩りをおこなっていると非難し、非キリスト教徒に宗教的寛容をもって接する必要を説いた。これは教会史上の一挿話に終わったが、宗教的寛容の伝統はのちにポーランドを宗教戦争の惨禍から救うことになった。

ドイツの宗教改革がポーランドに波及するのは比較的遅く、最初のうちはほとんど関心を呼ばなかった。だが中小貴族《シラフタ》は反教権闘争の手段として宗教改革を利用し、中小貴族《シラフタ》の約二〇%が改革派に転じ、農民も領主が改革派になればそれに従った。ボヘミアのような民衆レベルでの改革運動は、都市を除けばほとんどみられなかった。改革派のうちルター派はヴェルコポルスカ地方に、カルヴァン派はマウォポルスカ地方とリトアニアに進出した。ただルター派はドイツ人の宗教とみなされたため、勢力も限られていた。十六世紀中葉にはボヘミア兄弟団が本国での迫害を逃れて、マウォポルスカ地方に入りこんだ。ポーランドで生まれた極端な改革派ないし改革派異端は、十六世紀中葉にカルヴァン派から分離したポーランド兄弟団である。このグループは三位一体論を否認したため、アリウス派の蔑称で呼ばれ、ポーランドにおける改革派の統一をはかったサンドミェシの合意(一五七〇)からも排除された。

ポーランドは王権が弱く、宗教改革を力で押さえるわけにはいかなかった。そこで中小貴族《シラフタ》は改革運動をてこに、それまでのカトリック教会の特権を奪っていった。国王ジグムント二世・アウグストは一五五八年に信教の自由に関する勅令を出し、一五六二〜六三年の議会は教会裁判所の俗人に対する刑の執行を禁止した。これは反教権闘争の成果であり、また宗教的寛容の精神のあらわれとも解釈できるであろう。その間にカトリック側の対抗改革も着々と進んだ。一五六四年にポーランドに入ったイエズス会は、各地に多数のコレギウムを設け、教育活動による対抗改革を推進した。その結果、いったん改革派に走った中小貴族《シラフタ》はふたたびカトリック教会に戻った。ボヘミアではイエズス会の活動がかえって民衆の反発をかったが、ポーランドの対抗改革はだいたい平和裏に進んだ。ただし対抗改革が成功すると、宗教的寛容は失われ、異端的(すなわちプロテスタント)教会打ちこわし運動がおこった。過激なポーランド兄弟団は十七世紀中葉には活動を禁止され、やがてポーランドから追放された。この団体の指導者プシプコフスキは、ポーランドにおける宗教的寛容の終わりは自由な共和国の弔鐘を鳴らすと予言したが、それは事実となった。

ボヘミア、ポーランドなど宗教改革が波及したスラヴ諸国は結局カトリック陣営にひき戻され、プロテスタント的スラヴ圏と名づけられるものは成立しなかった。

東西両教会のはざまで

宗教改革と対抗改革は一部のスラヴ族に思いもかけぬ爪あとを残した。それは教会合同問題で、第二次大戦後まで尾をひく悲惨な結果を生んだ。現在のウクライナとベラルーシの大部分はポーランド・リトアニア王国の支配下にあった。この地域は広義のルテニアと呼ばれ、かつてキエフ府主教の管轄下にあったので、東方典礼がおこなわれた。キエフ府主教座が「タタールのくびき」の時代にモスクワに移り、モスクワ府主教座としてモスクワ公国の教会になってしまうと、ポーランド・リトアニア支配下のルテニアは管轄すべき主教座を失ったことになる。そこで一時期、リトアニア府主教座が設けられたが、それはほどなくして消滅した。そこで、フェララ・フィレンツェ公会議でビザンツ教会の合同推進派として活躍したイシドロス（モスクワ府主教）が工作をおこない、一四五八年に新たなキエフ府主教座がローマ教皇ピウス二世によって設立された。これは合同教会の府主教座ということになるが、信徒の側にはローマ教会と合同したとの意識はなく、要するにモスクワ公国の影響力拡大を恐れたポーランド、オスマン帝国およびローマ教皇が画策した政治的な府主教座であった。だがその後ローマ教会はルテニアの正教徒への関心を失い、キエフ府主教座は事実上コンスタンティノープル総主教の管轄下に入っていた。

ルテニアの正教会は、聖職者の規律も乱れ、信者の教育水準も低く、いわば忘れられた教会となっていた。ところが宗教改革がポーランドにおよぶと、改革派はルテニアの正教徒に接近を開始し、まもなく対抗改革を掲げるカトリック教会がそのあとを追い、改革派に走った正教徒をカトリックに改宗させていった。コンスタンティノープル総主教エレミアス二世はあわててルテニアの正教会の改革にとり組むが、それは遅きに失した。カトリック教会は、ポーランド王およびローマ教皇の合意のうえでルテニア正教会の合同を画策し、一五九五年のブレスト(ブジェシチ)の会議で教会合同をとり決めた。その内容は、ローマ教皇の権威とカトリック教会の教義を認めたうえで、東方典礼と東方の教会慣行の保持を許されるというものだった。ローマ教皇クレメンス八世はルテニア教会の要請を受け入れ、同年末に教会合同を宣言した。かくしてルテニアの教会は合同教会となり、ほどなくポーランド国王と議会の承認を得た。

しかし有力な貴族オストロクスキ公をはじめとする合同反対派の勢力も強く、それ以後、同じ東方典礼を用いるキリスト教徒の間の凄惨な闘争が続くことになる。ルテニアの合同教会派、すなわち東方典礼カトリック教会は、東方正教会に対してとくに優位に立っていたわけではないが、追随を許さなかった点は教育活動である。とくにイエズス会のコレギウムは、当時学校らしい学校のなかったルテニアにあって、最高の教育機関となっていた。そこでルテニアの有為の青年は、ときに偽りの改宗を行なってまでカトリックのコレギウムに学んだ。モルドヴァの貴族ペトロ・モヒラ(モギラ)は、キエフのペチェルスキイ修道院にコレギウムに範をとった神学校を開き(一六三一)、正教会の革新をはかった。これがキエフ神学校のおこりである。のちキエフ府主教となったモヒラは、カトリック神学を援用して正教会の教義をまとめた人物として知られるが、同時にラテン語を教育にとり入れて、のちピョートル一世のロシア近代化政策を推進すべき人材を育てた。当時の西ヨーロッパではラテン語はすたれつつあったが、それがロシア近代化の道具となったというのは歴史の皮肉である。東西両教会のはざまで苦汁をなめたルテニアのキリスト教徒は、ロシアの近代化への貢献によって世界史的な意味をもったわけである。

第三章　スラヴ民族の歴史

1　キリスト教の受容と国家の形成

スラヴ民族の〈軸の時代〉

　スラヴ民族が世界史の舞台に登場するのは比較的遅かった。しかも恵まれた状況のもとに姿を現わしたわけではなかった。ビザンツ帝国とフランク王国といった既存の強国、中央ユーラシアからバルカン半島にかけて跳梁をほしいままにしたさまざまの遊牧民、こうした強敵の圧力に抗してスラヴ民族はなんとか政治的統一を実現させたわけである。しかも世界史への参入の遅れは、スラヴ民族にとってのちのちまで尾をひいた。スラヴ民族は、一部を除いては、ルネサンスにも宗教改革にも参画しなかったし、大航海時代、産業革命、植民地獲得競争といった世界史上の大事件とも無縁であった。スラヴ民族が世界史の動向を左右するようになったのは、二十世紀になってからのことにすぎないの

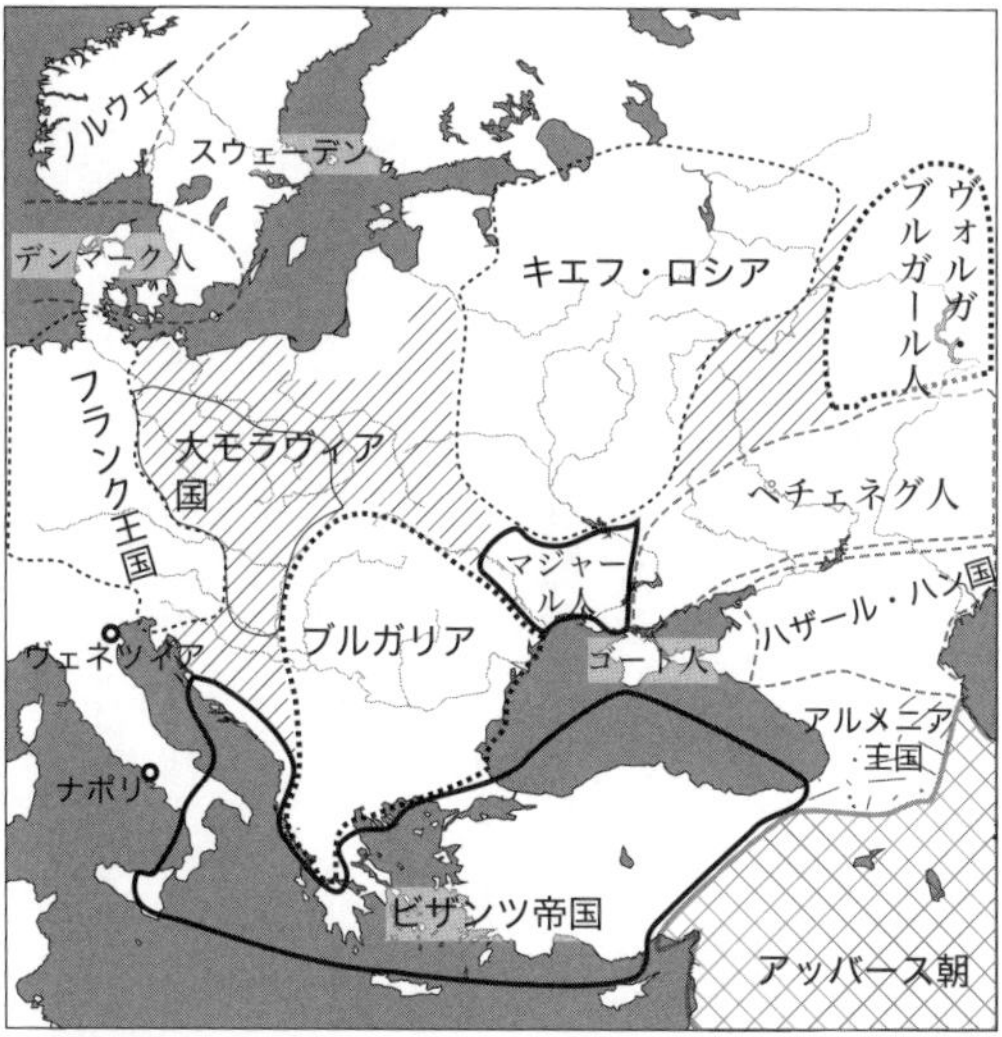

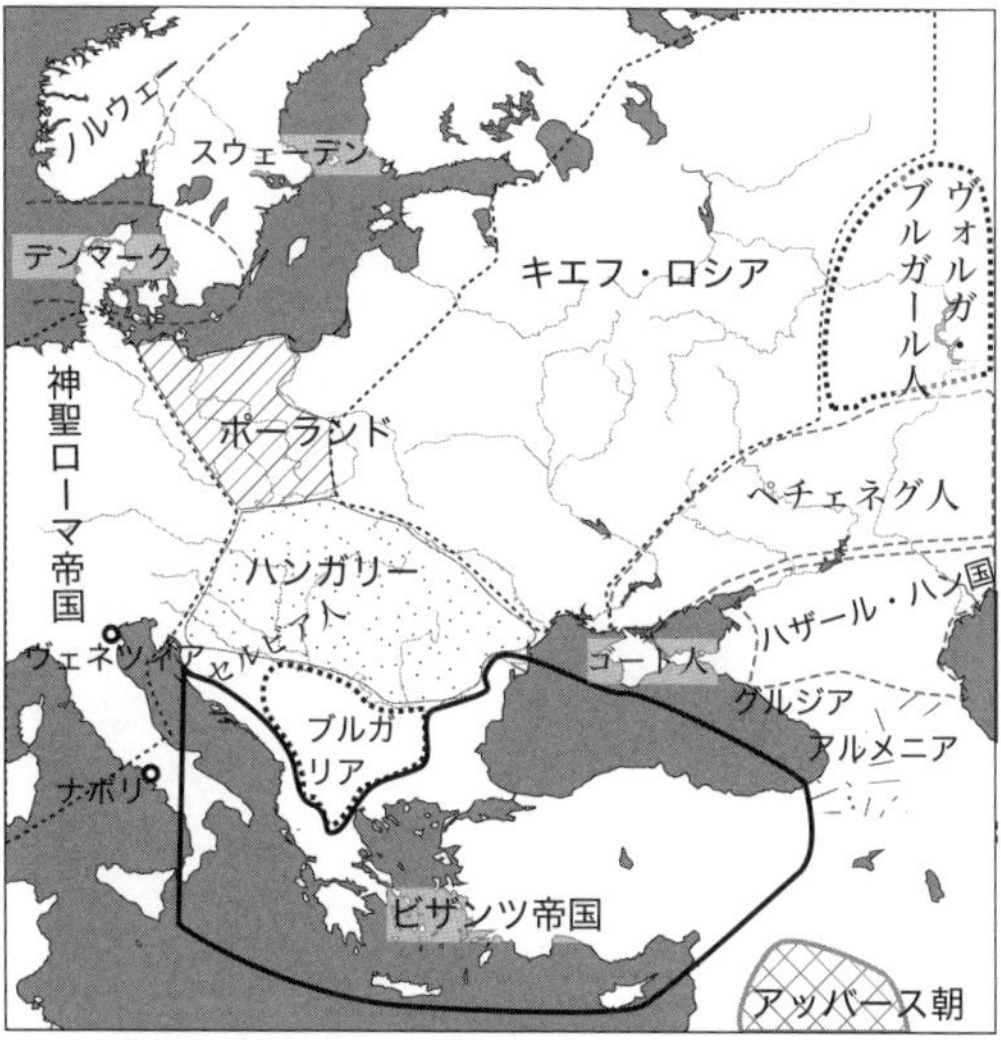

スラヴ民族の〈軸の時代〉　9世紀末(上)と10世紀末(下)のスラヴ世界。

である。

紀元前六〜前五世紀は、東では釈迦と孔子、西ではイオニア自然哲学の出現をみた。偶然とはいえ、ほぼ同じ時期にその後の人類の精神活動を規定する思考方法が生まれたわけで、これを〈軸の時代〉と名づけるのも故なしとしない。

今スラヴ民族の〈軸の時代〉なるものを想定してみると、九〜十世紀、すなわち主なスラヴ民族が国家を形成し、キリスト教を受容した時期とするのが妥当なところであろう。もちろん国家の形成は正確な年代が決めにくいが、当時の文明社会への参画の条件ともいうべきキリスト教の受容の時期はある程度確定しうる。それはキリスト教が公的に受容される、すなわち支配者によって公式に採用される場合が多かったからである。年代のはっきりしている例をあげると、八六四年（ブルガリア）、九六六年（ポーランド）、九八八年（キエフ・ロシア）である。したがって九〜十世紀をスラヴ民族が世界史の舞台に登場した〈軸の時代〉と名づけるのも一理あるところであろう。

先回りするようだが、ここでキリスト教の公的受容とは何かをみておこう。ブルガリアであれ、キエフ・ロシアであれ、公的受容の前にキリスト教は入っていたし、ときには貴族が個人的に改宗している場合もあった。しかし新しい宗教が自然に拡大する時間がなくても、支配者が対外的に自国をキリスト教国に変える必要があれば、支配者の改宗が公的受容ということにされるのである。もちろん支配者の改宗だけでは不十分で、多くの国々で住民もそれまでの異教を捨てて、なかば強制的に洗礼をほどこされた。東方のキリスト教では浸礼（全身を水につけてほどこす洗礼）を守っていたから、ブルガリアでもキエフ・ロシアでもなにも知らない住民が川の岸に連れていかれ、水の中に沈められてキリスト教徒になったのである。そして教会の典礼に参加して、ほとんど理解できない言語によって祈禱を行なわなければならなかった。それでは聖書の教えが伝わったとはいえないのではないか、との疑問も出るであろう。だが、よく考えてみれば、強制的な洗礼といっても、当時のキリスト教国で普通に行なわれていた幼児洗礼と本質的に変わるものではない。近代人は宗教を個人のレベルで考えたがるが、中世においては宗教は集団のものであった。したがって上述のような「上からの改宗」もやむをえなかった。その場合、異教時代の信仰や慣行が形を変えて残存するのはむしろ当然のことであった。それでも世代を重ねればキリスト教もそれなりに定着したのである。

新しい〈蛮族〉としてのスラヴ民族

古代および中世初期におけるスラヴ民族の動向は第一章であつかったので、ここでは省略する。新しい〈蛮族〉スラヴ人の名がヨーロッパ全体に知れわたったのは、それほど古いことではなく、六世紀末に大量のスラヴ人がビザンツ帝国領のバルカン半島に侵入した事件と結びつく。たとえばスペインのセビリャ司教イシドルスは、著書『年代誌』のなかでビザンツ皇帝ヘラクレイオス一世（位六一〇～六四一）の統治の五年目に関する記述として、「スラヴ人はローマ人（ビザンツ帝国をさす）からギリシアを奪った」と書いている。

しかしスラヴ民族のすべてが政治上の統合をとげ、国家形成に成功したわけではない。むしろ好条件に恵まれた部族のみが外敵に対抗して統一を達成したと考えるべきであろう。国家形成にいたらぬうちに他の民族に呑みこまれたスラヴ人も少なくない。たとえば、前述のバルカン半島に大量進出したスラヴ人は、アヴァール人の支配を逃れてドナウ川を越え、バルカン半島に入ると、操船術を生かしてはるかエーゲ海の島々に渡り、六二三年にはクレタ島まで達した。ところがスラヴ人は遊牧民ではなく、農耕民であったから、定住をねらって各地で先住のギリシア系住民を押しのけ、最終的にはギリシア北部からペロポネソス半島に居ついてしまった。しかしこのスラヴ人は政治的な統合をとげたわけではなく、いつの間にか姿を消してしまった。つまりみるべき文化をもたなかったために、長年のうちにギリシア人に同化されてしまったのである。スラヴ人の大量移住の痕跡としては、ギリシア各地に残る約二〇〇〇のスラヴ系の地名があるにすぎない。ということは、スラヴ人が抹殺されたわけではなく、混血して民族のアイデンティティを失っていったと説明されよう。十九世紀のドイツの歴史家ファルメライアーは、この間の事情を説明して、十九世紀にふたたび独立を回復したギリシアの住民は、けっして古代ギリシア民族の後裔ではなく、中世に移住した民族、主にスラヴ人、ついでアルバニア人の末裔であると述べた。この主張は、たまたま、ロマン主義に根ざすヨーロッパの親ギリシア感情に水をさすものであったために、おおいに物議をかもしたが、およそ混血しない民族はなく、ギリシア人のなかに中世に移住したスラヴ人の血が混じっていることは疑いない。

次に、ゲルマン民族の大移動ののち空白となった広大な地域に西スラヴ族が移住して入りこんだ次第は、すでに第一章であつかった。これらのスラヴ族の多くは、その後ゲルマン民族の東方への巻き返しによって姿を消していった。すなわちゲルマン化したわけであるが、現在ドイツの少数民族となっているソルブ人はかろうじてそれをまぬがれた例である。

さて、スラヴ民族は部族ごとに割拠し、なかなか集権的な勢力をなさなかった。スラヴ民族は農耕民であると述べたが、農耕民といっても、中国のように大規模な治水を行なったわけではないから、経済構造からして統一国家をつくる必要もなかった。スラヴ民族に国家的統一をうながした要因は、外からの圧力であって、それを具体的に述べると、東スラヴ族の場合はさまざまな遊牧民とハザール・ハン国のような遊牧国家、西スラヴ族と南スラヴ族の場合は当時の有力な国家、すなわちビザンツ帝国、フランク王国、さらにアヴァール・ハン国である。

東西両教会の対立とスラヴ民族教化

スラヴ民族の〈軸の時代〉は、ちょうど東西教会の対立が表面化した時期にあたる。さらに、東西両教会の対立にはスラヴ民族への布教が多少は関係している。したがって、ここでその間の教会史を簡単にみておかなければならない。

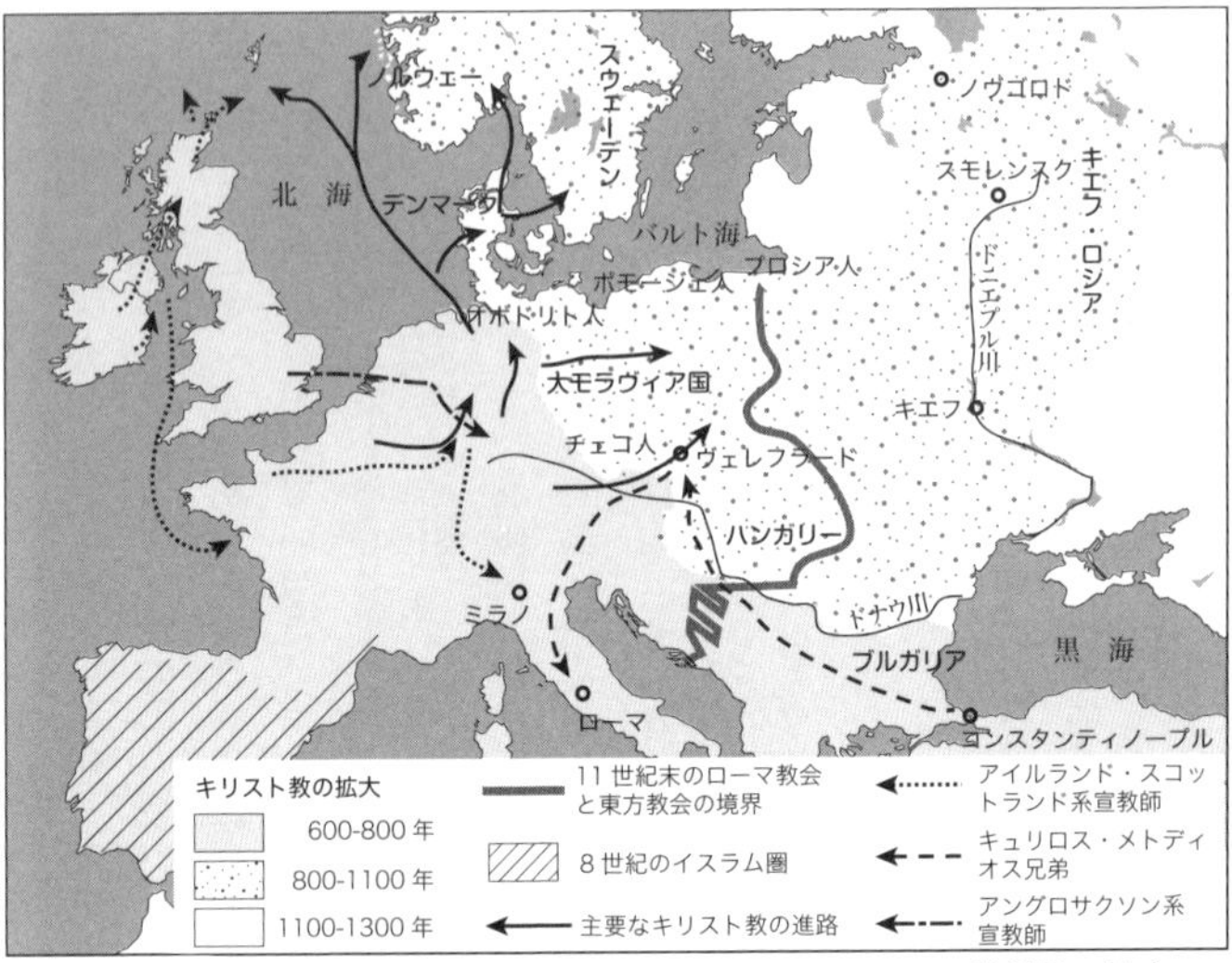

キリスト教世界の拡大

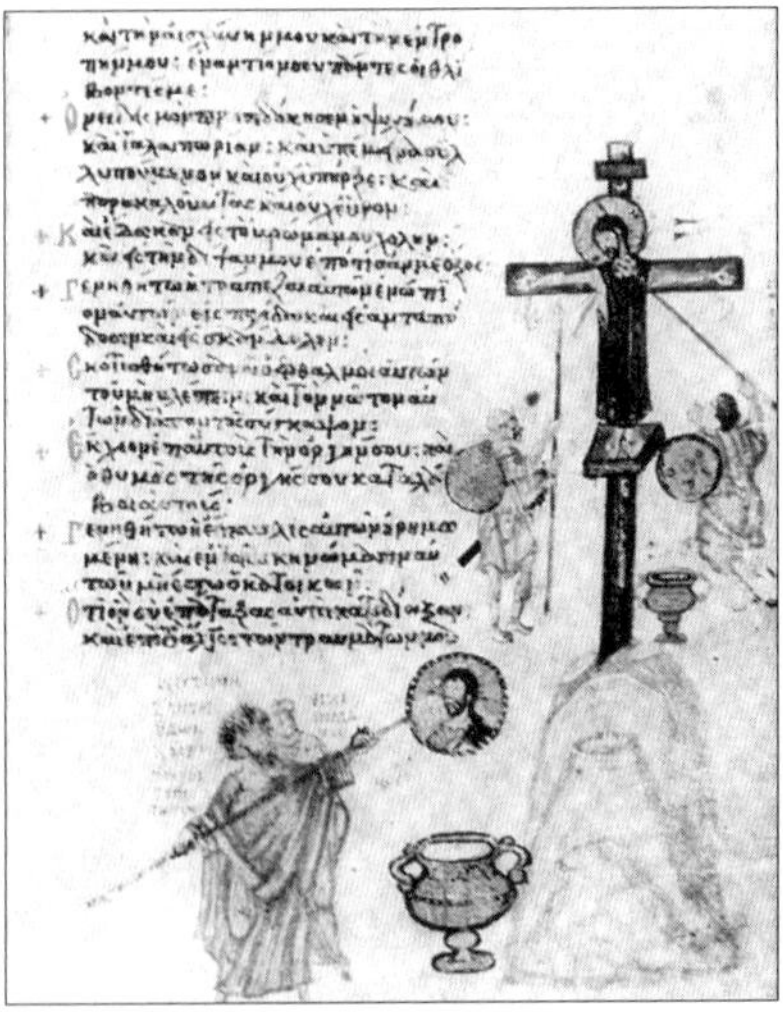

イコノクラスム
『フルードフ詩篇』と呼ばれる9世紀のギリシア語写本の挿図。2人のイコン破壊派が長い筆でイコンを消している。右側に磔刑に処されたキリストを兵士が槍で刺している図が描かれているが，イコンの破壊はそれに匹敵する瀆神行為であるとされた。

今日のカトリック教会と東方正教会の違いは九世紀にはまだはっきり現われていなかった。元来キリスト教はさまざまの地域で典礼とか教会慣行を発達させてきたもので、地域による多少の違いは別に奇異なものとは考えられなかった。ローマ教会を中心とする西方教会はラテン語による典礼を完成させ、他方、東方ではギリシア語典礼が一般的であった。俗権の後楯をもたなかったローマ教会は、カール大帝の戴冠（八〇〇年）にみられるように、名目上の主権者ビザンツ皇帝への反逆をもいとわず、フランク王国との結びつきを求めた。しかしそれは必ずしも平坦な道ではなかった。というのはフランク王国の教会、すなわちフランク教会が、ローマ教皇の権威を認めながらも、布教地をめぐってローマ教会と張り合うほどの実力を有していたからで、フランク教会は俗権をとおしてローマ教会に圧力をかけることもあった。

コンスタンティノープル総主教を首長とするビザンツ教会は、伝統を誇るアレクサンドリア、アンティオキア、エルサレムの三総主教座が七世紀にイスラム・カリフ王朝の支配下に入ってからは、事実上、東方における唯一の教会勢力となっていた。しかしビザンツ教会の弱点は、ローマ教会ほど独立性がなく、国家の政治に左右されやすい点にあった。八世紀から九世紀にかけてのイコノクラスム（聖像破壊運動）がその典型的な例であるが、このイコノクラスムの時代にビザンツ皇帝は、南イタリア、シチリア、イリュリアなど重要な地域の教会管轄をローマ教会からとりあげ、ビザンツ教会に移してしまった。これはローマ教会にとっては死活問題で、東西両教会分離の遠因となった。

東西両教会の軋轢が表面化したのは九世紀後半からで、直接にはコンスタンティノープル総主教にフォティオス（位八五八～八六七、八七七～八八六）が就任したことにはじまる。フォティオスは優れた学者および官僚であったが、聖職の経験はなく、イコノクラスム終結後の混乱を収拾するため皇帝によって教会の首長に抜擢された人物で、のちにみるように、スラヴ民族のキリスト教化にも関係が深かった。ローマ教皇ニコラウス一世（位八五八～八六七）は、俗人の総主教登用を問題にして、そこで「フォティオスの離教」（名称はローマ教会の立場から）として知られる両教会の関係断絶が生じた。その詳しい経過はここでは省略する。

このときはじめて東西両教会の教義と教会慣行の違いが問題となった。まず、教義上の違いとは、三一神の聖霊をめぐって、ニカイア・コンスタンティノープル信条に明記されているように、それが「父から」発出するか、西方の教会、とくにフランク教会で一般化していたように、「父から」のみならず「子からも」（フィリオクェ）発出するかの解釈の違いである。フォティオスは、最初は信条の付加修正が禁じられているとの手続問題で西方教会を非難したが、のちには神学上も「子からも」の付加は誤りであるとした。他方、西方教会では、信条の修正は別問題として、神学上は「子からも」を補うべきだと考えていた。慣行上の差異とは、斎《さい》の守り方、司祭の妻帯、堅信礼の方法などをめぐるものである。総じて西方教会が時代に合わせて変容していったのに対し、東方の教会は古代教会以来の伝統を頑なに守ろうとしていた。その姿勢の違いがフォティオスの登用をきっかけに表面化したわけである。

さらに一言つけ加えると、フォティオスは広い視野をもっていたから、西方教会の潜在的な力とビザンツ教会の弱味をよく認識していたに違いない。布教についてみると、元来ビザンツ教会は帝国の版図外への布教にあまり熱心でなかった。その点、西方教会は修道院が布教の尖兵となって勢力拡大をはかり、東方との差をつけていった。開明派のフォティオスは布教の重要性を認識していたから、キエフの東スラヴ族への布教、モラヴィア宣教、ブルガリアの教化などを企て、西方教会の利害と対立した。このうちキエフへの宣教師派遣は時期尚早で、東スラヴ族のキリスト教化は一世紀以上先のこととなる。モラヴィア宣教は結果として失敗し、西スラヴ族は西方教会の傘下に入った。南スラヴ族の国ではブルガリアは確保したが、セルビアはのちのちまで東西両教会の争奪の的となった。以上をまとめると、スラヴ族のキリスト教受容は、多かれ少なかれ東西両教会の対立のあおりを受けており、そして各教会の背後にはビザンツ帝国、フランク王国といった有力な国家が控えていたわけである。次に、主要なスラヴ民族の国家の形成とキリスト教の受容の諸相を略述する。

モラヴィア

九世紀初頭に成立したモラヴィア(八二二年にフランクの年代記に最初に現われる)は、一世紀に足りぬ短い期間しか続かなかったが、スラヴ族を支配者とする最初のスラヴ国家として、またスラヴ語典礼（東方典礼のスラヴ語訳）が最初に行なわれた地として、歴史上大きな意味を有している。モラヴィアは、現在のチェコ東部のモラヴァ地方において、西スラヴ族のなかのモラヴァ族が部族連合の形でつくった国で、その版図は最盛期にはチェコ、スロヴァキアを中心に、ポーランド、ハンガリー、オーストリアの一部をも含み、本来のモラヴィア（モラヴァ地方）と区別して「大モラヴィア国」と呼ぶ。しかしモラヴィア国の成立状況ははっきりしない。確かなことは、八世紀末にフランク王カール大帝がアヴァール・ハン国征討に成功し、アヴァール人に服属していた中部ヨーロッパのスラヴ人に新たな運命が開けた、ということである。本来ならこの地のスラヴ人はフランク王国の支配に組み入れられるはずであるが、アヴァール人の脅威をとり除いたフランク王国にはスラヴ人を直接支配するほどの余力がなかったらしい。そのすきをついてモラヴィア国が成立したわけだが、史料に現われる最初の支配者モイミル一世（位八一四～八四六）は、フランク王国の宗主権を認め、かつフランク教会の宣教を受け入れつつ、勢力の拡大をはかった。

モラヴィアにとって幸いなことに、カール大帝没後のフランク王国は内紛が絶えず、東方に対して有効な支配がおよぼせなかった。しかしヴェルダン条約（八四三年）の結果生まれた東フランク王国のルートヴィヒ二世・ドイツ人王は、フランクに反抗的なモイミル一世に干渉し、その地位を奪って、モイミルの甥ロスティスラフ（またはラスティスラフ）をモラヴィア国の支配者とした（八四六年）。親フランク派とみられていたロスティスラフもやがて反フランクに転じた。ルートヴィヒ二世・ドイツ人

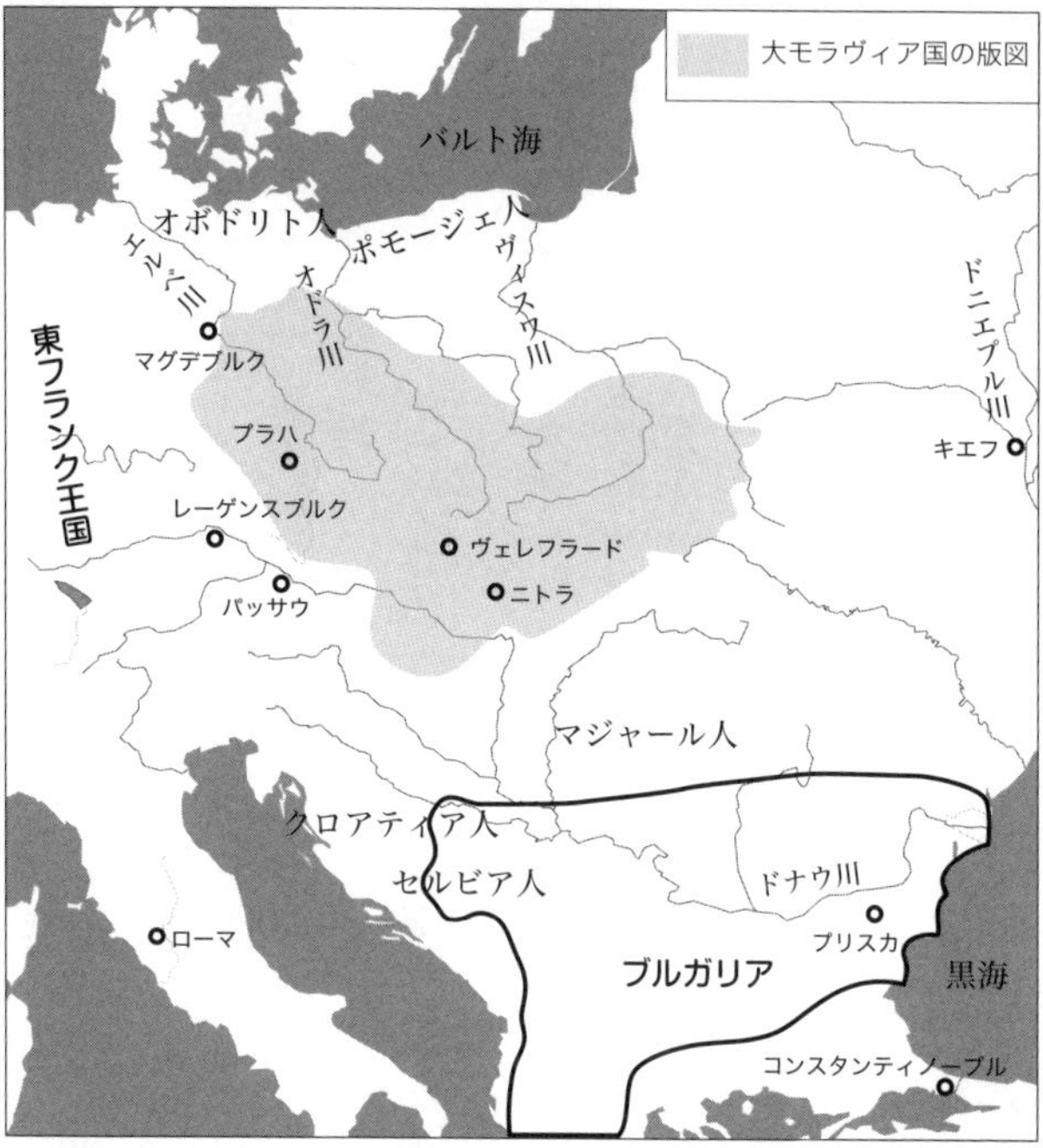

9世紀末の「大モラヴィア国」

王は国内の紛争もあって東方を完全に掌握できず、八五五年にはモラヴィアに攻めこんでかえって打ち破られた。そこでルートヴィヒはモラヴィアの南で勢力をのばしたブルガリアと結んで、モラヴィア牽制をはかった。

　モラヴィアはロスティスラフの時代に版図をひろげ、中部ヨーロッパの有力な勢力となったが、フランク王国の影響を完全に断ち切るわけにはいかなかった。それは同国の教会がフランク教会の管轄下におかれていたからである。モラヴィアのスラヴ人のもとにいつキリスト教が伝えられたかは明らかでない。おそらく八世紀後半にさかのぼると思われるが、最初の伝道者が所属した教会をめぐっても諸説がある。アドリア海に臨むダルマティア地方(ローマ教会の管轄)から内陸のモラヴィアまで宣教師が脚をのばしたとの説もあるが、確証はない。当時のヨーロッパではアイルランド・スコットランド系の宣教師の活動が知られているので、それがモラヴィアにおよんだとも考えられる。けれどもカール大帝が東方に進出したころにはすでにフランク人宣教師がスラヴ人への布教を担当していた。モイミル一世は九世紀前半(一説では八三一年)に洗礼を受けている。ただモラヴィアは少しずつキリスト教化されていったのであり、支配者の改宗が異教からキリスト教への劇的な転換となったわけではない。

ロスティスラフが支配者となった九世紀中葉のモラヴィアにはすでにラテン語典礼が根づいていた。換言すれば、教会を通じてのフランク人支配が定着していたということである。そこでロスティスラフは自国の教会の独立をはかって、フランク人の影響力を断とうとした。教会の独立のためにはフランク教会以外から主教(司教)を迎えて、自国の教会の首長としなければならない。そこでローマ教会とビザンツ帝国に主教派遣を要請したが、ローマはフランク教会との微妙な関係を考慮してそれを断ったらしい。ビザンツ側は主教派遣までは踏みきれなかったものの、スラヴ人の言葉で教えを説ける宣教師キュリロス(コンスタンティノス)とメトディオスの兄弟をモラヴィアに派遣した(八六三年)。

モラヴィア宣教は結局のところ失敗に終わった。キュリロス・メトディオス兄弟の超人的努力と支配者ロスティスラフの庇護をもってしても、フランク教会の厚い壁は破れなかったのである。常識的に考えると、スラヴ人の国ではスラヴ語典礼が歓迎されるはずであるが、ラテン語典礼を駆逐するまでにはいたらなかった。それは典礼用語が必ずしも布教の絶対条件ではないことを示している。問題は、教会の背後に控える政治勢力であって、ビザンツ帝国がモラヴィアに政治的影響力をおよぼせなかった以上、モラヴィア宣教もはじめから敗退する運命にあったといえよう。

ロスティスラフは八七〇年に失脚し、ニトラに勢力を有していた甥のスヴァトプルクがモラヴィアの支配者となった。この時代にモラヴィアはポーランド南部まで領土を拡大した。スヴァトプルクは、元来西方のラテン語典礼に親しんでいたが、かといってフランク教会の専横を歓迎したわけではなく、教会の独立を悲願としていた。したがって、教皇ハドリアヌス二世によるシルミウム大司教座(パンノニアとモラヴィアを含む)の復活は長年の悲願の成就として歓迎すべきであったが、その大司教にスラヴ語典礼のメトディオスが就任したことは必ずしも好ましくなかった。八八五年にメトディオスが没すると、スヴァトプルクはついにスラヴ語典礼を奉じる聖職者を一掃した。かくしてキュリロス・メトディオス兄弟のモラヴィア宣教の成果は失われてしまった。モラヴィア国のその後の命運も短く、十世紀初頭にはマジャール族の侵入によって崩壊した。そして西スラヴ族の重心は、マジャール支配を逃れたボヘミア、さらにその北のポーランドに移っていく。

ブルガリア

トルコ系遊牧民ブルガール族は、元来カスピ海のステップ地帯に居住していたらしいが、移動の結果、六世紀には黒海の北からドナウ川デルタ地帯におよぶ広い地域に拡大していた。その後ブルガール族は分裂して、一部は東北に移動したが、ハザール・ハン国の圧迫にあってヴォルガ川とカマ川の合流地点付近まで達した。この集団をヴォルガ・ブルガール族と呼ぶ。他の一部はドナウ・ブルガール族と呼ばれ、ドナウ川デルタ地帯からバルカン半島、すなわちビザンツ帝国領をねらった。ビザンツ帝国はドナウ・ブルガール族征討に失敗し、六八一年にドナウ川とバルカン山脈の間の帝国領の一部を譲り、アスパルフ・ハンの率いるブルガール族の国家を承認した。当時のバルカン半島には多数のスラヴ人、さらにラテン系のヴラフ人(今日、山岳部に居住する少数民族としてのヴラフ人ではなく、この場合はのちにルーマニア人を形成するラテン系住民の総称)などが割拠して居住していたが、ブルガール族はこれらの諸民族を配下に組み入れた。このやり方はアヴァール族などとも共通するもので、移動を行なう遊牧民の戦闘部隊は少数であっても、行くさきざきで他の民族を従えて大きな勢力をなすのであった。新興国家ブルガリアは、支配者のブルガール族と配下のスラヴ族の連合国家の趣きを呈した。両者の関係は正確には知られていないが、ブルガール族は遊牧民固有の天幕(ユルタ)に住み、スラヴ族は別の場所で農耕に従事したとされる。しかし国家の支配権はブルガール族が握っていて、その状態はかなり後代まで続いた。またハンの位をめぐるブルガール族の内紛も激しかった。

ビザンツ帝国としては、バルカン半島の天然の守りともいうべきドナウ川の線が破られたのちは、第二の防衛線バルカン山脈でブルガリアの南進を食いとめなければならなかった。古来ヘムスの名で知られるバルカン山脈は、バルカン半島を東西に貫く背骨で、黒海にぬけている。とくに高い山はないが、南北に横切るための峠が少なく、いずれも難所となっている。この山脈の南西にあって、蛮族の南下を防ぐ重要な要塞がセルディィカ（現ソフィア）であった。なお、古代中世の地理区分では、ドナウ川とバルカン山脈の間はモエシアと呼ばれ、バルカン山脈の南はトラキア（東部）とマケドニア（西部）に分かれ、両者の境をなすのがロドピ山脈（現ブルガリア西部）とネストス（メスタ）川であった。

八世紀から九世紀後半にかけてブルガリアとビザンツ帝国は緊張関係にあった。ときとしてブルガリアは帝国の確保していた黒海沿岸の港を襲い、またトラキアに侵入して首都コンスタンティノープルの城壁に迫ったこともあった。ビザンツ側もしばしばブルガリア遠征の軍を起こし、八一一年にはバルカン山脈を越えてブルガリアの首都プリスカを焼き払ったが、ブルガリアのバルカン半島西部への拡大を阻止するわけにはいかなかった。ビザンツ帝国の対ブルガリア政策は、戦争、和議、懐柔、貢納のくりかえしであった。

九世紀中葉、ボリスがハン位についたときのブルガリアは領土も西に拡大し、また国内ではトルコ系のブルガール族が圧倒的に多数のスラヴ族に同化されつつあった。とくに、ボリスがキリスト教受容に反対するブルガール族貴族の抵抗を粉砕したのちは、スラヴ化が決定的となった。対外的には、

ボリスの洗礼　アラボヴォ修道院の壁画の一部。

ビザンツ帝国との複雑な利害関係のほか、モラヴィアの拡大に対して東フランク王国と結ぶなどして、着々と地歩をきずきつつあった。

残るはキリスト教の公的受容だけで、その機は熟していた。〈蛮族〉の国からキリスト教国家になることは、国際的な地位の確保につながり、また支配者の側からすると、キリスト教という新しいイデオロギーによって自己の支配の正当性を主張しえたのである、ボリスは当初フランク教会を通じてキリスト教を受け入れるつもりであったが、たまたま八六三年にバルカン半島を襲った天災と飢饉にさいしてビザンツ帝国の軍事干渉を受け、翌八六四年、和議の条件としてビザンツ教会によるキリスト教の受容が定められた。この八六四年がブルガリアのキリスト教公的受容の年となったが、ボリス自身は実際には少しのちに秘密裏に洗礼を受けた。

ボリスが導入した新しいイデオロギーに対し、保守的なブルガール族貴族は激しく反発し、叛乱をひきおこした。ボリスはそれを残酷なやり方で弾圧し、自己の権力を固めた。ボリスはキリスト教の公的受容にさいして隣接するビザンツ帝国に頼るのは得策でないと考えていた。教会を通じて帝国の影響力が強まるおそれがあったからで、ビザンツ側はまさにそれをねらって成功したわけである。しかし政治感覚に優れていたボリスは、国力を固めビザンツ帝国の脅威を除くと、ローマ教会に接近をはかり、教皇ニコラウス一世にブルガリアの教会独立を要請した。それと同時にフランク教会にも同様な要請を行なったが、フランク教会はローマ教会に遅れをとり、ブルガリア進出は果たせなかった。ローマ教皇はボリスの書簡への返書を使節に託したが、その返書「ブルガリア人宛ての返書」において、ニコラウス一世はボリスのきわめて素朴な質問に答えながら、ビザンツ教会の煩雑な教会慣行を誹謗《ひぼう》して、ローマ教会の正統性を主張した。ボリスはローマからの手応えに満足し、ビザンツ教会のギリシア人宣教師を追放し、ローマ教会の宣教師を受け入れた。これは西方では「ブルガリア王の改宗」としておおいに喧伝された。ビザンツ教会がブルガリアにもちこんだ典礼はギリシア語を用いる東方典礼であったが、ローマ教会はもちろん、ラテン語による西方典礼を導入した。どちらの言語もブルガリアの民衆にとっては理解しがたいもので、キリスト教の公的受容といっても、実際にはかなり表面的なものにすぎなかった。

ローマ教会がブルガリア伝道に努力を傾けたのは、十分理由のあることであった。ひとつは〈蛮族〉の侵入によって失われたイリュリアの管区を再建するためで、ちなみにブルガリアの西部はイリュリアの旧管区と重なっていた。また、前にもふれたように、中部ヨーロッパに布教地を拡大しつつあったフランク教会のブルガリア進出をどうしても阻止する必要があったからである。しかしローマ教会は、教会独立を求めるボリスの意図を正確に読んでいなかった。そこでビザンツ側の巻き返しがはじまる。八六九～八七〇年にコンスタンティノープルで開かれた東方の総主教会議は、ボリスの突然の申し出によってブルガリアの教会管轄の問題を討議し、これをコンスタンティノープル総主教の管轄に組み入れてしまった。その結果、ブルガリアの教会は最終的に東方典礼を採用することになった。ローマ教会はとり返しのつかない失策を犯したことになる。

モラヴィアにおいてはスラヴ語典礼の一掃とともにスラヴ人聖職者が追放されたが、その一部はドナウ川沿いに逃げ、当時ブルガリアの支配下にあったシンギドゥヌム（現ベオグラード）にたどりついた。ボリスはモラヴィア宣教事業について聞いていたので、追放されたスラヴ人聖職者を積極的に迎え入れ、自分の新王宮があるプレスラフと西部マケドニア地方のオフリドの両地で、スラヴ語典礼の完成とギリシア語教会文献のスラヴ語訳の事業にあたらせた。かくしてボリスは、ギリシア人の聖職者の反対にもかかわらず、ブルガリアの教会のスラヴ化に踏みきった。

ボリスの子シメオン（位八九三～九二七）の時代に、ブルガリアのスラヴ文化は黄金時代を迎え、教会と修道院は支配的勢力となった。ブルガリア教会は総主教を戴き、完全な独立を果たした。スラヴ語典礼も定着し、キュリロス・メトディオス兄弟の事業はブルガリアに受けつがれて開花したわけである。

けれども十世紀後半はビザンツ帝国が興隆にむかった時代で、ブルガリアの繁栄も長続きしなかった。ブルガリア東部は九七一年に、西部(マケドニア地方)は一〇一八年にビザンツ軍によって占領された。これが第一次ブルガリア帝国の崩壊である。

セルビア

南スラヴ族のなかのセルブ(セルビア)族とフルヴァート族(クロアティア人)がだいたい現在の居住地に定住したのは比較的早く、七世紀のことである。それはビザンツ皇帝ヘラクレイオス一世がアヴァール族に対抗させるためにバルカン半島に招来したものである。

セルブ族は部族に分かれて割拠し、ブルガリアとビザンツ帝国の勢力下におかれていた。十世紀前半にはブルガリアの版図に組み入れられ、セルブ族の中心であったラシカ(現ノヴィ・パザルの北)には主教座が設けられた。第一次ブルガリア帝国の崩壊後はビザンツ帝国の支配下に入り、ビザンツ文化の影響が強まったが、統一国家の形成にはいたらなかった。ただ十一世紀中葉には、アドリア海に近いドゥクリア(ポドゴリツァ、旧ティトーグラード)を中心に指導者ヴォイスラフを戴くゼータ王国が成立し、ラシカをも併合する勢いをみせたが、最大版図を実現したボディン王(位一〇八一〜一一〇一ごろ)の没後、国力が急速に衰え、ふたたびビザンツ帝国に併合された。なお、セルビアの西のボスニアはこのときハンガリーの勢力圏に入った。ゼータ王国ではローマ教会の影響力が強かった。

セルブ族の統一国家は、十二世紀の後半、部族の長ステファン・ネマニャ(位一一六七ごろ〜九六)がビザンツ帝国の羈絆《きはん》を脱してやっと実現した。これはボスニアを除いてセルビア全土を統一するもので、首都はラシカにおかれた。ただしアドリア海沿岸のラテン都市はセルビアの支配下に入ったわけではなく、たとえばラグシウム(現ドゥブロヴニク)は協定を結んで自治を認められていた。セルビアは国家統一が遅れたために、すでにキリスト教の各教会が入りこんでおり、地理上の位置からも東西両教会の衝突の場となった。

まずダルマティア地方と呼ばれるアドリア海沿岸部は伝統的にローマ教会の管轄下にあり、ラテン都市には司教座が設けられ、内陸部にも布教の手をのばしていた。またボスニアを併合したハンガリーは西方典礼を受け入れており、それはセルビアにとって大きな圧力となっていた。ちなみにステファン・ネマニャ自身も西方典礼によって洗礼を受けた。他方、セルブ族はビザンツ教会をとおして東方典礼に接し、ブルガリア支配の時代にはセルブ族にとっては受け入れやすいスラヴ語典礼が導入された。前述のラシカの主教座はブルガリアのオフリド大主教座の管轄下にあり、その状態は第一次ブルガリア帝国滅亡後も変わらなかった。したがってステファン・ネマニャの統一のころのセルビアは東西両教会がそれぞれ主教座を有していたことになる。だがセルビアとしては外国の干渉を排し、教会の独立をはかる必要があった。

ステファン・ネマニャが退位して次男のステファン(位一一九六〜一二二三ごろ)がセルビアの支配者

になったとき、ハンガリーの支援を受けた長男のヴカンが叛乱を起こした。この叛乱は失敗したが、セルビアの不安定を象徴する事件であった。ステファンはローマ教会に頼り、教皇ホノリウス三世よりセルビア王の王冠を得た。だが王冠と教会の独立は別のことであった。当時ビザンツ帝国は存在しなかった。十三世紀初頭に第四回十字軍がコンスタンティノープルを占領し、ラテン帝国(一二〇四〜六一)を樹立していたからである。そこでステファンは、修道士としてアトス山のヒランダル修道院をきずいた弟のサヴァスの協力を得て、巧妙な方法でセルビア教会の独立をはかった。それは、ビザンツ帝国の後継国家のひとつニカイア王国に要請してセルビア教会の独立を認めさせたことである。サヴァスは一二一九年にセルビア大主教に任命された。これは教会管轄の点からすると、ラシカ主教座を管轄下におくオフリド大主教座が当時エペイロス王国に含まれていたので、大きな問題となった。しかし結果として、サヴァスは当時有名無実のビザンツ教会を利用して、自国の教会の独立と東方典礼への帰属を決めたことになる。セルビアはブルガリアで開花したスラヴ語典礼によるキリスト教を受けつぎ、十三世紀から十四世紀にかけてはビザンツ帝国をしのぐ繁栄をみせた。しかし西方典礼が根絶されたわけではなく、ハンガリーをはじめとするカトリック国の圧迫も続いたから、セルビアは東西両教会の接点であり続けた。

ボヘミア

ボヘミア(ドイツ語ベーメン)の名はケルト系の先住民ボイイ族に由来し、チェコ語では民族名からチェヒと呼ばれる。この地は現在のチェコの西部をなすが、九世紀にはモラヴィア国の一部となっていた。住民はチェコ(チェク)族のほか十余のスラヴ系部族であった。チェコ族の起源は伝説の霧に包まれていて不明であるが、九世紀後半にモラヴィアとフランクの戦争のすきをついて、プシェミスル家のボジヴォイ(八九一ごろ没)の支配のもとに民族的なまとまりをなした。これがプラハを中心とするボヘミアの建国である。

さて、チェコ人はモラヴィア国に含まれていたから、当然キリスト教に接していた。しかもフランク教会の西方典礼と、キュリロス・メトディオス兄弟が伝えたスラヴ語典礼の双方があった。西方典礼を用いた例として、八四五年には一四人の貴族がラティスボン(レーゲンスブルク)で洗礼を受けたとされるし、ボジヴォイと妻ルドミラも八七五年ごろ改宗した。ところが後代の伝説によれば、ボジヴォイは八八四年ごろメトディオス自身の手で洗礼を受けたといわれ、その場合は東方典礼によったことになる。けれども諸般の事情を考え合わせると、チェコ人の間には主に西方典礼が普及したとしてよい。

他方、新しい宗教への反感も強かった。前述のボジヴォイの妻ルドミラは、異教を奉じる嫁ドラホミラの手にかかって殺され(九二〇年ごろ)、ボジヴォイの孫でキリスト教の信仰のあつかったヴァーツラフも弟ボレスラフ一世(位九三五ごろ〜九七一ごろ)に殺された(九三五年ごろ)。ルドミラとヴァーツラフは殉教者として列聖され、チェコの守護聖人となった。もっとも両者の死は純粋に信仰のためというより、政争の結果とみるのが妥当なところである。

十世紀に入ってモラヴィア崩壊後のボヘミアは、直接ザクセン朝の攻勢にさらされた。九二九年にはハインリヒ一世(位九一九〜九三六)がボヘミアを討ち、プラハを占領した。九五〇年には、神聖ローマ帝国(九六二〜一八〇六)の創始者となったオットー一世(位九三六〜九七三)がボヘミアのボレスラフ一世に貢納の義務を負わせ、臣従を誓わせた。ボレスラフはその晩年、同じ西スラヴ族のポーランドとの同盟を意図して、娘ドブラヴァをピャスト家のミェシコ一世(位九六〇ごろ〜九九二)にとつがせたが、この同盟は長続きしなかった。ボヘミアは結局、神聖ローマ帝国の羈絆《きはん》を脱するわけにはいかなかった。

ボヘミアが純粋のスラヴ国家として存続できなかった原因は、フランク王国とその後継国家、神聖ローマ帝国に近すぎたこと、および貴族の内紛が激しくて強力な支配体制がきずけなかったことに帰せられるであろう。したがってボヘミアは、神聖ローマ帝国の一部をなす国家として発展することになり、その枠内で有力な地歩をきずいた。とくにプシェミスル朝の断絶(一三〇六年)後のルクセンブルク朝のカール四世(ボヘミア王としてはカレル一世)は、神聖ローマ皇帝に選ばれ(位一三四六〜七八)、チェコ人ではなかったが、ボヘミアの最盛期を実現させた。

ただし神聖ローマ帝国内での発展の代償として、ドイツ化が進んだ。これは大量のドイツ人がボヘミアに入植し、農業と鉱業の開発のみならず、商業をも担ったことによる。もちろんチェコ人は民族のアイデンティティを失わず、ちなみにチェコ語は早くから公用語の地位を得ていた。しかしチェコ文化のドイツ的性格は払拭しがたかった。

ボヘミアのキリスト教は、前述のように西方典礼を受け入れ、フランク教会の管轄下にあった。九七三年にプラハに司教座が設けられ、初代司教にマグデブルクのベネディクトゥス会士ティートマーが就任した。この司教座はマインツ大司教の管轄下におかれた。その状態は長く続き、大司教座として名実ともに教会の独立を果たすには、一三四四年を待たなければならなかった。なお、一〇三一年にボヘミアに併合されたモラヴィアは、ブジェティスラフ一世の没(一〇五五)後、ふたたび分裂し、最終的にはプシェミスル・オタカル二世(位一二五三〜七八)がボヘミアに再統合したが、教会に関しては、一〇六三年に北部のオロモウツ(オルミュッツ)に司教座が設けられ、これもマインツ大司教の管轄下におかれた。

ポーランド

西スラヴ族のポーランドは、モラヴィア、ボヘミアに少々遅れをとって十世紀後半に国家の形成を果たした。現在のポーランドの南部、クラクフを中心とするマウォポルスカ地方は、かつてモラヴィア国の版図に含まれ、したがってキュリロス・メトディオス兄弟のモラヴィア宣教の成果がおよんだ。また一説によれば、メトディオスの没後追放されたスラヴ人聖職者の一部がヴィスワ川沿いのマウォポルスカ地方に逃れたともされる。いずれにせよポーランドにおいてはスラヴ語典礼は定着せず、痕跡を残すだけであった。

ポーランド国家は北西部、ヴェルコポルスカ地方で成立した。この地方、さらにオドラ(オーデル)川の東には多数のスラヴ族が居住していたが、フランクの拡大によってゲルマン化の危険にさらされていた。そのなかの有力な部族、ポラーニ族が十世紀中葉、ピャスト家のミェシコのもとで政治的統一を実現させた。これがポーランドのおこりで、「ポラーニ族の国」の意味からポルスカと呼ばれた。この時期はちょうどオットー一世がローマで神聖ローマ皇帝に戴冠された(九六二年)ころで、オットー自身はイタリア政策に専念していたとはいえ、興隆期のドイツ帝国の圧力は新興のポーランドにものしかかった。ポーランドはすでにバルト海沿岸にも拡大しつつあったが、ミェシコ一世としては、自国にキリスト教を導入して、対外的な地歩を固めようとした。

その第一歩として、ミェシコは同じスラヴ族のボヘミアとの結びつきを考えた。ボヘミアも神聖ローマ帝国の攻勢にさらされていたので、ポーランドと利害が一致した。ミェシコは、多数の妻妾と手を切って、九六五年にボヘミアのボレスラフ一世の娘ドブラヴァを妻に迎え、翌九六六年に洗礼を受けた。この年がポーランドのキリスト教公的受容の年となった。ミェシコはキリスト教受容にあたって、前車の轍《てつ》を踏まぬ巧妙な手段をとった。すなわち、ミェシコの洗礼にあたったのは、正確にはわからないが、おそらくドブラヴァがボヘミアから連れてきた司祭であろう。ということは、筋からすればきたるべきポーランドの宣教はフランク教会が担当することになる。しかしモラヴィアとボヘミアの先例を知っていたミェシコはそれを避け、直接ローマ教会に頼ることになった。

ポーランドのキリスト教化は、ブルガリアの場合と同じく、典型的な「上からの改宗」であった。民衆は異教の習慣に従って生活しており、新しい宗教も新たな慣習をつけ加えるにすぎなかった。だから支配者の権力が弱まると、一〇四六年のマゾフシェ地方の乱のように、キリスト教に反抗する異教徒の叛乱が起こった。ちなみにキリスト教が異教を駆逐して定着するのは十二〜十三世紀のことである。最初にポーランドの布教を担当したのは、クリュニー、ローレーヌなどの修道院の修道士で、やがて九六八年にはポズナンに最初の司教座が設けられた。これはローマ教会布教区の司教座にすぎなかったが、それでもプラハ司教座の創設よりも数年早いことに注目しなければならない。初代司教ヨルダンはベネディクトゥス会士で、イタリア人であったといわれる。

ミェシコのフランク教会敬遠策はローマ教会の利害とも一致した。その間の事情を簡単に述べる。オットー一世は、エルベ（ラバ）川以東のスラヴ諸民族の教化のために新たにマグデブルクに大司教座を設け、ローマ教皇の認可も得ていたが（九六二年）、この大司教座はオドラ川以東のポラーニ族やポモージェ族、すなわちポーランドにも管轄をおよぼす予定であった。そこで、フランク教会の勢力拡大を危惧していた教皇ヨハネス十三世(位九六五〜九七二)は、先手を打って、マグデブルク大司教座の管轄をオドラ川以西に限定し、この大司教座が実際に機能する(九六八年)と同時に、ポズナンに司教座をおいたわけである。

ポーランドとボヘミアの関係は間もなく悪化し、ミェシコは九九〇年にシロンスク(シレジア)を、その子ボレスワフ一世は九九九年にマウォポルスカ地方をボヘミアから奪って、ポーランドに併合した。またミェシコは、神聖ローマ帝国の干渉をかわすため、当時のポーランド全土をローマ教皇の保護下に組み入れ、自国を教皇臣属国にしてしまった。そして、多分に形式的なものとはいえ、「聖ペテロのデナリウス」と呼ばれる貢納の義務を負うことになった。

ポーランドの正式の大司教座は、一〇〇〇年にポズナンからさほど遠くないグニェズノに設けられた。その次第は当時の神聖ローマ帝国、ポーランド、ボヘミアの関係を物語るものである。九八二年にプラハ司教に就任したヴォイチェフ(ラテン名アダルベルトゥス)は、ほどなくしてボヘミア公ボレスラフ二世と対立し、イタリアの修道院に隠棲した。一度はプラハに戻ったが、九九五年にボヘミアを去り、ポーランドのボレスワフ一世の招きで、バルト海沿岸のバルト族のプロシア人の布教に従事した。そして九九七年に現在のグダンスク(ダンツィヒ)近くで異教のプロシア人に殺された。ボレスワフ一世は、その遺骸を買い取り、グニェズノに新築した教会に葬った。ヴォイチェフは間もなく殉教者として列聖され(九九九年)、それを機会に、ボレスワフ一世、新しい神聖ローマ皇帝オットー三世

ヴォイチェフの殉教　ヴォイチェフの葬られたグニェズノの教会には，彼の事績を描いた扉が残されている。上の図はその部分で，プロシア人に殺されるヴォイチェフ。

(位九八三〜一〇〇二)、ローマ教皇シルヴェステル二世の三者の取り決めで、グニェズノ大司教座が創設されたわけである。一言つけ加えると、ヴォイチェフはポーランドにおいてもチェコにおいても国民的聖人として尊敬されているが、その遺骸は一〇三九年にボヘミア軍によって奪われ、ついにポーランドには戻らなかった。

ポズナン司教は、グニェズノ大司教座の新設に対して異を唱え、マグデブルク大司教座と結びついた。これはのちのちまで紛争の種となった。かくしてポーランドは、建国後、比較的短い期間で国土を統一し、大司教座の設置によって教会の独立に成功した。

ロシア

現在のロシア人、ウクライナ人、ベラルーシ人の先祖ともいうべき東スラヴ族は、ヨーロッパ・ロシアの森林地帯に住む農耕民であった。南のステップ地帯は古来、さまざまの遊牧民が勢力を競いあったところで、東スラヴ族は古くから遊牧民と交渉をもっていた。森をひらいて農耕に従事し、川や湖を手製の小舟で航行して小規模な交易を行なう程度の農耕民にとっては、たとえば騎馬遊牧民の絶えざる襲撃とか、隣接国家の圧迫といった外からの刺激がなければ、各部族が指導者のもとに結束し、さらに部族が集まってかなりの規模の国家を形成する必要はなかった。このようなわけで、東スラヴ族の国家形成は、比較的遅かった。しかし人口が増え、農業生産の拡大に迫られると、森林より能率的なステップに進出し、遊牧民と対峙する。詳しいことはわかっていないが、ふつうロシアの建国の時代とされる九世紀以前にも、東スラヴ族の小規模な国家群が遊牧民との接触によってつくられていたことは確かなようである。

しかし東スラヴ族が有力な国家をきずくきっかけとなったのは、ノルマン人との交渉である。四〜六世紀の民族大移動に加わらなかったヨーロッパ北部のゲルマン族はノルマン人と呼ばれるが、なんらかの原因で八世紀から十一世紀にかけてヨーロッパ各地に南下進出した。それはヴァイキングの来襲として恐れられたが、しだいに定住をはじめ、新しい形の民族移動となった。またスウェーデンのノルマン人は隣接するバルト族に脅威をあたえていた。ノルマン人の移動の経路は三つに大別されるが、そのすべてが掠奪に用いられたわけではない。スウェーデンからロシアの森林地帯とステップ地帯を通ってカスピ海または黒海に出る東方経路は侵略路ではなく、むしろ交易路であった。ロシアの河川は、北または南に流れ、流域の地形が平坦であるから急流にならず、また流量もかなり多い。したがって、多少の陸路は船を運べば(現在では運河が主要河川を結んでいる)、川と湖を利用してバルト海から南の海まで航路が開けることになる。ノルマン人の東方経路でもっとも重要なものは、「ヴァリャーグ人からギリシア人への道」と呼ばれ、フィンランド湾からネヴァ川、ラドガ湖、ヴォルホフ川をへてドニエプル水系を利用して黒海に出て、海路コンスタンティノープルに達した。なお途中でヴォルガ水系を利用してカスピ海に出て、バグダードに達するものもあった。いずれにせよ、この経路の目的はビザンツ商人やイスラム商人と交易することにあり、北方の毛皮や奴隷は有利な商品だった。

さきにヴァリャーグ人という言葉を用いたが、これは東方経路に進出したノルマン人をさすと考えてよい。ヴァリャーグ人の南下の目的は主に交易にあり、先住民を服属させて定住することではなかったから、ヨーロッパの「ノーマン・コンクェスト」とはだいぶ様相が異なる。しかし交易路を確保するため拠点をおく必要があり、九世紀後半には現在のノヴゴロド、スモレンスク、キエフなどがその種の基地となった。ここで注目すべきは南のキエフの位置である。この町はドニエプル川のほとりの丘にきずかれた要塞都市だが、地理的には森林がステップに移行する境にある。すなわち交易の中継点として適当なばかりか、ステップの遊牧民ににらみをきかせる拠点ともなる。もっとも力関係によっては遊牧民の攻撃の的ともなる。ちなみにキエフは九世紀中葉まで遊牧国家ハザール・ハン国の勢力圏に入っていた。

ノルマン人は交易路の拠点のまわりのフィン・ウゴル系民族やスラヴ族を服属させていったが、そのなかでもとくに有力だったのは、キエフをハザール支配から解放したアスコリドとジルの兄弟である。この二人は八六〇年に配下のスラヴ人を率いて海路コンスタンティノープルを攻撃した。次に、北のノヴゴロドはノルマン人の伝説的首長リューリクが支配していたが、その死後、遺児のイーゴリを擁する家来のオレーグがキエフを襲って、アスコリドとジルを倒し、キエフの支配権を握った（八八二年）。これがキエフ・ロシアの興りである。このようにキエフ・ロシア建国の主役は明らかにノルマン人であるが、数のうえで劣勢だったノルマン人は急速にスラヴ化された。それはイーゴリの子スヴャトスラフの名がすでにスラヴ語であることからも明らかであろう。

キエフ・ロシアの支配力はそれほど強大ではなかったが、各地の都市国家がその主権を認めたため、最初の全ロシア的国家と考えられている。オレーグののちキエフの公となったイーゴリ（位九一三ごろ～九四五）はリューリク朝の事実上の始祖とされる。その子スヴャトスラフ（位九四五ごろ～九七二ごろ）、孫ウラジーミル（位九八〇ごろ～一〇一五）の時代までに、キエフ・ロシアは対外的にも有力な国家となっていた。すなわち、イーゴリの時代にキエフ・ロシア軍はカスピ海まで達し、さらにビザンツ帝国の中枢部をも襲撃した。スヴャトスラフはハザール・ハン国およびブルガール族に勝利をおさめた。だが、この両者がともに遊牧民の手にかかって非業の死をとげたという事実は、その後のキエフ・ロシアの命運を暗示しているといえよう。

ウラジーミルはビザンツ帝国内の権力争いに援軍を貸し、帝国の黒海における橋頭堡ともいうべきクリミア半島のケルソネソス（現セヴァストーポリ付近）を占領した。このことは、ビザンツ帝国がキエフ・ロシアを同盟者として自己の陣営にひきこもうと考えるにいたったことを意味する。

そこでキリスト教の公的受容が次の課題となる。ビザンツ帝国の朝野を驚かせた八六〇年のコンスタンティノープル奇襲を目にして、総主教フォティオスは東スラヴ族への布教を考え、宣教師をキエフに送りこんだ（八六四〜八六六）。これはある程度の成果をあげたが、オレーグのキエフ進攻とともに失われた。その後、ビザンツ帝国との交流が盛んになるにつれ、改宗者も出てきた。イーゴリの未亡人で摂政格のオリガは、キエフでキリスト教に親しみ、九五七年にはわざわざコンスタンティノープルまで出向いて洗礼を受けた。そのさいオリガは、自国の本格的な宣教を考え、ビザンツ帝国ではなく、西のオットー一世に宣教師の派遣を求めた。オットーはマグデブルク大司教アダルベルトゥス（プラハ司教とは別人）をキエフに送ったが、その到着前にオリガは実権を失い、ドイツ宣教団はキリスト教に敵対的なスヴャトスラフによって追い払われた。スヴャトスラフは、イスラム教のブルガール族を攻めたさいに、イスラム文化に心を奪われたが、改宗にはいたらなかった。

このようにキエフ・ロシアには新しい信仰を受け入れる素地ができていた。スヴャトスラフの子ウラジーミルは、結局ビザンツ帝国との関係を重視して、東方典礼を受け入れた。すなわちビザンツ皇女の降嫁を求めたウラジーミルに帝国側は改宗を条件にしたため、ウラジーミルは九八八年にケルソネソスで洗礼を受けた。これがキエフ・ロシアのキリスト教公的受容であり、「上からの改宗」であることは、他の多くのスラヴ族の場合と変わらない。ウラジーミルはキエフに戻ると、異教の神像を破壊し、住民を集めてドニエプル川で集団受洗を強制した。キリスト教化に対する反抗は、ノヴゴロドを除いてはほとんど問題にならなかった。

キエフ・ロシアが受け入れた東方典礼は、最初はギリシア語典礼であったが、間もなくブルガリアからスラヴ語典礼がもたらされた。とくに第一次ブルガリア帝国の滅亡（一〇一八年）後は、亡命のブルガリア人聖職者がスラヴ語教会文献を伝え、今度はキエフがスラヴ・キリスト教文化の中心となった。キュリロス・メトディオス兄弟のモラヴィア宣教の遺産がまわりまわって東スラヴ族に伝わったわけである。

初期の教会管轄はよくわからないが、キエフに主教座が立てられたことは確実で、十一世紀前半には府主教座に格上げされ、コンスタンティノープル総主教の管轄下におかれた。

2　ビザンツ帝国とスラヴ民族

『帝国統治論』とスラヴ民族

ビザンツ帝国にとってスラヴ民族は、最初はまとまりを欠く〈蛮族〉であったが、やがて国家を形成しキリスト教を受け入れた周辺民族となり、さらには帝国の存亡を脅かす敵国ともなった。もっとも重要な点は、南スラヴ族の多くと東スラヴ族がビザンツ文化を継承したことで、帝国が十五世紀中葉に滅亡したのちも、ビザンツ的なものがスラヴ諸国に残り、それが現代にもおよんでいるという点である。ビザンツ帝国とスラヴ民族の関係は、しばしばローマ帝国とゲルマン民族の関係にたとえられる。その場合、ゲルマン民族の大移動がスラヴ民族のバルカン侵入と対比され、両者ともに帝国の宗教、政治理念、文化を受け入れたことになる。ただビザンツ帝国に侵入した民族ははるかに多様であり、少なくともスラヴ民族はビザンツ帝国を崩壊させた〈蛮族〉ではないことに留意すべきであろう。

ローマ帝国は、周辺の〈蛮族〉を征服し、自己の統治の理念および帝国の世界観を被支配者に押しつけ、それによって領土を拡大した。けれども帝国の理念など無視する〈蛮族〉が強大になったとき、帝国は危機を迎えた。他方、ビザンツ帝国は旧ローマ帝国領の確保もむずかしかった。六世紀のユスティニアノス一世はいわば背伸びをして旧領土の大部分をとり戻したが、その死とともに、西のゴート族、東のスラヴ族といった〈蛮族〉の侵入をまねいた。七世紀には、帝国の不可分の領土であったはずのシリアとエジプトがイスラム・カリフ王朝に奪われ、首都コンスタンティノープルからもさほど遠くないバルカン半島の北東部はブルガール族の勢力圏に入った。このようなわけで、ビザンツ帝国としては軍事力よりも外交政策に重きをおかざるをえなかった。〈蛮族〉同士を反目敵対させ、帝国への矛先をそらすことが基本的方針であったが、それがつねに成功するとは限らず、場合によっては〈蛮族〉への貢納、王号の授与もいとわなかった。

したがってビザンツ帝国は周辺の民族の動向に絶えず注意を払わねばならなかった。〈蛮族〉に関する情報も多かったに違いないが、まとまった形で今日に伝わるものは意外に少ない。そのうちスラヴ民族に関しては、六世紀のプロコピオスの記述があるが、これはスラヴ民族が帝国の脅威とならないうちのものであるから、それほど役立たない。まとまったものとしては、十世紀の『帝国統治論』が帝国の〈蛮族〉観を知るうえで役に立つ。

『帝国統治論』は、ビザンツ帝国中興の時代となったマケドニア朝の文人皇帝コンスタンティノス七世・ポルフュロゲネトスが、息子のロマノスに帝国統治者として心得るべき周辺の国家や民族の事情、さらに外交政策の要諦を述べたものである。編纂されたのは十世紀中葉で、元来題名はなかったが、最初の校訂版(一六一一年)を出版したメウルシウスが『帝国統治論』De administrando imperio なるラテン語の題名をあたえ、それが一般化した。原文はもちろんギリシア語である。著者コンスタンティノス七世は、マケドニア朝ルネサンスの中心人物で、数々の百科全書的著作を編集させたが、この『帝国統治論』は子息の教育用であったためか、叙述の不均衡、誤解や混乱も少なくない。それでも東欧バルカンの国々では中世史の貴重な史料となっている。ただ原文がときとして難解のため、自国ないし自民族に都合のよいように用いられる傾向がある。

『帝国統治論』は、遊牧民のペチェネグ族とルーシ族の関係からはじまり、ルーシ族がいかなる方法でカヌーを操り、河川と陸路を苦労して通り、遊牧民の攻撃を避けつつ、黒海に出るかが詳細に語られる。この場合のルーシ族（原文ロス族）とはノルマン人をさしており、ちなみに地名（とくに早瀬の名称）をルーシ族の言語とスラヴ族の言語の双方であげている。ルーシ族と遊牧民（ハザール、ペチェネグなど）の関係について詳しいのは、クリミア半島にあったビザンツ帝国領（ケルソンと呼んでいる）の保全を考えていたからである。

モラヴィア国については、スヴァトプルクが死にさいして三人の息子に領土を分け、三本の杖を折らせて結束の大切さを説いたという、毛利元就の故事に似た逸話が紹介されるが、実際には一年後に内乱となり、さらにトルコ人（マジャール族をさす）の侵略を受け、滅ぼされたと述べるにとどめる。

つぎにバルカン半島北西部、すなわちアドリア海沿岸のダルマティア、内陸のセルビア、クロアティアのスラヴ族について詳細な記述が行なわれる。セルビア人とクロアティア人は、はるか北方に居住していたのが、ヘラクレイオス帝の対アヴァール政策のために南に移住させられた。そのことがあって、ここの記述が全体の均衡を失するほど詳しいわけである。ラグシウムをはじめとするラテン都市にもふれられる。ただ奇妙なことに、帝国のすぐ北方の敵であったブルガリアに関しては国土も住民もなにも述べられない。ボリスとシメオンの名が出るのはセルビア関係の箇所のみである。

ギリシアのペロポネソス半島に定住していたスラヴ族については、九世紀初頭にパトラス付近でおきた叛乱の記述があり、それが使徒聖アンデレ（アンドレアス）の奇蹟によって鎮圧され、スラヴ人たちがおとなしくパトラスの主教に仕えるようになった次第が語られる。これはスラヴ人が同化されていった経過を伝えるものと考えられるが、ただ、六世紀後半からのペロポネソス半島のスラヴ人の動向を記している『モネンヴァシア年代記』（十世紀後半に編集）の記述とは少々異なっている。この年代記は、同地のスラヴ人が帝国の派遣した将軍によって征服され、絶滅させられたと記すが、絶滅したかどうかはおおいに疑問である。

総じて『帝国統治論』は当時のビザンツ人の外国観を反映しており、フランク王国やイスラム・カリフ王朝にはそれなりの敬意が払われているが、スラヴ族、マジャール族、その他北方の遊牧民はひとまとめにして〈蛮族〉あつかいされている。たとえば、息子のロマノスに対し、もしこれらの〈蛮族〉が帝国の王冠とか皇帝の衣服、秘密兵器のギリシア火（一種の火焔弾）、さらに皇女の降嫁を求めた場合、いかなる口実で断るべきかを詳細に述べている。一言つけ加えれば、後代の皇帝はこの忠告を守らなかった、より正確には守れなかったのである。

南スラヴ族とビザンツ帝国

すでに前節で述べたように、ビザンツ帝国は十世紀の中興期に北のブルガリアに攻勢をかけ、一〇一八年までにマケドニアをも含む全土を制圧した。「ブルガリア人殺し」の異名を得た皇帝バシレイオス二世はブルガリア人捕虜一万四〇〇〇人の目をつぶしたといわれる。凄惨な戦いであった。ブルガリアは国家としてのもろさ、分裂傾向を露呈してしまった。他方、ビザンツ帝国は六世紀の〈蛮族〉の侵入以来ひさびさにバルカン半島の大部分を回復した。ただしセルビア人のゼータ王国は独立を堅持した。

帝国は旧ブルガリアでビザンツ化政策を推進した。それは、ギリシア人官僚による苛酷な徴税などのほか、教会政策に典型的に現われている。ブルガリアは九二六年ごろ総主教を立て、教会の独立に成功していた。だがこの総主教座は間もなく廃止され、一〇三七年からはブルガリア教会のギリシア化がはじまり、高位聖職者にはギリシア人が任命され、さらにギリシア語典礼がふたたび導入された。ビザンツ教会としては帝国内で〈蛮族〉の言語による典礼を許すわけにはいかなかったのであり、スラヴ語典礼を奉じるブルガリアの聖職者はスラヴ語教会文献をたずさえて新興のキエフ・ロシアに亡命した。だが容易に想像できるように、いったんスラヴ語典礼が根づいた地域をふたたびギリシア化するのは困難であった。旧ブルガリア領、とくにブルガリア人の居住地では異端が横行し、教会の影響力は低下した。

十一世紀のビザンツ帝国は、バルカン半島を回復したバシレイオス二世の没(一〇二五)後、衰退のきざしをみせはじめた。簡単にいうと、大土地所有と修道院領の拡大がとまらず、貧富の差が拡大し、皇帝権が弱体化した。さらにマケドニア朝末期のめまぐるしい皇帝の交替がこの傾向に拍車をかけた。対外的には恐るべき敵ノルマン人とトルコ人が帝国領を蚕食しはじめた。なかでもトルコ族のセルジューク朝は、アルメニアから小アジア東部を着々と手中におさめ、ヴァン湖北のマンジケルトの戦い(一〇七一年)の勝利でこれらの地方を確保し、ほどなく小アジア西部にも跳梁しはじめた。

地中海に進出したノルマン人は帝国領のシチリア、南イタリアを脅かした。アラブに奪われたシチリアはいったんはビザンツ帝国領に復したが、ほどなくしてノルマン人に制圧された(一〇七一年)。南イタリアも一〇七一年には最後の拠点バリが陥落した。ノルマン人の進出は東西両教会の分裂という思いがけない副産物を生んだ。当初ローマ教皇はノルマン人の南イタリア侵攻に危機感をいだき、ビザンツ帝国と結んでこれをおさえようとした。ところがそれは失敗し、その過程で以前からの東西両教会の反目がいっきょに表面化した。そして一〇五四年に教皇使節と総主教が互いに破門状を投げ合って、両教会は最終的に分裂した。これ以降、西ヨーロッパではビザンツ教会を離教派ないしギリシア的異端とみなすことになった。さらに十一世紀末にはじまった十字軍運動はこの傾向を助長した。

東西両教会の分裂はスラヴ民族の運命にも微妙な影響をおよぼした。それは、ビザンツ帝国が西方の諸勢力、すなわちノルマン人、ヴェネツィア共和国、さらに十字軍などと敵対または同盟の複雑な関係をもたざるをえなくなり、スラヴ諸民族もそれにまきこまれたからである。ビザンツ帝国は十一世紀後半まで混迷の時代が続いたが、一〇八一年にコムネノス朝が成立して、小康をとり戻した。その後の一世紀間は表面的には繁栄の時代であったが、四方を敵に囲まれた帝国の疲弊はおおうべくもなかった。

バルカン半島に目をむけると、帝国領に戻った旧東ブルガリアには遊牧民のペチェネグ族が侵入し、腰をすえてしまった。十一世紀中葉、トラキアでキリスト教異端の叛乱が起こった。ペチェネグ族は叛徒に加担してトラキアに攻め入り、ビザンツ軍に大勝したが(一〇八六年)、一〇九一年にはコムネノス朝の皇帝アレクシオス一世によって鎮圧された。この異端とはパウロ派(パウリキアノイ)のことで、十世紀にトラキアのフィリッポポリス(現ブルガリアのプロヴディフ)付近に移されて、勢力を貯えていた。またパウロ派から出た新しい異端ボゴミル派も帝国政府にとって頭痛の種となった。ボゴミル派はブルガリアで生まれた異端で、ブルガリアが帝国領になってからかえって拡大したからである。パウロ派の叛乱と同じころ、西のエペイロス地方(現アルバニア南部とギリシア北部)にロベール・ギスカールの率いるノルマン軍が上陸し、マケドニアからテッサリアに進んだ。帝国側は種々の特権を約束してヴェネツィア海軍の援助を求め、ノルマン軍をどうにか撃退したが、ノルマン軍の進攻でマケドニアは荒廃した。

バルカン半島の西北にあってビザンツ帝国に敵対していた勢力がカトリックのハンガリーである。

ハンガリーは帝国領バルカン半島西部、具体的にはクロアティア、ダルマティア、ボスニア、さらにセルビアまで勢力をのばし、スラヴ人を自己の勢力圏にひき入れようとしていた。そこで帝国側はさまざまな政策を用いてハンガリーの南下を阻止しなければならなかった。ひとつは和戦両様を使い分けてハンガリーの権力争いに干渉することで、十二世紀後半には親ビザンツのベーラ三世(位一一七二〜九六)が立ち、帝国側の意図はある程度成功した。他の方法は、スラヴ人の国家形成をむしろ認めたうえで、ハンガリーの影響力から切り離すことである。前節で述べたように、ゼータ王国の衰退後、ステファン・ネマニャがセルビアを統一した。セルビアの建国はもちろん帝国の支配からの独立であるが、帝国は十二世紀末にそれを承認することによって、ハンガリーの南下を防いだわけである。ただしボスニアは同じころビザンツ帝国から独立しながら、支配者のクリン(位一一八〇〜一二〇四)が十二世紀末に異端のボゴミル派を国家宗教と定めたため、ローマ教皇とハンガリーの干渉(一二〇三年)をまねき、ついにハンガリーの支配下に組みこまれてしまった。

ビザンツ支配下のブルガリアでは、すでに十一世紀中葉より何度も叛乱が起きていたが、十二世紀後半には帝国の苛酷な徴税策によって民衆の生活が悪化し、大規模な叛乱の機運が熟した。一一八五年の秋、ブルガリア・クマン系の貴族ペタルとアセンの兄弟がタルノヴォでビザンツ支配からの独立を宣言し、ペタルがブルガリア皇帝に戴冠された。これが第二次ブルガリア帝国の興りである。ビザンツ側は翌年、大軍をバルカン山脈の北にさしむけ、叛乱を鎮圧した。しかし叛徒はドナウ川を越えて逃げ、遊牧民クマン族の援助を得てしだいに勢力を盛り返し、一一八八年にはビザンツ帝国もブルガリアの独立を承認した。ここでいうクマン族とはトルコ系の遊牧民で、南ロシアのステップで東スラヴ族を悩ましたポロヴェツ族と同じ民族と考えられている。前述の異端パウロ派の叛乱のさいには、パウロ派と結んだペチェネグ族の征討にクマン族が用いられたが、それは〈蛮族〉同士を争わせるビザンツ帝国の外交政策の成果であった。だがブルガリアの叛乱にさいしては、クマン族が逆にビザンツ帝国に敵対したわけである。この叛乱にラテン系のヴラフ族も加わったことが史料から知られているが、ヴラフ族の関与の度合いについては論争が行なわれている。

第二次ブルガリア帝国の成立を助けたもうひとつの要因は、第三回十字軍（一一八九～九二）である。赤髯王《あかひげおう》（バルバロッサ）と渾名《あだな》された神聖ローマ皇帝フリードリヒ一世の率いる第三回十字軍は、帝国領バルカン半島を横断して聖地にむかった。だがビザンツ帝国にとって十字軍は招かれざる客で、このときも前回の十字軍の場合と同じく、いろいろな問題が起こった。怒り狂ったフリードリヒは、コンスタンティノープル占領さえ考えて、ビザンツ帝国と敵対するブルガリアおよびセルビアを味方につけた。新興のブルガリアにとってこれはビザンツ帝国の攻勢をかわす絶好の時間かせぎとなった。事実、ビザンツ皇帝イサアキオス二世は、十字軍の脅威がなくなった一一九〇年にブルガリア遠征の軍をおこし、首都タルノヴォの城下に迫った。ところがビザンツ軍は、クマン族が救援に来るとの報に退却をはかり、バルカン山脈のトリャヴナ峠で待ち伏せたブルガリア軍に壊滅させられた。なお、フリードリヒ一世のコンスタンティノープル占領の企ては実現しなかったが、その後十数年をへて現実のこととなった。

ブルガリア内部では権力争いが絶えず、アセンとペタルは次々に暗殺され、弟のカロヤンが帝位をついだ（位一一九七～一二〇七）。カロヤンは積極的な攻勢に出て、ビザンツ帝国からはバルカン山脈南部とマケドニア、ハンガリーからはベオグラードとブラニチェヴォを奪った。ただ第二次ブルガリア帝国をブルガリア人の民族国家のようなものと考えるのは誤りで、バルカン山脈以南と黒海沿岸はギリシア人が圧倒的に多かったし、鉱山ではドイツ人が働き、山地ではヴラフ人が牧畜に従事していた。

カロヤン自身は人質としてコンスタンティノープルに滞在していたので、第一次帝国のシメオンと同じく、ビザンツ帝国理念を身につけていた。したがってブルガリアの国家組織はセルビア以上にビザンツ帝国の模倣であり、カロヤン自身は「ブルガリア人とギリシア人の皇帝」を称していた。第一次帝国のボリスと同じく、カロヤンも自国の教会の独立のためにローマ教会に目をむけた。一二〇四年、教皇インノケンティウス三世の使節がブルガリアの首都タルノヴォを訪れ、カロヤンに国王の冠を、またブルガリア教会の大主教には首座大司教の称号をあたえた。ブルガリア教会はもちろん東方典礼の教会であったが、これによって教皇の権威を認め、ローマ教会と合同したことになる。カロヤンがローマからあたえられたのは、国王の冠にすぎなかったが、カロヤンはこれを皇帝の冠と解釈し、また首座大司教は総主教に相当すると考えた。この自称の総主教座はのちに既成事実として他の東方の総主教からも承認された。

同じころ第四回十字軍がコンスタンティノープルを占領し、ラテン帝国（一二〇四〜六一）を樹立した。ビザンツ帝国は分解し、いくつかの国が後継国家を称した。またヴェネツィア共和国および十字軍の諸侯はギリシア各地を占領した。とはいえラテン帝国はけっして強力な国家ではなく、旧ビザンツ勢力との戦闘が続いていた。このような情勢は、バルカン半島のスラヴ諸国にとって勢力を拡大する好機となった。

ローマから王冠を得たブルガリアのカロヤンは、ラテン帝国に同盟を申し入れたが、ラテン帝国が情勢判断の誤りからそれを断ったため、一転して敵にまわり、一二〇五年にはアドリアノープル（現エディルネ）付近の会戦で帝国軍を破り、捕虜となった皇帝ボードアン一世を処刑した。かつて第一次ブルガリア帝国の滅亡のさいにはビザンツ皇帝バシレイオス二世が「ブルガリア人殺し」の渾名を得たが、カロヤンはそのおりの復讐として「ラテン人殺し」を称したとされる。この事件はラテン帝国に大きな衝撃をあたえた。

だがほどなくしてカロヤンも没し（暗殺といわれる）、ブルガリアはまたもや混乱に陥った。そして一二一八年にカロヤンの子イヴァン・アセンが皇帝ボリルを倒して帝位につき、ようやく国内も安定した。イヴァン・アセンは親ラテン政策をとったが、ハンガリーとの関係悪化から反ラテンに転じ、ブルガリア教会とローマ教会の合同も解消した。イヴァン・アセンの没（一二四一）後は、第二次ブルガリア帝国の衰退期で、叛乱があいついで国内は分裂し、やがてオスマン帝国の攻勢に屈していく。

セルビアがビザンツ帝国の空白期を利用して教会の独立を達成した次第はすでに述べた。しかしそのセルビアも内訌《ないこう》が続いて強力な国家の形成にはほど遠く、ようやく十三世紀の中葉ウロシュ一世（位一二四三～七六）の時代に全土が統一された。しかしボスニアはハンガリーの支配下におかれたままだった。ところが十四世紀のセルビアはビザンツ帝国およびブルガリアに脅威をあたえるバルカン最強の国となり、とくにステファン・ドゥシャン帝（位一三三一～五五）の時代に最盛期を迎えた。これには鉱業の開発と貿易の拡大が寄与している。鉱産品は鉛、鉄、銀などで、鉱山の開発にはドイツ人があたった。交易はアドリア海沿岸のラテン都市との間で行なわれ、セルビアが鋳造した銀貨は有力な通貨となった。

かつてのブルガリアのシメオンやカロヤンと同じく、ステファン・ドゥシャンもビザンツ帝国の皇帝理念にあこがれ、セルビアの支配者だけでは満足せず、ビザンツ皇帝の地位を夢見た。一三四四年にはバルカン半島の南部、すなわちエペイロス、マケドニア、テッサリアを占領し、聖山アトスも手中におさめ、ビザンツ帝国第二の都市テッサロニケを孤立させた。一三四六年の復活祭には首都のスコピエで、「セルビア人とギリシア人の皇帝」に戴冠された。もちろんこれは一種のお手盛りで、セルビア大主教を総主教に格上げさせたうえでの戴冠式であった。ステファン・ドゥシャンはついでコンスタンティノープル征服を企てたが、頼みとしていたヴェネツィアがそれを断ったため、実現にはいたらなかった。しかしセルビアはステファン・ドゥシャンの没後たちまち衰退し、国内は分裂状態になった。オスマン帝国の攻勢にさらされた南スラヴ族の諸国はコソヴォの戦い(一三八九年)でムラト一世のトルコ軍に敗北を喫すると、その後は解体の一途をたどった。

ロシアにおけるビザンツの遺産

キエフ・ロシアのキリスト教公的受容(九八八年)は前節で述べたので、ここではその後の問題をあつかう。キエフ・ロシアがロシア最初の統一国家とされるのは、各地に割拠していた諸侯がキエフの主権を認めたからであるが、キエフ・ロシアそのものはけっして強固な集権国家ではなく、つねに分裂傾向を有していた。古来の敵である遊牧民に対しても、ロシアの諸侯が結束していたわけではない。そのような状態にあって、都市部を中心に拡大しつつあったキリスト教が東スラヴ族統一の媒体となったことは否定できない。

キエフ・ロシアのキリスト教文化が黄金時代を迎えるのは、賢公と称されたヤロスラフ(位一〇一九〜五四)の時代である。この時期にキエフの教会は府主教座に格上げされ、コンスタンティノープル総主教の管轄下に入った。これはビザンツ教会の直接の影響下におかれたことを意味する。代々のキエフ府主教は、一〇五一年に立ったイラリオンを例外として、ビザンツ教会が派遣するギリシア人であった。またギリシア語教会文献のほかに、建築家や画工が多数キエフ・ロシアに招かれ、ビザンツ式の壮麗な教会建築とイコン画法を伝えた。ロシア人にとっては難解な神学文献よりは、典礼芸術のほうが受け入れやすく、またその感性に訴えるところが大きかったに違いない。キエフ、ノヴゴロドといった有力都市のみならず、チェルニゴフ、プスコフ、スモレンスク、ロストフ、ウラジーミルなどの都市もそれぞれビザンツ伝来の手本に独自の解釈を加えた典礼芸術を発展させた。典礼用語はかなり早い時期にスラヴ語に切りかえられたらしい。それにはブルガリアから亡命してきたスラヴ人聖職者の貢献が大きかったはずで、南スラヴ族の方言を基盤とする教会スラヴ語が東スラヴ族の地でも典礼用語となり、やがて東スラヴ族の文章語(古代ロシア語ないし古代ウクライナ語)の成立に決定的な役割を果たした。

東方キリスト教の精神的な深み(霊性といってよい)がロシアの地でなおざりにされたわけではない。アトス山の修道士アントニオス(アントニイ)は十一世紀中葉にキエフを訪れ、ドニエプル川近くの洞窟で修道生活をはじめた。ほどなくしてロシア修道生活の父ともいうべきテオドシオス(フェオドシイ)がアントニオスの事業を受けついだ。これがキエフ・ペチェルスキイ(洞窟)修道院の興りで、東方キリスト教の精華ともいうべき修道生活の理念が東スラヴ族の心をとらえたことは、キリスト教の定着を意味するといってよい。

ビザンツ帝国とキエフ・ロシアの関係をみるとき、地理上の距離の大きさを無視してはならない。

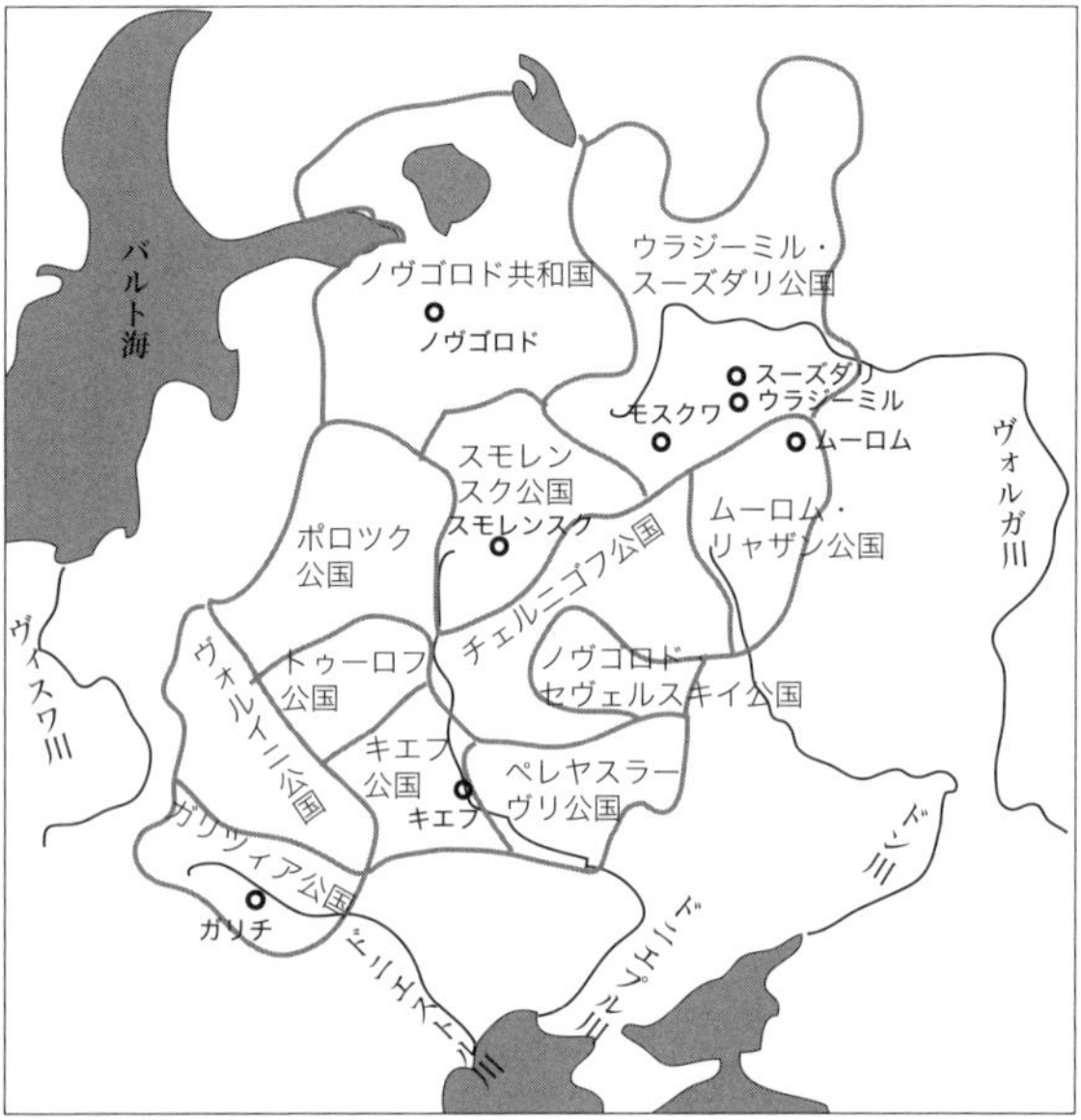

キエフ・ロシアの分裂

帝国は、バルカン半島のスラヴ国家に対する場合とは異なり、キエフ・ロシアに政治的影響力をおよぼすことはなかった。それは実際の対外的関係のみならず、ビザンツ的帝国理念がただちに定着したわけでもない。影響はキリスト教文化にだいたい限られており、しかもキエフ・ロシアは文化面でもビザンツ文化に盲従するのではなく、独得の価値観をつくり出していった。その点は教会文献にも典礼芸術にもはっきり現われている。その一例として、キリスト教を公的に受容したウラジーミル公の死後、子供たちの間で公位継承争いが起き、それに加わらなかったボリスとグレープ兄弟は刺客の手にかかって殺されたが、教会はこの兄弟の死を殉教と解釈して、二人を聖人の列に加えている(一〇七一年)。これはボヘミアのルドミラとヴァーツラフの列聖と共通するところがあるが、祈りながら死を待っただけのボリスとグレープ兄弟を殉教者と考えることなど、ビザンツ教会のギリシア人の理解を超えた価値判断であろう。

キエフ・ロシアの繁栄は短く、十三世紀前半にはモンゴル軍のロシア侵入がはじまり、それ以降、ロシアの主要部は約二世紀半にわたって「タタールのくびき」のもとにおかれる。その間にビザンツ帝国との直接の関係はとだえ、ロシアの重心は北方に移り、モスクワ公国が台頭してくる。キエフ府主教座も北方のウラジーミル、そして十四世紀前半にはモスクワに移された。モンゴル支配は教会に対しては寛大であり、その間に森林を切りひらいて多数の修道院が創設された。十四世紀中葉には修道士セルギイ・ラドネシスキイがモスクワ近郊に、現在なおロシア正教会の中心となっているトロイツェ・セルギエフ修道院を開いた。

ビザンツ帝国の継承者——モスクワ公国

他方、ビザンツ帝国は衰退の一途をたどった。ラテン帝国は一二六一年に崩壊したが、コンスタンティノープルを奪還した旧ニカイア王国のパライオロゴス朝は、帝国とは名ばかりの領土を有するにすぎなかった。ヴェネツィアとローマ教皇は両シチリア王国のアンジュのシャルルをかたらってラテン帝国再興をはかっていた。そこでビザンツ帝国は、外圧をかわし、また西方の軍事援助を得るための手段として、教会合同を提案することになる。教会合同とは、現在のエキュメニズムとは異なり、ローマ教皇の首位権を認め、その権威に服することを意味する。かくして一二七四年の第二リヨン公会議は東西両教会の合同を取り決めたが、ビザンツ教会内部の反対は根強く、また「シチリアの晩禱」事件(一二八二年)で西方の圧力も弱まったので、教会合同は実行されなかった。十五世紀に入ってオスマン帝国の攻勢がますます強まると、ふたたび教会合同とその見返りとして西方の援助が日程にのぼった。そしてビザンツ皇帝と総主教はフェララ・フィレンツェ公会議(一四三八～三九年)でローマ教会との合同に踏みきった。これは実際にはビザンツ教会の全面的降伏にほかならなかった。だがそれほどの代償を払っても、西方からの援軍らしい援軍は現われず、ついに一四五三年五月二十九日、コンスタンティノープルはオスマン帝国のスルタン、メフメト二世(位一四五一～八一)の攻撃によって陥落した。

ロシアの教会は成立後数世紀にして、東方正教会のなかでも有力な教会となっていた。またロシアは、ビザンツ帝国でほぼ完成された形のキリスト教を受け入れたため、古代教会とのつながりを重視する保守的な体質をも受けついでいた。さらにモスクワ公国がポーランドおよびリトアニアと敵対していた関係もあって、反ラテン・反カトリックの風潮が強かった。モスクワの府主教イシドロスは、教会合同派としてフェララ・フィレンツェ公会議で活躍し、一四四一年にモスクワに戻って、ロシア教会とローマ教会との合同を宣言した。しかしロシアの教会の大勢はこれを認めず、大公ヴァシリイ二世はイシドロスを逮捕させた。そして一四四八年にロシアの教会は、コンスタンティノープル総主教の同意が得られないまま、リャザンの主教ヨナをモスクワの府主教に選出した。この時点、すなわちビザンツ帝国が崩壊する寸前に、ロシアの教会は実質的な独立をなしとげたことになる。

ブルガリアのシメオンとカロヤン、セルビアのステファン・ドゥシャンなどが奉じたビザンツ帝国理念は、遅まきながらロシアにおいても利用された。モスクワ公国の大公イヴァン三世（位一四六二〜一五〇五）は、一四七二年にビザンツ帝国最後の皇帝コンスタンティノス十一世・パライオロゴスの姪ゾエ（改宗後ソフィア）と結婚した。ゾエはローマで育ったカトリック教徒であり、この縁組みはロシアへの勢力拡大をはかるローマ教皇シクストゥス四世の仲介によるものだった。だがゾエは正教徒として結婚したため、教皇の意図は裏切られた。他方、ビザンツ皇帝の血筋を自分のものとしたイヴァン三世は、さらにビザンツ王家の双頭の鷲の紋章を借用するなどして自己の権威を高めた。かくしてモスクワ大公はビザンツ皇帝理念を適用したわけで、これは一四八〇年に「タタールのくびき」から解放されたモスクワ公国が他の公国を併合し、ロシア帝国となる布石であった。ただモスクワ大公が正式に皇帝（ツァーリ）の称号を用いるのは、イヴァン四世（雷帝、位一五三三〜八四）が実権を握った一五四七年からである。

ビザンツ帝国の崩壊はロシアにとっても大きな衝撃であったが、ロシアはこの事件を独得の立場から解釈した。すなわち、ビザンツ帝国とその教会は正統信仰に背き、ローマ教会との合同を行なったため、神罰として異教徒に滅ぼされたとの解釈である。十六世紀初頭にはさらに一歩を進めて、「モスクワ第三ローマ」説が現われた。これはプスコフの修道士フィロフェイがイヴァン三世宛ての書簡で述べたもので、第一のローマと第二のローマ(コンスタンティノープル)は滅び、モスクワこそ第三のローマで、第四のローマはありえない、との主張である。「第四のローマはありえない」との点に終末論的見解が現われているが、ロシア以外の他の東方正教会がこの「モスクワ第三ローマ」説を認めたわけではなく、結局、きわめて政治的な主張となった。

ロシアがコンスタンティノープルとの大きな距離的隔たりにもかかわらず、ビザンツ帝国の遺産をよく受けついだことは疑いないであろう。歴史と伝統を誇る東方正教会の大部分(グルジア正教会を除いて)がオスマン帝国の支配下におかれたのち、ロシア正教会の相対的な地位は向上した。一五八九年にモスクワ府主教座が宿願の総主教座昇格を果たしてからは、ロシアは名実ともに東方正教圏の盟主としてふるまうようになった。

3　スラヴ民族とゲルマン民族

西スラヴ族とゲルマン民族

中世から現代にかけてのヨーロッパの歴史のなかでゲルマン諸族とスラヴ諸族との関係は、ゲルマン諸族とネオ・ラテン(あるいはロマン、ロマンス)系諸族との関係と同じ程度に重要な比重をもっている。もっともヨーロッパ史の叙述において、この両民族の関係がしかるべき比重をもってあつかわれてこなかったことは、また別の問題である。

この両者の関係を歴史的に考えるとき、われわれは二十世紀におけるヨーロッパ史の現実を過去にも投影しがちである。二度の世界大戦、とくに第一次大戦後から第二次大戦後にかけての約三十年間に起こったドイツとロシア帝国あるいはソビエト連邦との戦争、ナチス・ドイツによるポーランド、チェコスロヴァキア、ユーゴスラヴィアへの侵略と支配、そして、第二次大戦後における東欧および中欧の根本的な社会変化があまりにも強列な印象をあたえるので、それ以前の両者の関係をも生死をかけた両民族の抗争の歴史としてのみとらえる誘惑にかられがちである。しかし、約千年にわたる両者の関係は、たしかに激しい衝突、戦争、支配、反抗の歴史という一面はあるにしても、平和的共存や相互依存・援助の時期もあったはずで、それを無視して、抗争・対立の歴史にのみ目をむけること

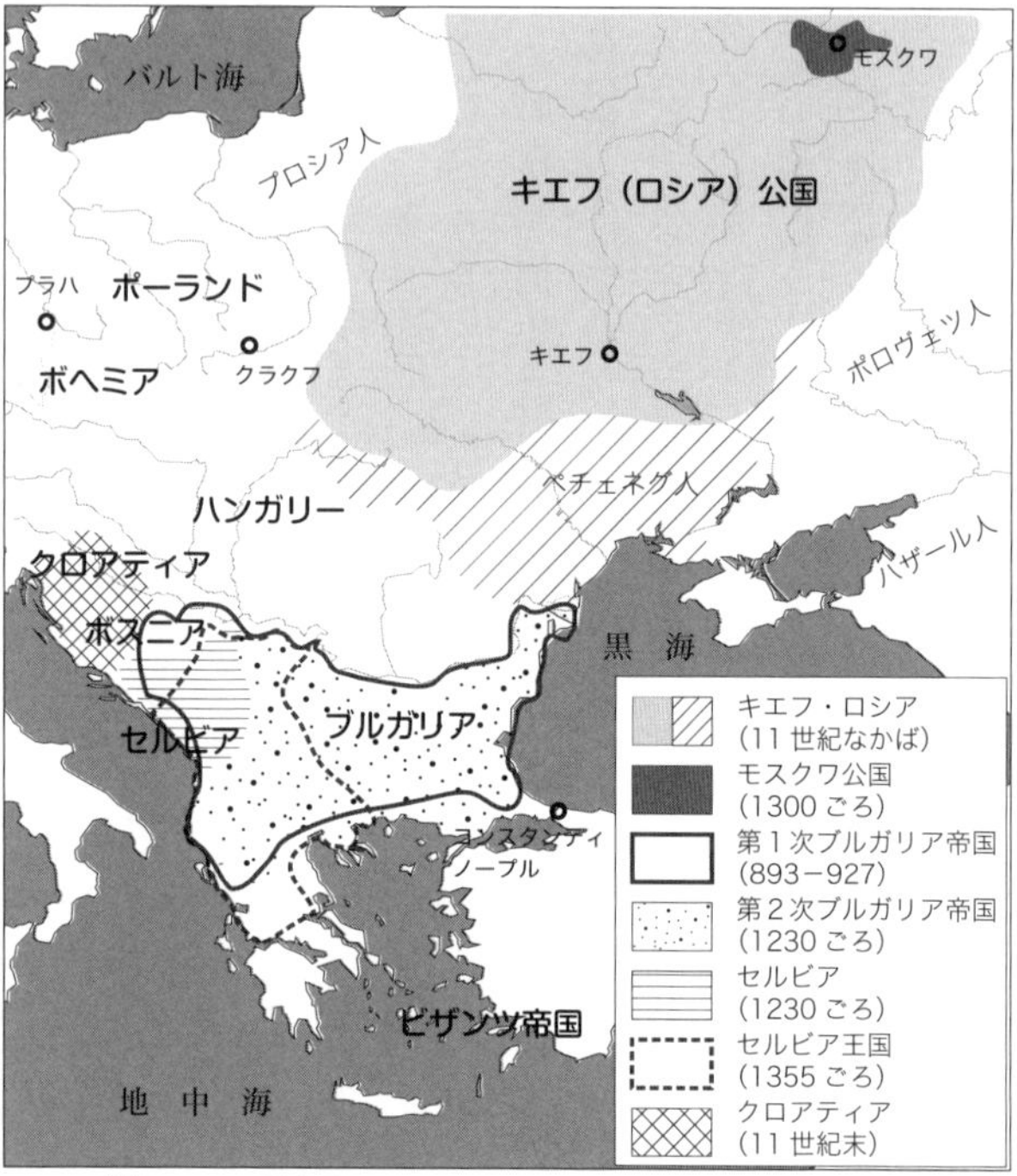
バルト海
プロシア人
キエフ（ロシア）公国
モスクワ
プラハ
ポーランド
ボヘミア
クラクフ
キエフ
ポロヴェツ人
ペチェネグ人
ハンガリー
クロアティア
ハザール人
ボスニア
黒　海
ブルガリア
セルビア
コンスタンティノープル
ビザンツ帝国
地　中　海
キエフ・ロシア
(11 世紀なかば)
モスクワ公国
(1300 ごろ)
第 1 次ブルガリア帝国
(893−927)
第 2 次ブルガリア帝国
(1230 ごろ)
セルビア
(1230 ごろ)
セルビア王国
(1355 ごろ)
クロアティア
(11 世紀末)

10〜14世紀のスラヴ世界

は誤りであろう。以下できる限りその両面に目をむけながら、ゲルマン民族と、西スラヴ族、東スラヴ族、南スラヴ族との関係を順にたどることにしよう。

最初に密度の濃いスラヴとゲルマンの接触が生じるのは、エルベ川とオドラ川流域である。紀元二世紀から五世紀にかけ、東ゲルマン諸族の西方および南方への移動と平行して、東方からスラヴ族がこの地域へ徐々に浸透してきたものと考えられている。一部はさらにエルベ川、ザーレ川を越えて、マイン川上流にまで進み、その地方に定住した。彼らはゲルマン族と混住し、フランク王国のなかで徐々にゲルマン化していったわけで、それは平和的な融合の過程であったといえよう。

それに対して、エルベ川より東の地域では、リュテチ（ヴィルツィ）族、オボドリト族、ソルブ族などの部族単位のスラヴ人の小国家が存在していた。すでに、九世紀にこれらの部族はフランク王国の間接的支配を受けたが、その支配は永続的なものではなかった。十世紀に入ると、スラヴ族に対するザクセン朝の軍事的進攻が本格化し、ハインリヒ一世は九二八〜九二九年にリュテチ族を、九三一年にオボドリト族を、その翌年にはミルチャニ族を征服している。次のオットー一世の時代（位九三六〜九七三）にも、この地域のスラヴ族のキリスト教化が強力に進められたが、スラヴ族の抵抗も激しかった。ザクセン朝の東方政策が順調に進みつつあるかにみえた十世紀末の九八三年にいたって、ポラーブ系のリュテチ族を中心とするスラヴ族の大叛乱が起こった。このときにはハンブルクが襲撃され、その他の町の教会も焼き払われた。しかし、この地域の再スラヴ化は実現せず、ふたたびザクセン側の巻き返しが成功し、大量のドイツ人の移住が行なわれて、スラヴ人のキリスト教化のためにさまざまの措置がとられた。十一世紀にも、一〇一八年と一〇六八年にそれぞれ大規模なスラヴ族の叛乱がおき、とくに一〇六八年の叛乱は一〇九三年まで続いた。

十二世紀半ばには、ザクセン公のハインリヒ獅子公とアルブレヒト伯が、北ドイツの若干の諸侯とともに、教皇から北方の異教徒に対して十字軍を組織する許可を得て、オボドリト族とリュテチ族に対する攻撃を開始し、ハインリヒはスラヴ人の土地にメクレンブルク公国を建て、アルブレヒトはブランデンブルク辺境伯領を支配した。その後、これらの地方の住民にはキリスト教が強制され、彼らは多くの場合、不毛の土地に追いやられるか、奴隷とされるか、ドイツ化されるかして、約三世紀におよぶゲルマン化の過程に終止符が打たれた。それだけに、今日まで約千年にわたるゲルマン化の波のなかで西スラヴ系の言語を保持し続けたソルブ人が東ドイツに民族的孤島として生きのびてきたという事実は、驚きに値するとともに、この地がもともとスラヴ人の土地であったことを語るなにより明らかな証拠といえるであろう。また、この地方がのちにプロイセンによるドイツ民族統一の中心になり、西スラヴ族にとってもっとも恐るべき相手となるドイツ人国家がここに君臨することになるのも歴史の大きな皮肉であった。

オドラ川の西では、オドラ川の上流とヴィスワ川流域にはさまれた地域に、今日のポーランド民族を形成することになる多くの西スラヴの部族が、ポラーニ族出身のピャスト朝のもとに九世紀末から

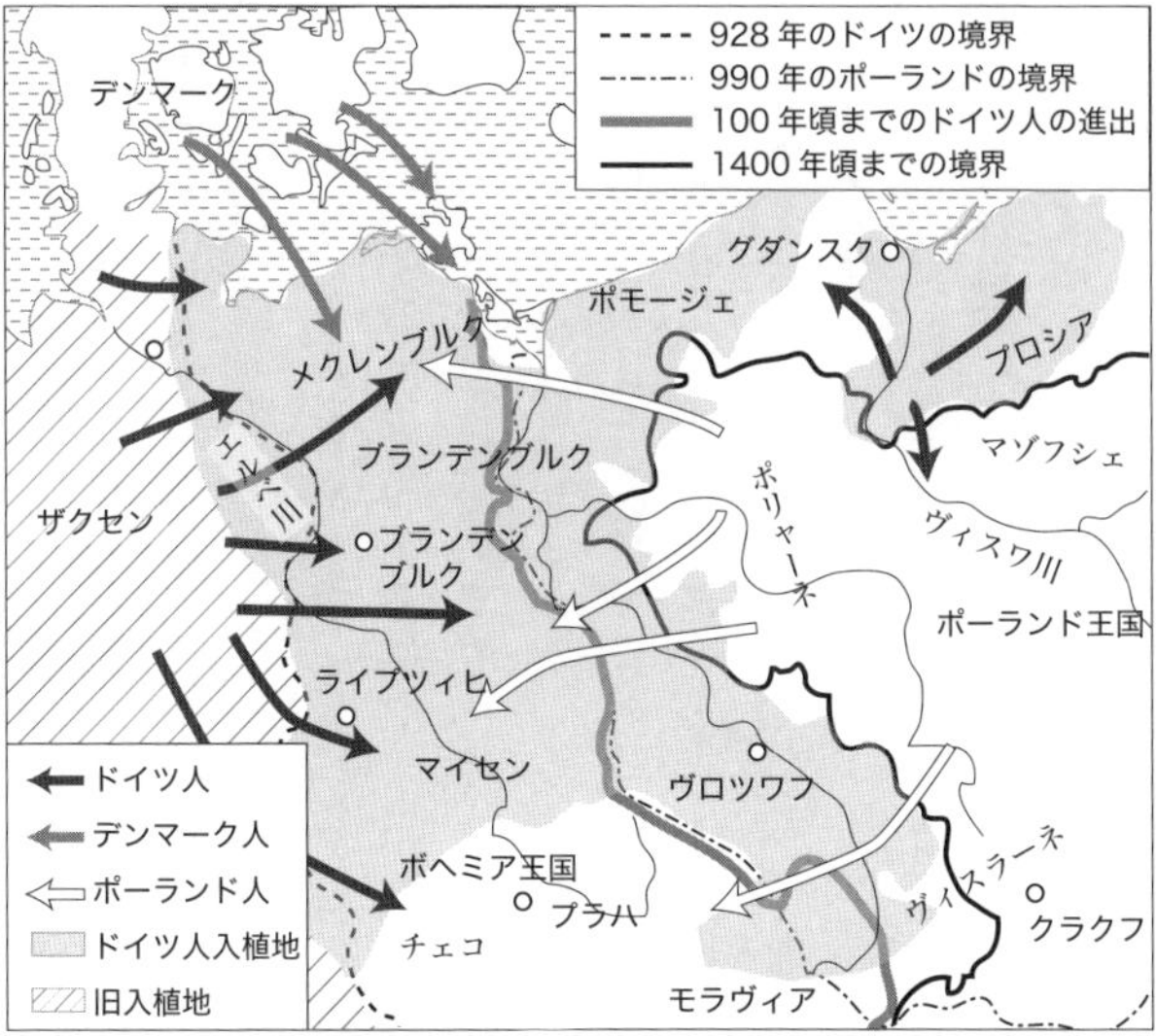

ドイツ人の東方植民

結集しつつあった。そして、九六六年、ポズナンの首長であったミェシコが洗礼を受けて、キリスト教を受容し、それによってザクセン朝の異教徒討伐を口実とする征服から身をかわすことができた。ピャスト朝はしだいにその版図をひろげ、ボレスワフ一世のときには、オドラ川河口のポモージェ（ポメラニア）地方、シロンスク、モラヴィアまで支配下におさめ、一時はキエフまで影響をおよぼした。ボレスワフは一〇二四年、王号を名乗ったが、彼の死後、ポーランド国家は衰退した。

その後ポーランドの首都はマウォポルスカ地方のクラクフに移されたが、十一世紀後半から十二世紀にかけて、王朝の領土の分割継承がくりかえされ、十三世紀の半ばには、ポーランド領土は二四、五の大小の分領公国に分割されていた。

その間、ドイツ人植民の波はポーランド全土におよんだ。それはひとつにはポーランド諸侯が農地の開拓や都市建設のためにドイツ人農民、職人、商人の移住を歓迎したからでもあって、ポーランド貴族のなかにはドイツ人女性と結婚する者、またドイツの都市で教育を受けた者も多く、貴族層のドイツ化の傾向も現われていた。それに対しては、もちろん民衆の側からの反発、抵抗があったが、都市を中心とするドイツ化の波はおさえがたい勢いで進み、たとえばシロンスク（とくに下シロンスク）のドイツ化は十三世紀初めまでにほぼ終了していた。この過程はポーランド民族の側からいえば一種の間接的侵略とも呼ばれようが、ドイツの東方植民政策がポーランド全体の経済・文化の発展に寄与した一面も無視することはできない。一部の地域を除けば、入植したドイツ人の多くはとくに農村でポーランド化しているだけに、ドイツ人入植のプラスの面もたしかに存在したのである。

ボヘミアの消長

同じことは、中部ヨーロッパの西スラヴ人、すなわち、現在のチェコの土地を中心に住んでいた西スラヴ人の場合についてもいえるであろう。まずモラヴィア、ボヘミアの地には、スラヴ人の国、大モラヴィア国が九世紀前半に成立し、すでにキリスト教が受容されていた。その間の事情については本章第1節で詳しく述べられているとおりである。

大モラヴィア国は十世紀の初めにマジャール族の侵入を受けて滅亡したが、ボヘミアの地には、プシェミスル朝のもとで西スラヴ人の国が存続した。約一〇の部族のうちチェコ族が中心的な位置を占めていたため、チェコの国名が定着するようになった。プシェミスル朝は、十四世紀の初めまで続いた。すでに七世紀からはじまっていたドイツ人の移住も、十二世紀半ばまでは、緩慢であった。ドイツ人の聖職者、商人、職人、農民、鉱夫たちの移住は、まだ人口の稀薄であったボヘミア地方にとっては、それほど大きな脅威とはみなされず、むしろ、代々の国王はドイツ人移住者に特権をあたえ、ドイツ人たちはドイツ都市法に従う権利を得ていた。しかしここでも、そのような移住者に対する反発、反感が底流としてなかったわけではない。プラハの年代記作者は一三二五年に次のように書いている。「わが国にとっては、ドイツ人たちが王命によってそれを所有するよりは、荒野となった方がまだましであろう」。

ただ、ボヘミアのドイツ人たちは、初期には一地方に密集して居住するのでなく、各地に散在していたため、比較的容易にチェコ化され、むしろドイツ人との数世紀にわたる混住、共同生活は、ドイツ人に対する抵抗力をチェコ人のなかに植えつけたと考える論者もいる。いずれにしても、十四世紀末のチェコでは人口二〇〇〇人以上の都市がボヘミアだけで三五を数え、ヨーロッパにおける経済的先進地のひとつとなっていたが、これはスラヴ族とゲルマン族の協力のひとつの成果といえるであろう。チェコ人がなかばドイツ化されたスラヴ人であるという言い方は、のちにロマン派の時代のポーランドやロシアの詩人、パン・スラヴィズムの擁護者からチェコ人に投げつけられる批判の言葉となるが、いわゆる中央ヨーロッパの文化を形成するなかで、ゲルマン族とスラヴ族の相互浸透の過程が進行したのはある意味で当然であった。

また、プシェミスル朝に続くルクセンブルク朝のカール四世(カレル一世)は、一三四六年神聖ローマ皇帝に選ばれたが、この時期にプラハ大学が設立され、またチェコ語が帝国の公用語になったことも考えあわせれば、チェコの国際政治と中欧文化のなかでもつ比重も理解される。

西方教会の大分裂(一三七八年)から、フス派王と呼ばれたポディエブラディ家のイジーの死(一四七一年)までの、いわゆる「ヤン・フスの世紀」は、過去二世紀にわたるドイツ人移住者の波とドイツ化に対するチェコ民族の反撃の世紀でもあった。彼らの反ドイツ感情は外国人聖職者とカトリック教会にむけられていた。すでになかばドイツ化していた都市はチェコ化され、ドイツ人地主のなかにもチェコ人に同化する者が多くなった。そして、フス戦争を通じて国土は荒廃したが、チェコ人のなかには深い民族意識が刻みこまれることになった。しかし、一五一七年にはじまる宗教改革、一五二六年のハプスブルク家のフェルディナントのハンガリーおよびボヘミア王位への即位、それにともなうドイツ化の再燃によってチェコ王国はふたたび下降期を迎えることになる。

十七世紀の初めのチェコ王国は表面的には繁栄していたが、内部にはさまざまの矛盾がせめぎあっていた。そのなかで、一六一八年、ボヘミア議会はフェルディナント二世を廃して、イエズス会士を追放し、王位を選挙制に戻した。その結果、一六一九年、カルヴァン派のファルツ選帝侯フリードリヒが王位についた。ハプスブルク皇帝に反逆したチェコ議会軍と皇帝軍の決戦は一六二〇年、白山(ビーラー・ホラ)で行なわれ、議会軍の敗北に終わった。

この敗北は、チェコ民族にとって悲劇的な結果をもたらした。チェコ人貴族の土地は没収され、民族の精華ともいうべき貴族、ブルジョア、知識人など約三万家族、一五万人が国外へ亡命した。多数の農奴もまた土地を捨てて逃亡したのである。三十年戦争で荒廃した国土は、オーストリア、バイエルン、チューリンゲンなどから入ってきた商人と農民の手に落ちた。公用語はドイツ語となった。祖国に残った少数の貴族はドイツ化し、プラハ大学もイエズス会士の支配下でドイツ語による教育を強いられた。とくに、教育の分野でのイエズス会によるチェコ民族意識に対する攻撃は激しかった。しかし、十八世紀の終わりから、十九世紀の初めにかけて、地下に押しこめられていたチェコ人の文化的創造力は経済力・政治力の増大とともに表面化して、民族復興期を迎えることになる。

ポーランドとリトアニア

ふたたびポーランドに目を転じると、バルト海沿岸のポモージェ地方はすでに十二世紀には神聖ローマ帝国の一部となり、急速にドイツ化が進んでいた。一方、バルト族の一支族プロシア人に海への出口をふさがれていたマゾフシェの公が、第三回十字軍がひきあげたのち活動の場を求めていたドイ

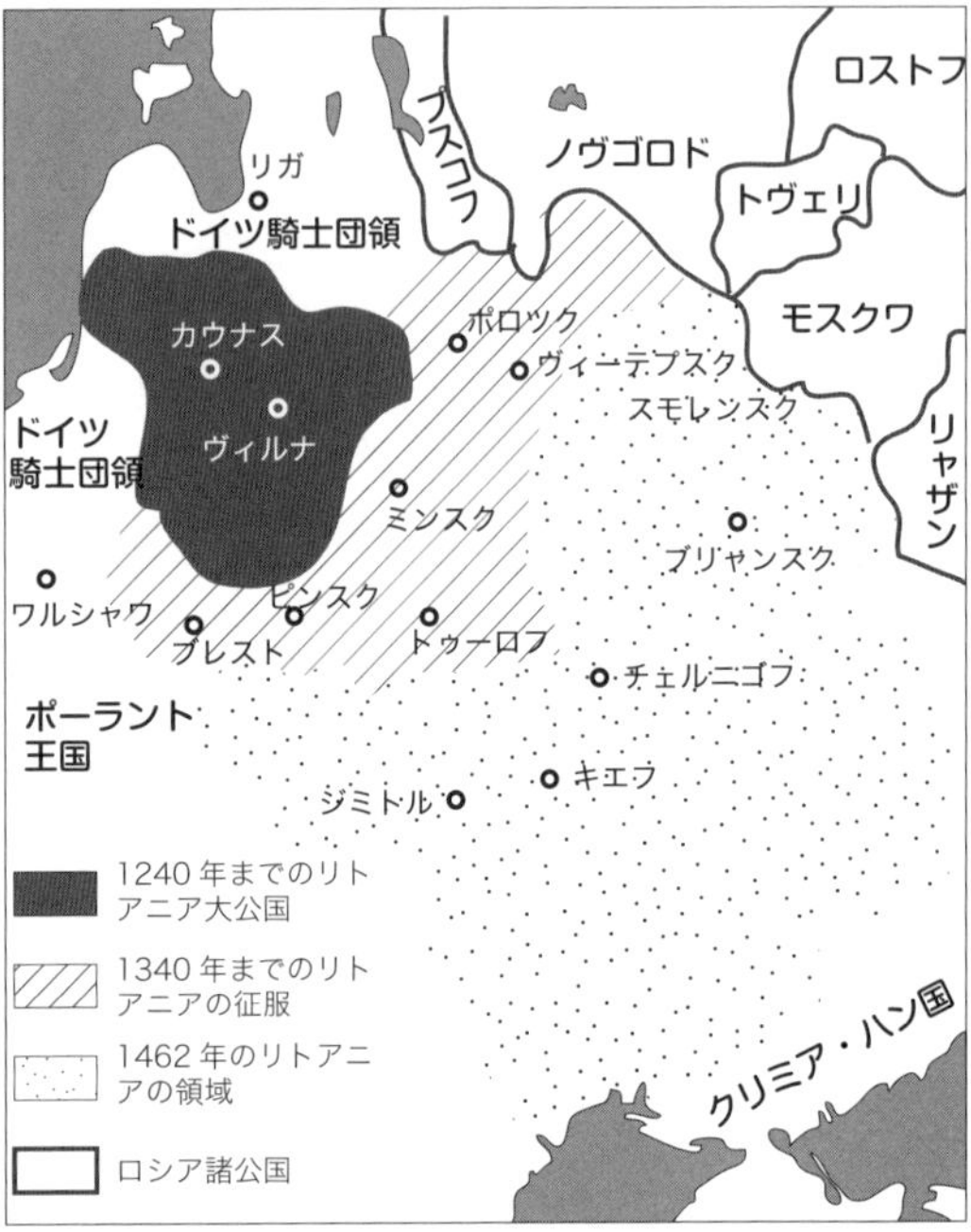

リトアニアの伸長

ツ騎士団に、プロシア人の討伐とキリスト教化のための援助を一二二六年に要請した。ドイツ騎士団はこの要請に応じ、ただちに積極的な、多くの場合、残酷な虐殺をともなうプロシア人教化の活動を開始した。教団の活動によってプロシア人はその後四世紀の間に絶滅してしまう。そして、ヴィスワ川下流からニーメン川にかけての沿岸は騎士団の支配下に入り、やがて、それはポーランドを脅かす勢力となった。一二九一年には騎士団の本部がヴェネツィアからヴィスワ川沿いのマルボルク(マリエンブルク)に移され、十四世紀にはその勢力範囲はグダンスクにおよんだ。

ドイツ騎士団の入植地より北方のバルト海岸地方には、それより早く一二〇〇年以来、リヴォニアの帯剣騎士団がラトヴィア人、エストニア人の間で支配権を確立していた。その東と南には、キエフから黒海沿岸に達する東スラヴ族の住む広い地域を支配下においたリトアニア大公国があった。リトアニア人はまだキリスト教に改宗していなかったため、ドイツ騎士団と帯剣騎士団の攻撃を受け、強大な隣国ポーランドとの協力、援助を必要としていた。こういう状勢のなかで、アンジュ家のハンガリー王ラヨシュ一世の娘でポーランドの女王になったヤドヴィガが、リトアニアのヤギェウォ(リトアニア語ではヨガイラ)大公(受洗後ヴワディスワフと名乗る)と結婚することを通じて、一三八六年ポーランド・リトアニア連合王国が成立した。この連合はそれぞれが独自の制度を保持したままのゆるい連合で、つねに崩壊の危機を内包していたが、ドイツ騎士団に対する戦いにおいては成果をおさめ、一四一〇年のグルンヴァルト(ドイツ語名タンネンベルク)の戦いで、ポーランド・リトアニア連合軍は、ドイツ騎士団に対して完全な勝利を得た。しかし、それでドイツ騎士団との戦いが終わったわけではなく、ヤギェウォ朝はひき続き、ドイツ騎士団との血みどろの抗争をくりかえした。一四六六年にようやく騎士団長がポーランド王に臣従することを認め、グダンスクを回復したポーランドは一世紀半ののちふたたび海への出口を確保したのである。

すでにクラクフ大学は一四〇〇年に設立されていたが、この時期から十七世紀半ばにいたるまでがポーランド王国の最盛期であった。知的活動のうえでもポーランドの多くの貴族たちが、イタリア、フランスの大学、プラハ大学などに学び、西欧文化を吸収し、ルネサンス文化を国内にもたらした。このなかでドイツ人の活動とドイツ文化の比重は相対的に低下し、クラクフはプラハと並んでスラヴのルネサンス文化の中心地としての役割を果たすこととなり、他のスラヴ諸国やハンガリーにも影響をおよぼした。コペルニクスの活動はその一例である。

一五六九年、ヤギェウォ朝最後の王ジグムント二世・アウグストのもとで「ルブリンの合同規約」が成立し、ポーランド王国とリトアニア大公国との永続的統合が確認されて、貴族による自由選挙を通じて選出される国王が統治する、独特の形態をとる共和制王国が実現した。しかし、東ではモスクワ公国の拡大、南ではオスマン帝国の進出、北と西のプロイセンの脅威などが増大するなかで、この貴族共和制は強大な中央権力の欠如という根本的弱点をさらけだし、周辺諸国の干渉をまねくにいたった。十七世紀初頭のモスクワ公国の動乱《スムータ》への干渉、スウェーデンによるリヴォニア沿海地方の獲得（一六二九年）、ルテニア地方の合同教会派と東方正教会派との抗争、そして、コサックの叛乱などによってポーランドは、衰亡への道を歩むことになったが、とくに、一六四八年におこったボフダン・フメリニツキイの指導するコサック叛乱が成功したことと、ドニエプル左岸のウクライナとキエフをロシアが併合したことによって、ポーランドの衰退は決定的になったといえる。

さらにヤン・カジミェシ王（位一六四八〜六八）の時代のスウェーデン軍、ロシア軍などの侵入（いわゆる「大洪水」）、十八世紀初頭のポーランドの国土を舞台にしたスウェーデン軍とロシア軍の戦争は、ポーランドを破局へと追いつめた。一七五六〜六三年の七年戦争でも国土は戦場となり、ポーランド国家は、国外に対しては中立、国内は無秩序がその常態となった。こうした情勢のさなかにポーランド王に即位したスタニスワフ・アウグスト・ポニャトフスキ（位一七六四〜九五）のもとで、議会は種々の改革案を討議したが、プロイセン、オーストリア、ロシアの三国によって、国土の第一次分割がなされた。一七九三年の第二次分割、そしてそれに対するコシチュシコの叛乱が鎮圧されたのちポーランドは完全に分割された。

十世紀前後にはじまるゲルマン族と西スラヴ族との抗争は、東スラヴ族であるロシア帝国とドイツ人の二国家、プロイセンとハプスブルク帝国との協力という複雑かつ皮肉な国際協力のもとにゲルマン族の勝利に終わったのである。

ロシアの発展

東スラヴ族の場合には、東スラヴ族の国家が西方へ拡大、伸張するまでは、ゲルマン族との間にフィン・ウゴル族、バルト族、西スラヴ族などが介在していたため、ゲルマン族との交渉は西スラヴ族と比べてはるかに間接的であった。

東スラヴ族がゲルマン族と直接の交渉をもつのは、バルト海沿岸地域においてであった。十三世紀、東スラヴ族の諸公国がモンゴルの支配下にあった時代に、バルト海沿岸のリーヴ族(フィン・ウゴル系で、エストニア人の一支族)の土地リヴォニアは、ドイツ皇帝とデンマークに支援された帯剣騎士団に占領され、のちにその領土はエストニア地方にまで拡大された。ノヴゴロドはすでに、その支配下にあったエストニア人の求めに応じて、リヴォニアに軍隊を送った。このときは一時的にノヴゴロド側が勝利をおさめたが、バルト海沿岸へのドイツの植民政策は強化される一方で数世紀にわたる抗争の歴史がはじまることになる。一二三七年には、プロシア人の土地に対する支配を確立して東進してきたドイツ騎士団と帯剣騎士団との合同が実現し、バルト海沿岸のドイツ人勢力はさらに強大になった。プロシアからエストニアにいたるこのバルト海沿岸のドイツ人が支配する土地は、これ以後、ポーランド、リトアニア、モスクワ公国(のちにロシア帝国)、そして、スウェーデンの間で争われることになった。とくに、十三世紀から十八世紀初頭にいたるまで、ロシア人にとって北方の強力な敵となったのはスウェーデンであり、ここではスラヴとゲルマンの抗争は、ロシアとスウェーデン、バルト海沿岸のドイツ人国家との戦いという形となった。

一二四〇年にスウェーデンは艦隊をネヴァ川に派遣して、ラドガからさらにノヴゴロド占領をめざしたが、当時のノヴゴロド公アレクサンドルは、スウェーデン軍を急襲して、これを全滅させた。アレクサンドル公は以後ネヴァ川にちなんで、「ネフスキイ」と呼ばれるようになる。ロシア人部隊を率いてドイツ騎士団と戦ったアレクサンドル・ネフスキイは、一二四二年、いわゆるチュード湖上の

「氷上の戦い」において決定的な勝利をおさめた。これらの戦いによってもロシア人のバルト海への進出は実現しなかったが、それはドイツ騎士団およびスウェーデンの東スラヴへの侵入を食いとめるうえでは大きな意味をもっていたといえよう。

モスクワ公国がしだいに周辺のロシア諸公国を支配下におき、強大化するにつれて、さきにあげたバルト沿岸の諸国との衝突、戦争がくりかえされた。モスクワ公国をロシア帝国へと強化、発展させたイヴァン三世(位一四六二～一五〇五)の時代には、モスクワ公国はノヴゴロド、トヴェリを併合し、リヴォニア騎士団の軍隊を撃退した。次のヴァシリイ三世の時代には、プスコフを併合してさらに西方へ領土をひろげた。イヴァン四世(雷帝)の時代には、モスクワ公国はカザン・ハン国、アストラハン・ハン国、大ノガイ・ハン国などを征服し、東方と南方にむけて領土を大きく拡大するが、西方でも、リヴォニア戦争(一五五八～八二)によって、リヴォニア騎士団国家、ポーランド・リトアニア、スウェーデンなどと複雑な政治・軍事上の衝突をくりかえした。結果としては、旧国境線が維持されただけであるが、モスクワ国家の存在が西ヨーロッパにも広く知られることになった。

十六世紀末から十七世紀初頭にかけて、リューリク朝の血筋がとだえ、ロシアは帝位継承をめぐっていわゆる「動乱《スムータ》」の時代に入る。ロシアの内乱に乗じて、北からはスウェーデンが、西からはポーランド・リトアニアが攻め入り、モスクワも一時ポーランド軍に占領されるありさまであった。しかし、一六一三年にミハイル・ロマノフが帝位につき、ロマノフ朝が成立し、内乱に終止符が打たれた。

ロシアはノヴゴロドを奪回し、バルト海への出口を得ることには失敗したものの着実に国運隆盛へとむかうのである。この時期にスウェーデンは、ツァーリの宮廷に恒常的な外交使節を送った最初の国であった。また、三十年戦争のさいに、ロシアはスウェーデンを援助もしている。しかし、一六五一年、六一年には、ロシアはスウェーデンとふたたび干戈《かんか》を交え、バルト海への進出を試みたが、このときも失敗している。

十七世紀の後半には、ロシアは積極的に外国の技術者、専門家を受け入れた。その大部分がドイツ人、あるいはゲルマン系の国からの出身者で占められていたことは、一六五二年にモスクワ郊外につくられた「外人村」の別称が「ドイツ人村」であったことからもうかがわれる。若い日のピョートル一世(位一六八二〜一七二五)が、このドイツ人村出身の若者たちとの交友を通じて西欧文明と接触する機会を得、ロシアの近代化が初期の段階でドイツ人技術者や専門家によって担われたという一面をもっていることは否定できない。

ピョートル一世の時代に、ロシアはスウェーデンと戦って、北方戦争(一七〇〇〜二一)に勝利し、ニスタットの和約により、スウェーデンからイングリア、エストニア、リヴォニアを獲得して、念願のバルト海進出を果たした。すでに、一七〇三年から西への門戸として首都ペテルブルグの建設がはじまっていたが、ピョートル一世の二度にわたる外遊を契機に招かれた多くの外国人(ドイツ人、オランダ人、デンマーク人)技術者のほか、ロシア帝国に編入された地域からドイツ人、フィン人などが多数、首都へ流入した。それは十八世紀末のポーランド分割によるクールランドの併合によってもさらに促進される。これらドイツ系の貴族、知識人がロシアの各分野で活躍することになるのであり、十八世紀のロシアの文明開化期はある面でドイツ化の時期ともいえる。

とくに、クールランド大公妃で、ピョートル一世の姪にあたるアンナ女帝(位一七三〇~四〇)の時代には、寵臣《ちょうしん》ビロンが権力をふるい、宮廷はほとんどドイツ化された状態であった。これにはロシア人の側の不満が大きく、次の時代にはそれに対する反動も生じた。たとえば、一八二五年に設立された帝国学士院(アカデミー)会員一一一人のうち、六八人がドイツ語を母国語とする者、二六人がロシア人、残りがそのほかの民族出身者であったことを考えれば、ドイツに留学したロモノーソフらが、こういう状態に戦いを挑むことになるのは当然であった。

この時代から、ロマノフ家はドイツの諸王家や諸公家としばしば縁組みを結び、その血縁関係を意識してか、親ドイツ派の皇帝も多かった(彼らは「玉座のドイツ人」として国民からうとまれた)。しかし、このような縁組みの結果、ロシア人の血筋とはまったく無縁な一ドイツ人女性が、エカテリーナ二世(位一七六二~九六)として、ロシア国家の近代化に大きな役割を果たした。しかもエカテリーナが、少なくとも表面的にはフランス啓蒙主義の信奉者として、フランス文化浸透への道を切りひらくことになったのは、皮肉な運命であった。さらにロシアは、エカテリーナ女帝のもとで、プロイセン、オーストリアとともに、ポーランド分割に参加したのである。

十九世紀に入ると、現実の国際政治はそのときどきの複雑な国際情勢によって決定される。ナポレオン戦争の時期には、ロシアはしばしばプロイセン、オーストリアと連合して戦った。文化の面では、ゲーテ、シラーなどのドイツ文学、とくにヘーゲルを中心とするドイツ哲学の影響が大きかった時期もあるが、全体としては、フランス志向の方が大きかったといえよう。十九世紀半ばには、フランスの社会主義思想も影響をおよぼしている。十九世紀末から二十世紀にかけて、ロシアの運命を大きく変えるマルクス主義思想の普及は、ドイツ文化の影響と考えるより、むしろ、西ヨーロッパに共通の地盤から生まれた思想の影響と理解すべきであろう。

しかし、ロマノフ朝の末期には、皇帝をはじめ一部の政治家の間には、親プロイセン、親ドイツの感情が根強く、皇帝とその側近が第一次大戦勃発にさいして、最後までドイツとの開戦に乗り気でなかったことはその一例であろう。

ソビエト時代の初期、ドイツにおける革命の可能性をソビエトの指導者たちが信じていた時代には、ドイツへの関心と共感が大きかったが、やがて革命の展望が失われ、それも冷却してしまう。しかし、イギリス、フランス中心のヴェルサイユ体制から疎外されたソビエトとドイツが、それぞれの国内体制の相違にもかかわらず、二〇年代に経済・軍事の面では今日のわれわれにとっては意外なほど接近していたことは事実であり、両国の間に深刻な亀裂、対立が生じるのは、ヒトラーによる政権獲得が成功し、ナチス政権の反共的・軍事的性格が明らかになってからであった。それでも、互いに孤立を恐れる両国が、ポーランドを犠牲にして急速に接近したのは現実政治の力関係によるものであろう。

一九四一年、独ソ戦がはじまり、ナチス・ドイツはソ連に侵入する。そして、苛酷な占領行政、それに対する民衆の抵抗、抵抗運動に対する弾圧の悪循環のなかで、ドイツ的なものへの憎悪はロシアの民衆のなかで頂点に達した。それは、今日もまだ消え去ってはいないであろう。

スロヴェニアとクロアティア

バルカン半島へ南下した南スラヴ族は、西から入植してきたオストマルク(ドナウ川上流域の東辺境領)のドイツ人により、また、東から侵入してきてパンノニア平原に定着したマジャール族によって、北方の西スラヴ族と切り離された。南スラヴ族のうちでも南に位置するのちのブルガリア人、マケドニア人は、主としてギリシア人、ルーマニア人、アルバニア人など、バルカンの先住民族と深い交渉をもつことになり、北のスロヴェニア人、クロアティア人、そしてセルビア人の一部は、ドイツ人およびハンガリー人と直接に接触して、その運命も大きく変わることになる。

スロヴェニア人は七世紀にはサモの支配するスラヴ国の一部を構成していたが、やがて八世紀にはフランク王国に屈してしまう。そして、カール大帝の時代に行なわれたドイツ人によるキリスト教伝道の結果、西方教会に組み入れられ、カトリック教圏に入ることになった。それはまた、あらゆる分野におけるドイツ化の現象をともない、スロヴェニア人貴族の一部はゲルマン化し、スロヴェニア語圏もドラヴァ川北方ではドイツ語の波に呑みこまれ、スロヴェニア人の活動はドラヴァ川南方にせばめられていった。

スロヴェニア人は、十世紀にオットー一世が創設したカランタニア公領の主要な住民であった。その後つくられたクライン、シュタイエルマルクの両辺境領とさらにその西のケルンテンは、十三世紀から十四世紀にかけて、ハプスブルク家領となり、さらにドイツ化が進んだ。十五世紀から十七世紀にかけて、この地方は、オスマン帝国の侵略を受けて人口が激減し、また農民の叛乱も多かった。

十六世紀にはドイツ諸国から宗教改革の波が押し寄せ、多くの教会はプロテスタントのものとなり、さらに新約聖書のスロヴェニア語訳をはじめ、多くの宗教文献がスロヴェニア語に訳された。スロヴェニア語の文法書や辞典も出版された。しかし、ハプスブルク家とイエズス会による対抗改革の政策により、この運動も鎮圧され、多くのプロテスタントは、この地方を去った。そして、続く数世紀に、シュタイエルマルクとケルンテンの大部分ではドイツ化が進展した。ただクラインでは、民衆と一部の知識人の間でスロヴェニア語が維持されていくことになる。しかし十九世紀の初め、ロマン主義文学運動が盛んとなり、スロヴェニア人の民族意識がふたたび高揚をみせた。クラインの司祭ヴァレンティン・ヴォドニク(一七五八～一八一九)は、リュブリャナで、スロヴェニア最初の新聞を創刊し、また文法書なども書いた。

十九世紀初めにはフランス軍の進駐がくりかえされ、ウィーン和約により、クライン、西部ケルンテン、イストラ、ダルマティア、クロアティアの一部がフランス帝国の「イリュリア諸州」としてフランスの支配下に入った。このフランス支配下で「ナポレオン法典」が導入され、経済活動も盛んになった。また、一部の地域ではスロヴェニア語が行政上の公用語として用いられた。

ナポレオンの没落とともに、イリュリア諸州は消滅し、これらの地域は一八一四～一五年のウィーン会議の結果、オーストリア帝国に復帰した。スロヴェニア人は、ふたたび約一世紀あまり、ハプスブルク家のもとで苦しまねばならなかった。しかし、ドイツ語の支配とドイツ化の危機にさらされた時期にも、民族文化を守ろうとする運動が消滅したわけではなかった。詩人で言語学者のイェルネイ・コピータル(一七八〇～一八四四)は、最初の本格的なスロヴェニア語文法書を書いている。また、彼はセルビア出身のヴーク・カラジッチ(一七八七～一八六四)と協力してセルビア・クロアティア語の統一文語実現のために努力し、それがスロヴェニア人にも受け入れられることを望んだが、ロマン派の詩人で、民族意識の高揚に寄与したプレーシェレン(一八〇〇～四九)らは、スロヴェニア語の独自性を強調し、独立の文語の採択を主張した。

一八四八～四九年の革命の時期には、少し前にウィーンで創設されたスロヴェニア人協会「スロヴェニア」が、ハプスブルク帝国内でのスラヴ人王国の自治を要求するが、それは実現せず、一八六一年のオーストリア新憲法も、一八六七年のいわゆるアウスグライヒ(和協)も、スロヴェニア人の運命を変えることはなかった。しかし、一八八〇年代には、帝国政府も、他のスラヴ人に対すると同じように、スロヴェニア人に対しても文化面での譲歩を行ない、また、スロヴェニア人地域の経済状態も改善された。一八八二年には、スロヴェニア人がクライン議会とリュブリャナ市議会で過半数を獲得している。

二十世紀に入ると、スロヴェニア人の民族感情も、他の南スラヴ人の民族運動の影響を受け、高揚の一途をたどった。バルカン戦争、第一次大戦の悲劇をくぐりぬけて、大戦後に南スラヴ人の国の構成分子として、長年の民族独立の夢が実現された。

スロヴェニア人の南に位置するクロアティア人は、七世紀から九世紀末にかけて、北部ではフランク王国の、南部ではビザンツ帝国の支配を受けていた。しかし、九二四年にトミスラフ王のもとにクロアティア王国が成立し、これはほぼ二百年にわたって存続する。この間にクロアティア人は西方教会からキリスト教を受容し、したがって、東方教会のキリスト教を受け入れたセルビア人とは異なる道を歩むことになる。さらに、クロアティア王ズヴォニミル(位一〇七五~八九)の死にともない、王位継承をめぐって内紛が生じ、ハンガリー王ラースロー一世がクロアティアの王位についた。このあと、八百年以上にわたってクロアティアとハンガリーの結びつきが続くのであるが、両者の関係については、スラヴ族と周辺の諸民族の関係を考察する次節に譲ることにする。

4 スラヴ族と周辺の諸民族

バルト民族

スラヴ族と長期間、密接な関係をもち続けるバルト族のうち、現存しているのはラトヴィア人とリトアニア人で、いずれも東バルト族に属する。他方、バルト海の南東部沿岸から現在のポーランドの北東地域に住んでいた西バルト族に属するプロシア人、ヤツィヴィング人、クール人は、この地方に支配権を樹立したドイツ騎士団によって絶滅、追放されるか、他のバルト族に同化させられるかして、数世紀のうちに消滅の運命をたどった。バルト族は狩猟と牧畜に従事した。コハクの採取も生業のひとつで、彼らの居住地からコハクの道が南へ延び、さらにユーラン(ユトラント)半島への商業路も開けていた。

ポーランド教会は十二世紀から十三世紀にかけて、まだ異教徒の段階にあった西バルト族のプロシア人の土地への伝道活動を企てたが、思わしい効果はあげられなかった。結局、プロシア人の侵入に悩まされたマゾフシェのコンラド公が、一二二六年にプロシア人の伝道、鎮撫のためにドイツ騎士団を招いた。ドイツ騎士団は、西バルト族のキリスト教化を名目に、彼らを武力で抹殺し、そのあとにドイツ人を入植させ、強力な騎士団国家をつくりあげた。これはポーランドにとって大きな脅威となったばかりでなく、さらにドイツ騎士団は、北方のラトヴィア人の土地に進出した帯剣騎士団と合同して、東スラヴ族のモスクワ公国のバルト海進出を阻む勢力へと成長していく。そして一四一〇年のグルンヴァルトの戦いで、ポーランド・リトアニア連合軍に敗北し、さらに、十三年戦争（一四五四～六六）ののちトルンの和約によってポーランド臣従国家となるまで、ポーランドとの戦いをくりかえした。また十七世紀半ばにポーランドは、プロシアに対する支配権をブランデンブルク選定侯のホーエンツォレルン家に譲り、これらの領土が実質的にプロイセン王国の基礎のひとつとなった。

東バルト族のなかでは、北に位置するラトヴィア人も国家を形成するにいたらないまま、十二世紀末から十三世紀初めにかけて、帯剣騎士団の支配を受け、エストニアに続いて、西方教会からキリスト教を受容することになった。以後、この地域は騎士団国家の一部として、リヴォニアと呼ばれ、中心都市リガはハンザ同盟に加わった。リヴォニアのバルト海沿岸における通商上・戦略上の重要な位置から、デンマークとスウェーデン、のちにはポーランド・リトアニア、そしてモスクワ公国（のちにロシア帝国）の間で絶え間なく争奪戦がくりかえされ、十六世紀半ばに、北リヴォニアはスウェーデン領、南リヴォニアはポーランド領となった。騎士団長ケトラーは、その南にクールランド公国を建てた。

しかし、十八世紀のピョートル一世以後のロシア帝国の西方への伸張にともない、北のエストニアもリヴォニアもクールランドもロシア領となった。そして、十八世紀末のポーランド分割によって、バルト族のリトアニアもロシア帝国に編入された。ロシア政府は、リヴォニアのドイツ人貴族地主や都市および商人の自治権と特権を尊重し、農奴解放も十九世紀初頭に断行するなど、特別の配慮を示した。しかしリトアニア人に対しては、ポーランド人に対すると同じ厳しい政策がとられた。もっとも、十九世紀後半からはバルト諸地域全域に対して厳しい政策がとられ、他方、民族自立をめざす運動も激化し、それは、第一次大戦後におけるエストニア、ラトヴィア、リトアニアの三共和国の独立によっていちおうの帰結をみた。しかし、一九四〇年にバルト三国はソ連に編入され、第二次大戦中はナチス・ドイツの占領下におかれた。第二次大戦後はふたたびソ連領に組みこまれたが、一九九一年のソ連解体に伴い独立した。

ウラル系諸民族

古くからスラヴ族およびバルト族に地理的に近い位置を占め、バルト族と同じく、中世から現代にいたるまで、各地のスラヴ族と深い交渉をもつにいたる民族として、ウラル系諸民族があげられる。これは、かつてウラル山脈の東方、ヴォルガ川の東の支流カマ川沿いにいた民族で、そこから四方へ拡散した。フィン・ウゴル族とサモエド族とに大きく分けられる。サモエド族に属するネネツ(ユラク・サモエド)人(約三万人)は、オビ川河口に住み、セリクプ人(約三六〇〇人)はオビ川上流に居住している。彼らはロシア帝国の支配が東へ拡大するにつれて、その広大な版図に組みこまれていった民族で、シベリア各地に散在するいわゆる旧アジア(旧シベリア)諸語の話し手と同じく、ロシア語との二重言語使用の結果、言語的にも民族的にも急速にロシア化しつつある。オビ川流域のウゴル系のハンティ人(三万人)、マンシ人(一万二〇〇〇人)も同様である。

ウラル山脈西方のフィン・ウゴル族には、人口が比較的多いモルドヴィン人(七四万人)、マリ(チェレミス)人(五四万人)、コミ・ジリヤン人(一三万人)、コミ・ペルム人(一〇万人)、ウドムルト(ヴォチャク)人(五八万人)などがあり、自治共和国を構成している。彼らは十五世紀末からはじまるロシアの拡大につれ、その支配下に入った民族である。なかにはすでに十五世紀ごろから文字をもっていた民族もある。

カマ川流域から北西方向へ移動したフィン・ウゴル族には、バルト・フィン人とサーミ(ラップ)人がある。サーミ人(約三～四万人)は、ノルウェー、スウェーデン、フィンランドおよび、ロシアのコラ半島に住み、極北海岸で漁業に従事したり、トナカイの飼養、狩猟などにたずさわっている。バルト・フィン族は、エストニア人とフィンランド人に分かれ、フィンランド人の一支族がカレリアに住むフィン人(カレリア人)である。

フィンランド人がフィンランドに定住したのは八世紀で、すでにそのころから、ノルマン人と東スラヴ族、ウラル諸族を結ぶ地理上の位置を利用して、毛皮貿易に従事し、バルト海の商業ルートでも活躍していた。フィンランドは十二世紀に西方教会からキリスト教を受け入れ、十三世紀からはスウェーデン領となった。それ以前から東のカレリア地方はノヴゴロドの支配下に入り、カレリアのフィン人たちの大部分は東方教会に属した。その後カレリアはスウェーデンとモスクワ公国の間で一時分割されたが、一七二一年のニスタットの和約でロシア領となった。ソビエト時代の初期には自治共和国となった。

他方、フィンランド本国はスウェーデン支配下にあって宗教改革の影響を受け、フィンランド人はプロテスタントとなった。そしてフィンランドは、相対的な自治が許されていたが、一八〇九年、ナポレオン戦争期の複雑なヨーロッパ諸国の政治的かけひきと、ロシアの強圧的な軍事侵略の結果、スウェーデンからロシア帝国に移譲された。ロシアはフィンランドを「大公国」として自治を認めていたが、十九世紀末から二十世紀初めにかけてロシア化政策が強行され、これに対するフィンランド人の抵抗は総督の暗殺(一九〇四年)、反ロシアのゼネスト(一九〇五年)の形で現われた。第一次大戦後、フィンランドは共和国としてはじめて完全な独立国となった。第二次大戦中には二度にわたってソ連と戦ったが、敗北し、戦後対ソ賠償を完済して、経済の復興も達成し、その地理的位置に則した平和政策を推進していた。しかしロシアのウクライナ侵攻(二〇二二年)を受け、現在はＮＡＴＯへの加盟に意欲をみせている。

フィンランド人以上に、スラヴ族と深い関係に入ったのはマジャール族である。マジャール族は、五世紀ごろにウラル地方から移動を開始し、途中でブルガール族などと接触しながら西方へむかい、七世紀には、オノグル・ブルガール部族連合の一部になった。「ハンガリー」の名称は、このオノグルの名に由来している。マジャール族は、ヴォルガ川とドナウ川の間で一時期ハザール・ハン国の支配下に入ったが、東進するペチェネグ族に追われて、九世紀の後半、ドナウ川中流域に侵入した。

さらに東カルパティア山脈を越えてパンノニア平原(カルパティア盆地)に入ったマジャール族は、半遊牧生活を続けながら、ヨーロッパ中部に軍事遠征をくりかえすが、反撃されて、パンノニア地方に定着し、その過程でこの地方のスラヴ人を同化、吸収していったと考えられる。

ハンガリーでは、イシュトヴァーン一世(位九九七〜一〇三八)の時代に西方典礼のキリスト教が定着し、伝承によれば、ちょうど一〇〇〇年のクリスマスの日に、神聖ローマ帝国皇帝オットー三世の同意のもとに王冠があたえられ、ハンガリー王国が成立した。それ以後、近隣のドイツ人あるいはスラヴ人の封建制諸国と密接な関係を保ちながら、政治・経済・文化のあらゆる面でマジャール族は中・東欧で大きな役割を果たすことになる。

スラヴ人との関係でいえば、ハンガリー王ラースロー一世(位一〇七七〜九五)の時代に、クロアティア王ズヴォニミルが死去し、王位継承をめぐって紛糾した。結局、一一〇二年、ハンガリー王カールマーンがクロアティアおよびダルマティア王として戴冠した。そして、十四世紀から十六世紀まで、クロアティアの一部はオスマン帝国に占領され、一部はオーストリア・ハンガリーの「軍政国境地帯」となった。

ハプスブルク帝国のなかで、ハンガリー人の民族運動が十八世紀末から十九世紀前半にかけて進展し、一八四〇年には、ハンガリーの公用語がラテン語からマジャール語に変えられたが、ハンガリー人は、クロアティアの民族運動に対しては民族語使用をまったく認めなかった。

一八六七年のオーストリア・ハンガリー二重帝国の成立によって、クロアティアは再度ハンガリーに併合された。翌六八年には、ハンガリー人とクロアティア人の間にも協定が結ばれて、クロアティア語の使用が認められた。しかし、限定された内政自治に対するクロアティア人の不満は大きく、セルビアが独立国として国威を発揮しはじめるにつれて、セルビアとともに南スラヴ人の国家を建設しようとする民族運動にも拍車がかけられた。

こうして、クロアティア人、セルビア人の民族主義と、オーストリア・ハンガリーの南進政策がバルカンにおいて衝突するなかで、第一次大戦の幕が切っておとされ、オーストリア・ハンガリーの敗北、二重帝国の崩壊の結果、南スラヴ人の連合国家が成立することになる。

クロアティア人と同じく一九一八年まで長期間ハンガリーの支配下におかれたのは、スロヴァキア人と、ウクライナ人の一部であった。いずれも、被支配民族としてハンガリーの民族抑圧政策に苦しまねばならなかった。一方ハンガリー人とポーランド人、チェコ人との関係はこれと性質を異にする。いずれも中世にドイツ人の圧迫に抗して、西方教会からキリスト教を受容して、独立の王国を形成し、しばしばひとりの国王が二国、あるいは三国の君主を兼ねるなど密接な関係があった。また、政治・

経済体制のうえでもほぼ同一の発展の道を歩んだ三つの民族間には、ある種の連帯意識が生まれ、それは潜在的に今日まで続いているといえよう。

ユーラシアの遊牧民

スラヴ族のうち、東端に位置する東スラヴ族は、ユーラシア大陸の中央部を東から移動してくる騎馬遊牧民族と接触することになり、その接触はときとして東スラヴ族の発展にとってきわめて不利な状況を生みだした。十三世紀にはじまり、二世紀半におよんだいわゆる「タタールのくびき」、すなわち、モンゴル軍の侵入と東スラヴ族に対する支配がそれである。

すでに十二世紀に、キエフ国家が分裂傾向を深めていく状況のなかで、ロシア諸公国は、トルコ系の遊牧民ポロヴェツ(クマン)人の侵入、襲撃にさらされた。ロシア中世文学の最高傑作である叙事詩『イーゴリ遠征物語』は、南ロシアのノヴゴロド・セヴェルスキイの公イーゴリとポロヴェツ人の戦い、イーゴリの敗北、虜囚の身からの脱走などを描いているが、一一八五年春の実際のできごとがもとになっている。

一二一九年にチンギス・ハンのもとで西への遠征を開始したモンゴル軍は、中央アジアのブハラ・ホラズム国を滅ぼして、一二二三年に東スラヴの地へ侵入した。ロシア諸公の連合軍はカルカ川河畔でこれを迎え撃ったが、壊滅的な敗北に終わり、ロシア各地がモンゴル軍に蹂躙《じゅうりん》された。年代記は

「無数の人びとが滅びた。いたるところの都市や村落は、慟哭《どうこく》と涕泣《ていきゅう》に満ちた」と記している。一二三六年にはバトゥを総司令官とするモンゴル軍がヴォルガ中流からリャザン公国に攻め入り、都市を焼き、住民を虐殺した。こういった侵入、襲撃はその後、約二世紀半にわたってくりかえされた。一二四一年には、ポーランドとハンガリーにも攻め入っている。その後、バトゥは一二四三年にヴォルガ川の下流サライ・バトゥを都としてキプチャク・ハン国を建て、ロシア諸公国は相互に分裂、対立したままの状態でモンゴルの支配を受けることになった。その結果、南ロシアは度重なるモンゴル人の襲撃で都市は消滅し、東スラヴ人の人口は極度に減った。その結果、しだいに東スラヴ人の政治的中心は北東ロシアに移り、ウラジーミル大公国、そして、そこから分かれたモスクワ公国が周辺の諸公国を統一しながら、「タタールのくびき」に対する反抗、異民族支配からの解放戦争の指導勢力となった。

一方、東スラヴ族の西部および南西部の諸公国では、北西から勢力を拡大してきたリトアニア公国の圧迫が強まり、十三、十四世紀に現在のウクライナとベラルーシの大部分がリトアニア公国の版図に組み入れられた。その支配ははじめはゆるいものであったが、一三八六年に、リトアニアとポーランドの連合が成立し、ポーランド王国の影響力が増すにつれて、東スラヴ人のなかにウクライナ人、ベラルーシ人という別の民族の核が形成されることになった。

北東ロシアでは、モスクワ公イヴァン・カリター(位一三二四〜四一)が巧みな政治的かけひきで、ウラジーミル大公位を獲得し、また、キエフ府主教座をウラジーミルからモスクワに移して、モスクワ公国の権威を確立した。さらに、ロシア諸公国からキプチャク・ハン国に納める税のとりたての権利を手に入れて、ロシア諸公国のなかで優位に立つにいたった。さらにクリコヴォの戦いにおけるドミトリイ・ドンスコイのママイ・ハンに対する勝利（一三八〇年）は、「タタールのくびき」からの解放を予告するものであり、またモスクワ公の権威をいっそう高めた。しかし、その後もモンゴル人、またティームールの軍隊の侵入、襲撃もくりかえされ、モスクワの地位は必ずしも安泰ではなかった。十五世紀後半、イヴァン三世の治世に、モスクワ公国は、ロストフ、ヤロスラヴリ、トヴェリ公国をあわせ、ノヴゴロド共和国を合併し、さらに、南西ロシアの諸公国をもリトアニアからとり戻した。

一方、キプチャク・ハン国はクリコヴォの戦いののち、ヴォルガ下流のトフタムイシュの大ハン国そのほかのいくつかのハン国に分裂し、モスクワ公国に対する重圧はしだいに弱まっていった。しかし、カザン・ハン国、ヴォルガから東のイルティシ川にいたる地域にはノガイ・ハン国、その北、ウラル山脈の東にはシビル（シベリア）・ハン国、ヴォルガ河口にはアストラハン・ハン国、さらにクリミア半島にはクリミア・ハン国が、十四世紀から十五世紀にかけて成立し、モスクワ公国の東方への進出を阻んでいた。十五世紀末、大ハン国のアフマト・ハンの侵入をモスクワ公国軍が食いとめた（一四八〇年）ことにより、「タタールのくびき」はとどめをさされ、以後は、反攻に転じたモスクワ公国が、さきにあげたモンゴル・タタール系の諸ハン国をしだいに征服し、東方に大きく領土を拡大するのである。

十六世紀には、最盛期のオスマン帝国に支持されたカザン・ハン国がたえずロシアに侵入を重ねたので、イヴァン四世は、一五五二年、激戦ののちカザン市を攻略して、カザン・ハン国を征服し、四年後には南のアストラハン・ハン国を支配下におき、その翌年には大ノガイ・ハン国(三つに分裂したノガイ・ハン国のひとつ)を合わせた。それにより、ヴォルガ川の全水路がモスクワ公国の支配下に編入され、中央アジア、さらに間接的にはイラン、インド、中国との通商の可能性と、東方および南方への領土拡大の可能性がモスクワ公国の前に開けたのであった。

一五八〇〜九〇年代に、ストローガノフ家の経済的援助を受けたコサックのエルマークらによって、シビル・ハン国が征服されて、ロシアの植民者たちは各地に要塞を建設しながら東進した。それはチュメンとトボリスク(一五八七年)、タラ(一五九四年)、トムスク(一六〇四年)、エニセイスク(一六一九年)、クラスノヤルスク(一六二八年)、ヤクーツク(一六三二年)、ネルチンスク(一六五四年)、イルクーツク(一六五二年)などで、のちにシベリア経営の中心となった。十七世紀末から十八世紀前半には、チェクチ半島、カムチャトカ半島、アラスカ、アリューシャン列島、サハリン、千島列島などの探険、移住が行なわれ(アラスカとアリューシャン列島は十九世紀半ばにアメリカ合衆国に売却された)、その過程でシベリアの少数民族はロシア帝国の版図に組みこまれる。これらの少数民族がくりかえし叛乱、暴動を起こしたのは、それがまぎれもない植民地支配であったことを物語っている。また、ロシア帝

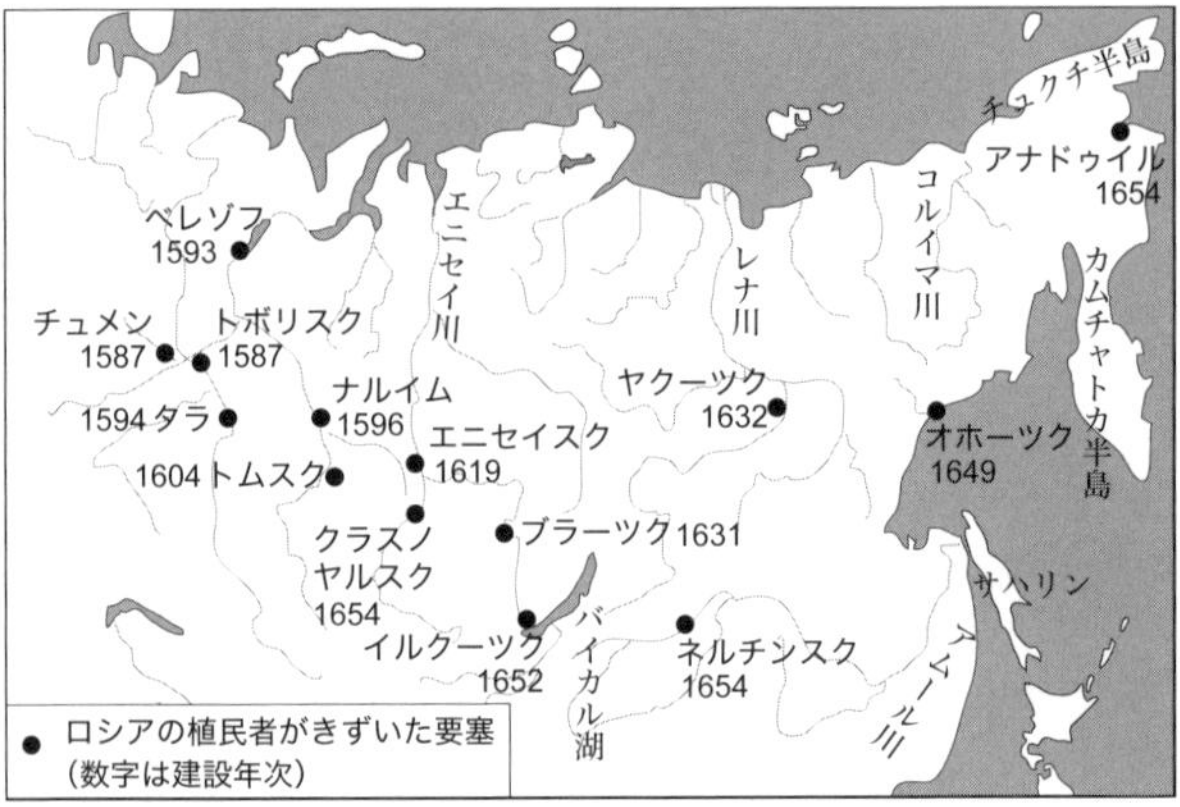

ロシアの東方植民

国がこのようにユーラシア大陸の東に拡大した結果、東シベリアでは清帝国と、サハリン、千島列島では江戸末期および明治初期の日本と直接接触することになる。

シベリア東進の過程でロシア帝国に編入されていったのは、まず、アルタイ系の民族であった。アルタイ系諸語は大別して、トルコ系、モンゴル系、ツングース系に分類されるが、以下、おおまかにそれぞれのグループの二〇一〇年の調査人口を示しておく（人口はロシア国外に住む者も含める）。トルコ系民族としては、チュヴァシ（一〇〇万人）、タタール（六〇〇万人）、バシキール（一〇〇万人）、アルタイ（六万人）、ハカス（七万人）、ショル（一万三〇〇〇人）、トヴァ（二三万人）、サハ（ヤクート）（四七万人）などがある。のちに十八〜十九世紀にロシア帝国に征服されたトルコ系の民族名もここであげておくと、ウズベク（一八〇〇万人）、アゼルバイジャン（一七〇〇万人）、カザフ（九〇〇万人）、トゥルクメン（四三〇万人）、キルギス（二五〇万人）、ウイグル(七五〇万人。大部分は中国新疆ウイグル自治区に居住)、カラカルパク(四二万人)、クムイク(五〇万人)、ノガイ(一〇万人)、ガガウズ(一七万人)、カラチャイ(二二万人)、バルカル(一一万六〇〇〇人)などモンゴル系民族としてはブリャート(五〇万人)、カルムイク(一八万人)、ツングース系の民族は言語人口の少ないものが多く、その大部分は中国の東北地方に居住し、ロシアの少数民族としては、エヴェンキ(五万八〇〇〇人)、オロチ(六〇〇〇人)、ウリチ(二七〇〇人)、ネギダル(五〇〇人)、ナナイ(一万六〇〇〇人)、ウデヘ(二〇〇〇人)、エヴェン(オロチョン)(一万二〇〇〇人)、ウイルタ(オロッコ、オロク)(三〇〇人)などがある。

このほかに、広大なシベリアの極北・極東地方には、ウラル諸語やアルタイ諸語に属さない言語があり、一般に旧アジア諸語と名づけられている。これらの言語を話す民族はかつてシベリアの広い地域に住んでいたが、アルタイ系の民族によって周辺に追いやられたものと推定される。これらの民族名は次のとおりである。ケット(一二〇〇人)、ニヴフ(ギリヤーク)(四〇〇〇人)、ユカギール(一六〇〇人)、イテリメン(三〇〇〇人)、コリャーク(八〇〇〇人)、チュクチ(一万五〇〇〇人)、エスキモー(一七〇〇人。ロシア国外のイヌイットと呼ばれるグループの人口は一〇万人)、アレウト(五〇〇人)。

中央アジアとカフカズ

カザンとアストラハン両ハン国併合後のモスクワ公国は、カザン、ニジニイ・ノヴゴロド、アストラハンを経由して、ブハラ、ヒヴァ、イランなどと交易を行なった。ロシアは毛皮、金属製品、そのほか西欧から輸入した商品まで輸出し、綿織物などの商品を輸入した。こうして、十六世紀後半から十九世紀半ばまで、ロシアはカザフ草原からイラン国境にいたる広大な中央アジアのトルコ系民族と貿易によって結びついていた。さらに、ブハラやコーカンドの商人はイラン、インド、清国との中継貿易に従事していたので、これらの地域とも間接的に結ばれ、新しい「シルク・ロード」貿易が成立するにいたった。しかし、しだいに国境を拡大したロシア帝国と清帝国のはざまにあって、中央アジアの諸民族はどちらかの版図に編入されていった。こうして、最後の騎馬民族国家と呼ばれるジュンガル・ハン国の脅威にさらされたカザフ人は、十八世紀後半から十九世紀にかけてロシアの主権を受け入れ、ブハラ、ヒヴァ、コーカンドなどの民族も、一八六〇年代から八〇年代にかけて、ロシアの支配下に組み入れられた。

南カフカズをめぐって、十八世紀から十九世紀にかけて、ロシア、トルコ、ペルシアの三国が支配を争ったが、結局、十九世紀初頭からグルジア、アゼルバイジャン、アルメニアなどがロシア帝国領となった。カフカズの民族構成はきわめて複雑であるが、ここでは民族名と二〇一〇年時点での実勢を記すにとどめる(人口はロシア連邦以外の国に住む者も含める)。カフカズ諸民族としては、ジョージア(グルジア)(三七七万人)、チェチェン(一四〇万人)、アヴァール(九〇万人)、チェルケス(七万三〇〇〇人)、カバルディン(五一万人)、アブハジア(一〇万人)、レズギン(四七万人)、ダルギン(五九万人)、

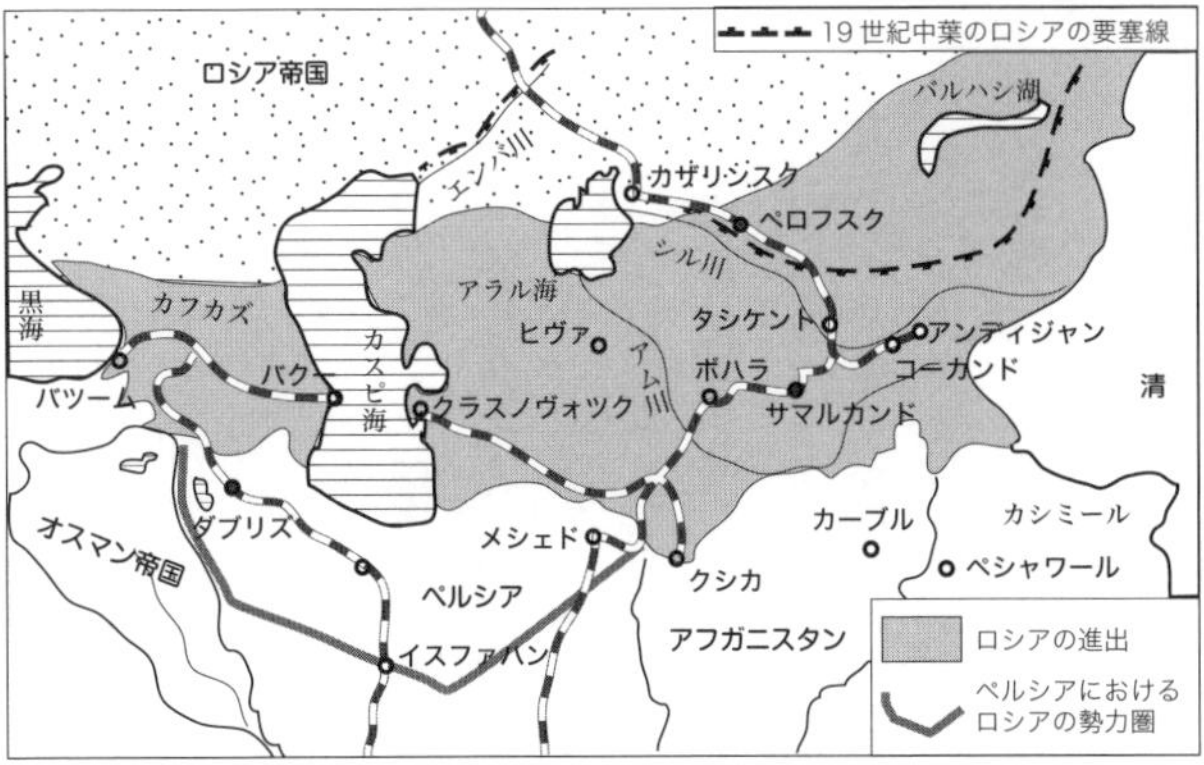

中央アジアにおけるロシアの拡大

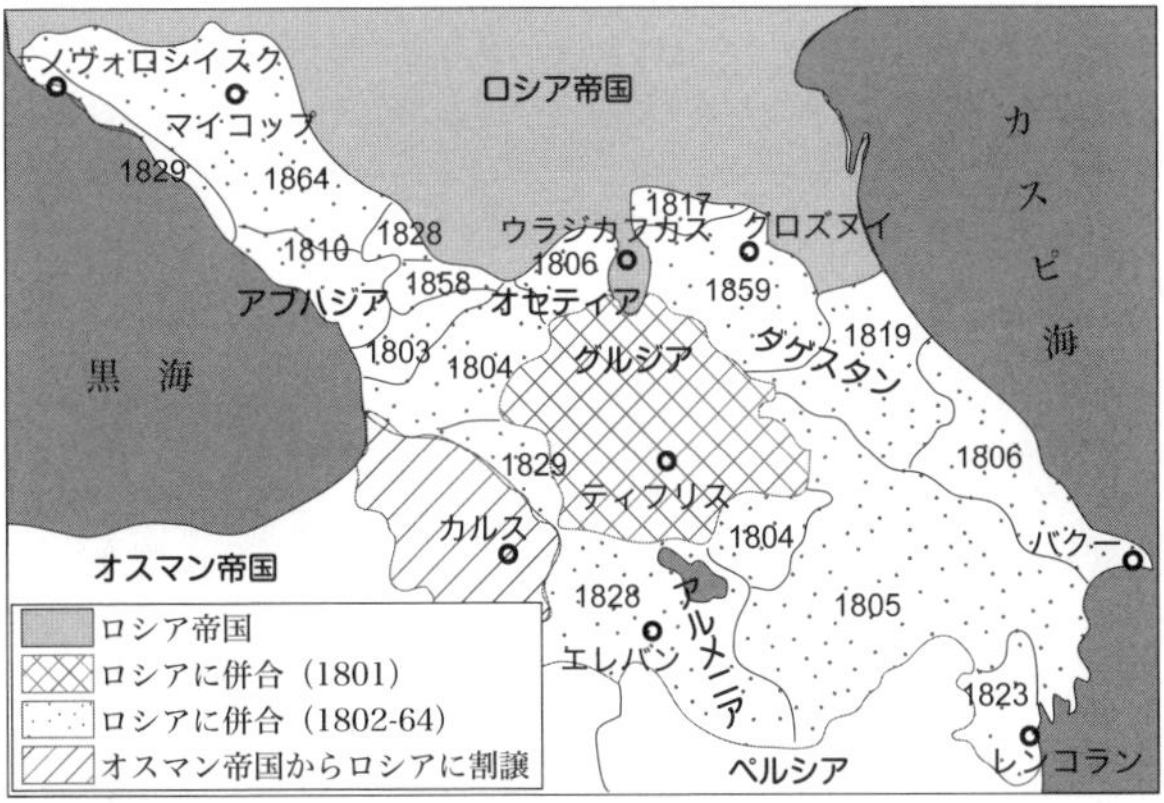

カフカズにおけるロシアの拡大

イングシュ(四四万五〇〇〇人)、アディゲ(一二万五〇〇〇人)など。印欧語族のなかで独立の語派を形成する民族としてアルメニア(六五〇万人)、同じく印欧語族のなかでイラン系民族としてはオセト(五四万人)、クルド(二〇〇〇万人)などがある。中央アジアのタジク(七二〇万人)もイラン系である。

ルーマニアとアルバニア

六～八世紀にスラヴ族が南下したバルカン半島およびドナウ川中・下流地域の先住民族は、ギリシア人と、数世紀にわたるローマ帝国の支配下にラテン化していたトラキア・ダキア族とイリュリア族、そのほか少数のゴート族やケルト族などであったと推定される。そして、エーゲ海の島々にまで進出したスラヴ族は、ギリシア語文化圏ではギリシア人に同化され、ギリシアより北の地域ではラテン化していた古代民族を同化、吸収した。しかし、ドナウ川下流の左岸、古代のダキア地方のスラヴ族は、ラテン系のダキア・ルーマニア人の先祖に同化された。それはルーマニア語が西方のロマンス諸語と大きな差異を示す主要な原因のひとつとなった。またルーマニア人もスラヴ族から東方典礼のキリスト教を受け入れ、ビザンツ文化圏に組み入れられることになった。十九世紀半ばまで、ルーマニア語がキリル文字を用いたのはそのためである。十五世紀以降、ルーマニアの二つの公国、モルドヴァとワラキア(ムンテニア、ツァラ・ロムネヤスカ＝ルーマニア公国)もオスマン帝国に征服され、約五〇〇年にわたってその支配下に入ったが、直接統治はまぬがれた。その間、両公国は周辺のスラヴ、ハンガリー、トランシルヴァニアの諸民族とともにトルコ支配からの解放のために戦った。一七一一〜一二年にピョートル一世とともにオスマン帝国と戦い、敗れてロシアに亡命したモルドヴァ公ドミトリエ・カンテミールの息子アンティオフ・カンテミールがロシア近代文学の生みの親となった事実も、そのような東スラヴ族とルーマニア族の多面的な交渉の一面を語っている。一八七七年にルーマニア両公国がトルコからの独立を獲得するのも、南スラヴ族の解放を大義名分としたロシア・トルコ戦争の結果であった。ただし、十九世紀初めのロシアのベッサラビア地方領有によって、ルーマニア人の間にロシアの大国主義的膨張政策に対する恐怖が高まった。両大戦間のルーマニアの反共運動、一九六〇年以降の自主独立外交にもその反ロシア意識が尾をひいているといえよう。

ドナウ川南岸の各地、とくにギリシア北部のピンドス山脈その他の地方にルーマニア系の民族が数十万人住んでおり、中世から近代、現代にかけて主として牧畜に従事している。ところによって名称が異なるが、ア・ルーマニア人、メグレノ・ルーマニア人、イストリア・ルーマニア人、あるいはヴラフなどと呼ばれている。

イリュリア地方で、ラテン化とスラヴ化の波にさらされながら、おそらくは古代のイリュリア語を維持してきた民族がアルバニア人である。彼らは、ギリシアのエペイロス地方からシュコダル(スカダル)湖にいたるアドリア海沿岸と内陸部の峻険な山岳地帯で二千年にわたってその言語を保持し続けた。もちろんアルバニア人は周辺の民族の影響を強く受けており、それは北部のカトリック教圏、南部の東方正教圏の差として現在にいたっている。十五世紀からオスマン帝国に征服され、中央部のアルバニア人の多くはイスラム教に改宗した。第一次大戦の直前にオスマン帝国に対する独立を勝ちとるが、両大戦間にはイタリアに併合され、第二次大戦後は社会主義国としての道を歩んだ。また、ユーゴスラヴィアのコソヴォ地方を中心に約一五〇万人のアルバニア人が少数民族として住み、同国の重要な民族問題となっていたが、ユーゴスラヴィアの解体にともなってコソヴォ紛争へと展開した。

バルカンのように各民族がモザイク状に複雑に入り組んでいる地帯では、近代国家の成立と国境の画定によって、各地に少数民族の問題が生じてくる。そして、少数民族を含む地域をひとつの国が奪えば当然相手国の少数民族をかかえこむことになり、同じ問題が反対の立場になって生じてくる。バルカンにおける複雑な民族問題を背景に激化した各国の民族主義は、十九世紀初頭以来、一貫してこの地域の国際関係の底流となっている。そこにはスラヴも非スラヴもなく、ブルガリアとユーゴスラヴィア、ルーマニアとハンガリー、ギリシアとアルバニア、アルバニアとセルビアなどの間の対立が潜在していた。しかし、ギリシアを除き、第二次大戦後、この地域にほぼ同質の社会主義体制が確立されたため、民族的対立が公然の衝突に発展することが食いとめられていたものの、一九八〇年代に大規模なユーゴスラヴィア紛争に突入した。

ユダヤ人とロマ(ジプシー)

スラヴ族の間に外から移住してきて、スラヴ族との長期間の混住にもかかわらず民族性を保ち続けている民族がユダヤ人とロマ(ジプシー)である。ユダヤ人はさまざまの形で各地のスラヴ人の歴史に深いかかわりをもっており、東ヨーロッパの歴史は彼らの存在をぬきにしては語れない。

ディアスポラ(離散)以後ヨーロッパに移住したユダヤ人は、初期には比較的寛大なあつかいを受けていたが、十字軍の遠征、イベリア半島におけるレコンキスタ(再征服)、宗教裁判の開始などの条件下で、十四世紀から十五世紀にかけて、イギリス、フランス、スペイン、ポルトガルから追放されて、中欧、東欧へ大量に移住した。なかでも、ユダヤ人に対して寛容な政策をとり、ある種の特権さえ認めたポーランドは、ヨーロッパでもユダヤ人の移住者のもっとも多い国となり、ワルシャワをはじめポーランドの各都市はユダヤ文化の中心地となった。ユダヤ人の多くは商人、職人となり、経済生活で重要な役割を演じた。十五世紀以降、都市において、ユダヤ人の権利を制限する動きがはじまったにもかかわらず、西ヨーロッパ、バルカン地方からポーランドへのユダヤ人の流入は続いた。十六世紀から十八世紀にかけて、ユダヤ人に対する法的規制が厳しくなり、ゲットーへの居住制限、一定の職業の禁止などの措置が導入され、一部では反ユダヤ暴動にまでおよんでいる。しかし、少なくとも十七世紀半ばまでは、ポーランドではユダヤ人はさまざまの分野で活動し、大規模な反ユダヤ主義運動は存在しなかった。

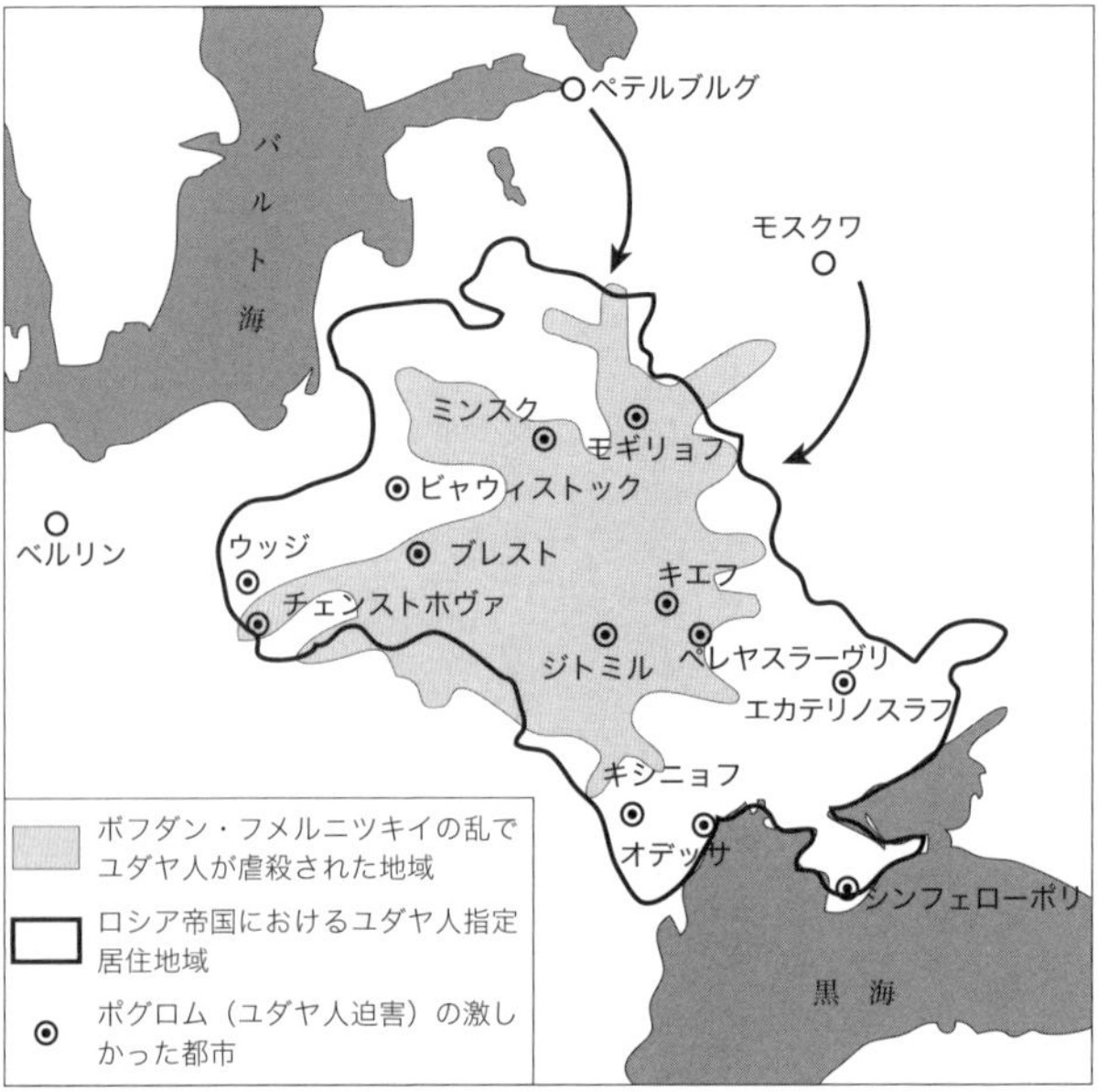

東ヨーロッパにおけるユダヤ人の迫害

十七世紀半ばに、ポーランド支配下のウクライナ地方で起きた叛乱のさいにユダヤ人が大量虐殺された。これは、以後二百数十年にわたり東スラヴ、とくにウクライナ地方でくりかえされたポグロム（ユダヤ人虐殺）のさきがけとなった。ポーランドにおけるユダヤ人人口は、十八世紀末に農村部で七%、都市部で二七%の比重を占めていた。ポーランド分割ののち、これらのユダヤ人はプロイセン、ロシア、オーストリアの三国の支配下におかれ、それぞれの地域で政治的・経済的な迫害、弾圧をこうむったが、とくにロシア帝国に編入された地域のユダヤ人迫害は十九世紀を通じて激化の一途をたどった。そのため、ウクライナ、とくにガリツィア地方からアメリカへユダヤ人移民が流出し、それは二十世紀にも続いた。一九一七年の革命以後、ソビエトにおいては、ユダヤ人にも他の民族と平等の権利が認められ、すでにその前から革命運動に多くのユダヤ人が参加していたこともあって、政治・文化・経済のあらゆる分野で活躍した。しかし、ソ連内のユダヤ人の地位には多くの変化があった。とくにスターリン時代、そしてスターリン以後も、中東戦争の時期などに潜在的な反ユダヤ主義が表面化した。他方、ユダヤ人の側もソ連を出て、ヨーロッパ、アメリカ、イスラエルへ移住を望む者が多く、七〇年代以降、大量のユダヤ人流出が続いた(二〇一〇年の旧ソ連内のユダヤ人人口は七五万人)。

第一次大戦後、独立したポーランドのユダヤ人人口は、一九三〇年に二九〇万人、一九三九年に三三〇万人であった。この急激な増加は、ナチスによってドイツを追われたユダヤ人の多くがポーランドに流入したからであるが、やがてポーランドをはじめ東欧諸国がナチスの占領下におかれると、ユダヤ人の迫害、アウシュヴィッツ(オシフィエンチム)その他の強制収容所での大量虐殺がはじまった。ワルシャワ・ゲットーの蜂起(一九四三年)はユダヤ人の絶望的な状況での反抗であったが、翌年のワルシャワ市民の武装蜂起と同じくナチスによって鎮圧された。ポーランド内のユダヤ人二七〇万人を含め、ナチスによって第二次大戦中に殺されたユダヤ人は五一〇万人に達すると推定されている。ポーランドからソ連に脱出したユダヤ人は約二〇万人であった。

ユダヤ人と同じく、ヨーロッパにおいて特定の定住国をもたず、しかしユダヤ人とはまったく異なる生活様式、社会的地位、職業をもつ閉鎖的な社会グループとして、東欧諸国の民族の間に生活している少数民族がロマである。

彼らは、ほぼ十三〜十四世紀に西アジアからバルカン地方に入り、やがて全ヨーロッパにひろがって今日にいたっている。ヨーロッパにおけるロマの人口は、統計によっても異なるが、ほぼ二百万人と推定されている。彼らの言語の研究が進んだ結果、ロマがインドの北西部出身であることは間違いないとされている。ただ、どういう理由で、また、正確にいつインドから西方へ移動したのかは明らかではない。約五百年、ロマは、ヨーロッパ各地を放浪しながら、鋳掛《いかけ》け屋、金細工師、鍛冶屋など金属に関係のある仕事、ばくろう、熊使い、音楽師、占い女などの特殊な職業に従事してきた。多くの場合、幌馬車を連ねて、ひとつの家系につながる数家族または十数家族、あるいはそのいくつかの連合が、集団で移動し、居住する。そして放浪する地域の風俗や文化や社会制度とは無縁に、彼ら自身の言語、風俗、内部規律を維持してきた。ときとして、乞食、泥棒などに走る者もあり、その特異な存在様式のために、周囲の民族の畏怖、軽蔑、憎悪の対象となり、国外追放処分を受ける場合も多かった。

近代に入ってからは、各種の民間慈善団体や政府が、彼らの定住化、一定の職業への定着のために種々の措置をとったが、第二次大戦前まではこれらの措置もあまり具体的な成果をもたらさなかった。第二次大戦中、ナチス・ドイツ占領地域では、ナチスの人種政策の犠牲となり、多くのロマが強制収容所、あるいは南ロシアのステップ地帯の定住地に送られた。犠牲者の数は六〇～七〇万人といわれ、ポーランドのアウシュヴィッツ収容所では二万人のロマが殺されている。

第二次大戦後、東欧諸国では社会主義政権のもとでロマ定住政策が推進され、一定の成果をあげた。ソ連・東欧の社会主義諸国におけるロマの実勢は人口調査がきわめて困難なことから、推計に極端な幅があった。一九七五年にイギリスで出たヨーロッパのロマに関する調査報告では、ユーゴスラヴィア〈七四万人〉、ルーマニア〈六六万人〉、ハンガリー〈五八万人〉、ソ連〈四七万人〉、ブルガリア〈四四万人〉、チェコスロヴァキア〈三六万人〉など、実勢に対して多めの数字があげられていた。

近年の東欧各地のロマの人口についても正確なデータは乏しいが、おおよその推計(二〇一〇年)で、ルーマニアが約三三万人、ハンガリーが約二〇万人、ロシア連邦が二〇万人、チェコが約一一万人、スロヴァキアが約九万人、ブルガリアが約二〇万人、旧ユーゴ解体後の諸国(クロアティア、スロヴェニア、セルビア、ボスニア・ヘルツェゴヴィナ、モンテネグロ、北マケドニア)全体で約二三万人となっている。

ロマと他の民族との融合、あるいは平等な立場での共存は今も残された課題である。なお、ソ連崩壊後多くのロマが東欧から西欧に流出しており、現在の東欧各地のロマの人口も大きく変化している可能性がある。

5 民族の独立とパン・スラヴィズム

十七世紀のロシアとポーランド

モンゴル族の侵入後に、西および西南ロシア地域の東スラヴ族はしだいにリトアニアの支配下に組みこまれた。他方、リトアニア公国は、一三八六年にポーランド王国と同君連合の形で統合され、その結合は、一五六九年の「ルブリンの合同規約」によってさらに強められた。その過程で、のちにウクライナ人やベラルーシ人と呼ばれることになる東スラヴ族が西スラヴ族であるポーランドの支配下に入り、これ以後、ポーランド人と一部の東スラヴ族は支配と被支配という緊張した関係を数世紀にわたって続けることになった。さらに、一四八〇年に「タタールのくびき」から解放されたモスクワ公国が西方へ勢力をのばすとともに、ロシアとそれに対するポーランド・リトアニア間の対立、抗争が十六世紀末から十八世紀にかけて、西ロシア、リトアニア、バルト海沿岸地域で展開された。

ロシアでは一五九八年にリューリク朝の最後の皇帝フョードル一世が没し、ボリス・ゴドゥノフ(位一五九八〜一六〇五)がツァーリに選ばれた。しかし、君主権の強大化と農奴制の強化に対する貴族・農民の不満が各地における叛乱となって爆発した。さらにイヴァン四世の夭折した末子ドミトリイを自称する青年が、ポーランド貴族の支援を得て軍勢を率いてモスクワ公国に侵入し、首都モスクワを占領した（一六〇五年）。混乱した状態のなかでボリス・ゴドゥノフは没し、帝位についた偽ドミトリイも、カトリックのポーランド人に対するロシア人の宗教的・民族的反感のために信望を失い、翌年、暗殺された。名門貴族ヴァシリイ・シュイスキイが帝位（位一六〇六〜一〇）につくが、ふたたびポーランドの貴族やコサックにかつがれた偽ドミトリイ二世がモスクワに迫った。しかも、偽ドミトリイ二世は、ポーランド王ジグムント三世の援助を求めたので、正規のポーランド軍がモスクワ公国へ攻め入った。それから約二年間、モスクワはポーランドの占領下におかれたが、一六一二年、ロシア人は首都解放軍を組織して、ポーランド軍からモスクワを解放した。こうしてモスクワ公国にとっての最大の危機は去り、これを契機として、全国会議がモスクワで開かれた。そしてミハイル・ロマノフがツァーリに選ばれ、一六一三年から一九一七年まで、約三百年にわたるロマノフ王朝が成立した。

モスクワ公国とポーランドは、一六三〇年代にもスモレンスクを中心とする西ロシア地方の帰属をめぐって、戦火を交えた。この戦争を通じて軍事的劣勢を自覚したロシア側はそれ以来、軍事技術の近代化、西欧からの技術専門家の受け入れに努力を傾けるようになった。その近代化を飛躍的に発展させたのがピョートル一世であった。

十六世紀の終わりに、ポーランド領内のルテニアの東方正教会の高位聖職者は、貴族層のカトリック教会への改宗が進むなかで、これに対抗するため教会合同を受け入れた（第二章参照）。しかし、それは合同教会派と正教会派との激しい闘争をもたらしたばかりでなく、合同教会の聖職者たちの望んだカトリック聖職者との同権も得られなかった。改宗を強制するポーランド貴族の圧力、カトリック教会に対する東スラヴ人の不満、農奴制強化に対する農民の怒り、ウクライナ・コサックの社会的不満などは、十七世紀になってこの地域の東スラヴ人をポーランドに対する叛乱へと導いた。

一六二〇年代からこの叛乱はしだいに激しさを増していったが、ついに一六四八年、ボフダン・フメリニツキイがコサック叛乱の指導者となって以来、それまでの自然発生的な叛乱は、ポーランドに対するウクライナ民族の解放戦争の性格を帯びるにいたった。その後、コサックを中心とするウクライナ人の叛乱は、休戦や戦争再開などをくりかえしながら、約二十年続いた。その過程で、ウクライナ人だけの力による解放が困難なことを自覚したフメリニツキイは、ロシアの援助を要請した。その結果、モスクワ公国は一六五三年の全国会議でウクライナ併合を決め、ポーランドとの戦争がはじまった。

このときの民族戦争では双方で残虐行為がくりかえされた。また民衆の憎悪の的となっていたユダヤ人の大量虐殺が起きたのもこのときであった。他方、ポーランドの貴族民主制の弊害もこの危機的な時代に顕在化し、悪名高い「自由拒否権」(貴族議会のひとりの反対でも、議会の議決が不可能となった)の乱用も一六五二年からはじまっている。モスクワ公国の中央集権化と対照的に、ポーランド貴族共和制の遠心的分散傾向は強まる一方であった。また、ポーランドとロシアの戦争に乗じて、スウェーデンが四万の軍隊をもって侵入し、たちまち全土を席捲し、ワルシャワとクラクフも占領した。ヤン・カジミェシ王は、シロンスクに逃亡した。しかし、各地で貴族・農民の自発的な抵抗運動がはじまり、一六六〇年にはスウェーデンとの講和条約が結ばれた。しかし、このときのいわゆる「大洪水」で、ポーランドの国土は荒廃し、人口は激減した。

ボフダン・フメリニツキイは一六五七年に没したが、その後もウクライナをめぐる戦いは続き、一六六七年、国力の疲弊したポーランドは、アンドルソヴォ条約を結び、スモレンスクを含むロシア西部、ドニエプル左岸の地区をロシアに譲り、キエフとその隣接地区の二年間の保障占領を承認した。そののち、一六八六年の「恒久和平」条約によってこの国境線が確定した。

一方、ポーランド貴族の支配から解放されたコサックやウクライナの農民に対しては、新たにモスクワの支配がおよぶことになり、十七世紀末から十八世紀にかけて、彼らの自治や特権はしだいに奪われ、農奴制も強化された。また、十六世紀から十七世紀を通じてモスクワ公国とポーランドが、しばしば対立と戦争をくりかえしながらも密接な関係をもったことから、ロシア文化に対するポーランド文化の影響が強まり、その傾向はウクライナ併合によってさらに促進された。

ポーランドの衰退と分割

十八世紀に入り、ロシアはピョートル一世の改革によってヨーロッパの列強の一員としての地位を占めるにいたった。他方、ポーランドは北方戦争（一七〇〇〜二一）でスウェーデン、ロシア、プロイセンなどの外国軍隊に国土を蹂躙《じゅうりん》され、国王の選出をはじめ内政に対するロシア、プロイセンなど隣国の干渉が激しく、国運は衰退の一途をたどった。スタニスワス・アウグスト・ポニャトフスキのもとで、危機的な状況を打開するための改革が次々と提案された。「自由拒否権」は一時的に廃止された。しかし、隣接する三大国はポーランドの改革が進展することに反対し、介入をやめなかった。一七七二年、ロシア、プロイセン、オーストリアの三国は、かねてから要求していた領土を占領し、その承認を求めた。ポーランド側はこの第一次分割をやむなく受け入れた。その後の二十年間、ポーランドは実際上、ロシアの保護領の地位におかれていたが、亡国の危機に直面して、社会のあらゆる分野での改革をめざす動きも急速に進展した。コウォンタイをはじめとする知識人の努力で教育の改革が実施され、貴族や士族もそれまでの態度を改めて経済活動に乗りだして、商工業の発展に寄与した。

一七八八年から九二年にかけての四年議会は、まさに国の改革を実現するためのポーランド人の最後の努力であり、一七八九年のフランス革命は明るい展望をあたえるかにみえた。そして、一七九一年「五月三日の憲法」が採択され、それによって貴族の特権に終止符が打たれ、ポーランドが近代国家へ生まれ変わるための第一歩が踏みだされた。しかし、翌一七九二年、この憲法に反対する少数の保守派貴族の要請で、ロシア軍が侵入し、ワルシャワも占領された。一方、プロイセンは一七九三年一月「フランス民主主義の精神」と戦うという名目でヴェルコポルスカ地方を占領した。そして、こ

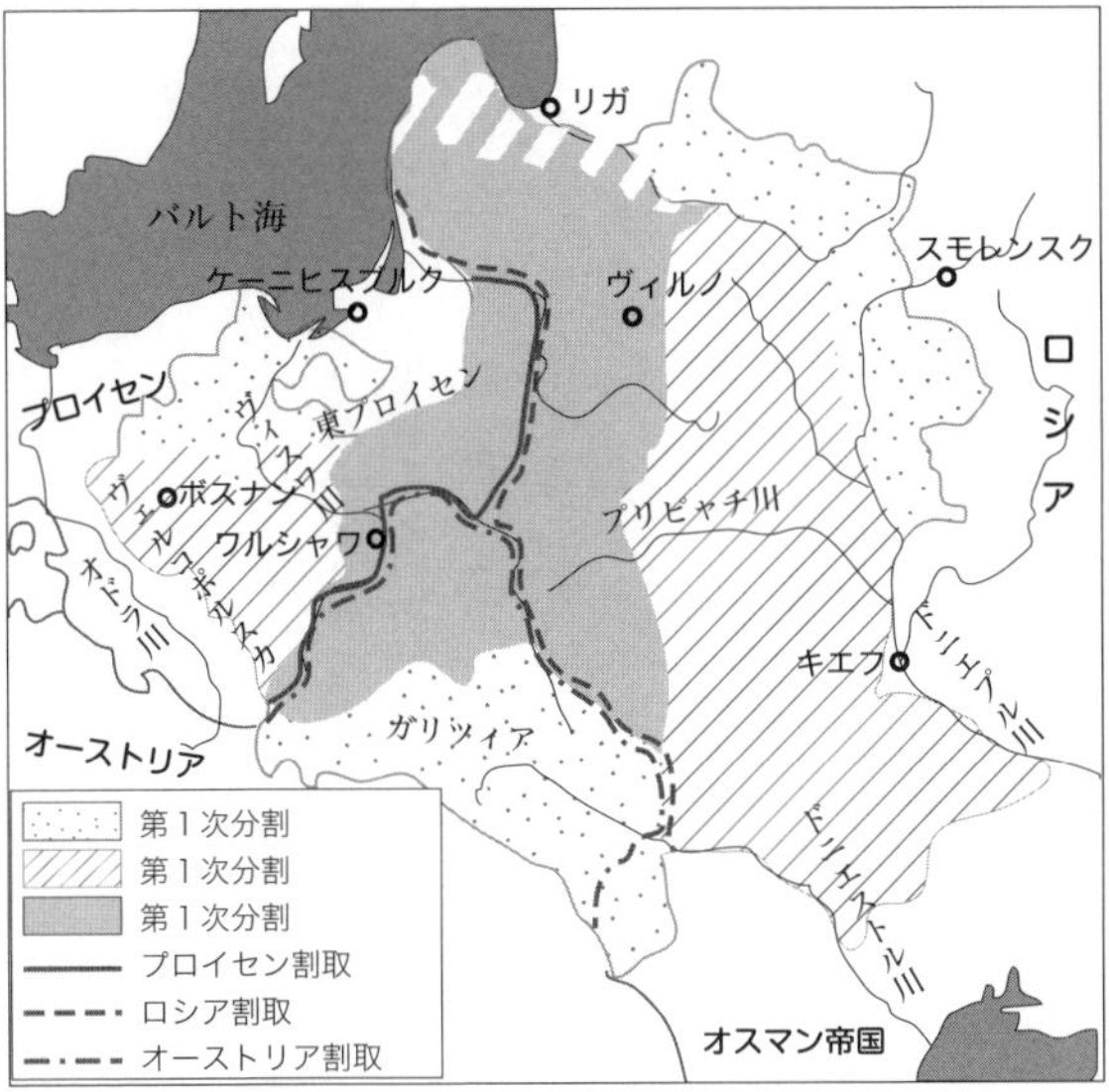

ポーランドの分割

の第二次分割により、国家としてのポーランドは破滅の淵に立たされた。追いつめられたポーランド人は、叛乱に立ち上がり、一七九四年三月、ワシントンの戦友としてアメリカ大陸で勇名をはせたコシチュシコ将軍の指導のもとで叛乱は全国にひろがり、多くの地域が解放された。しかし、ロシア軍の反撃、プロイセン軍の侵入によって約半年のうちに叛乱は鎮圧され、十一月にワルシャワに入城したロシア軍は一般市民を虐殺し、町を焼いた。コシチュシコ、コウォンタイなど、叛乱の指導者は逮捕されて獄につながれ、逮捕をまぬかれた指導者や一般の市民など多くのポーランド人がフランスへ亡命した。

　一七九五年にポーランドは最終的にロシア、プロイセン、オーストリアによって分割された。ポーランドはヨーロッパの地図から姿を消した。一七九五年から一九一八年にいたるまで、祖国を失なったポーランド人はロシア化やゲルマン化の政策に抗して彼ら自身の言語、文化を守り、多くの犠牲を払いながら民族解放運動の道を歩むことになる。

まず、一七九七年一月に、コシチュシコ叛乱の参加者ドンブロフスキ将軍が亡命地のイタリアで亡命軍人によるポーランド軍団を結成し、以後、ポーランド亡命軍人の多くは、フランス革命政府、そしてのちにはナポレオン帝政に忠節をつくし、これと運命をともにする。一八〇七年には、ナポレオンとロシアのアレクサンドル一世との間に条約が結ばれ、ワルシャワ公国が創設され、ザクセンのフリードリヒ・アウグストが公国君主となった。ポーランドの愛国者はナポレオンのもとで祖国の再生を夢みたが、一八一二年のナポレオンのモスクワ遠征の敗北によって、その夢もついえた。

ナポレオン体制の崩壊後、一八一四〜一五年のウィーン会議により、ポーランドはふたたびロシア、プロイセン、オーストリアの三国に分割された。ロシア領は、ナポレオン戦争以前よりも拡大され、オーストリア領のうちクラクフとその周辺は一八四六年まで自治共和国となった。ロシア領ポーランドは、ロシア皇帝を国王とするポーランド王国として自治があたえられることになった。プロイセン領でも、「ポズナン（ポーゼン）大公国」には、ポーランド貴族が総督として任命され、相対的自治が認められた。

一八三〇年夏のパリやブリュッセルでの革命に呼応して、同年十一月にワルシャワでポーランド人の叛乱がはじまった（十一月蜂起）。叛乱勢力は、チャルトルイスキを首班とする国民政府を樹立し、十カ月間、優勢なロシア軍を相手として戦ったが、内部の足並みは必ずしもそろわず、一八三一年九月に十一月蜂起は敗北のうちに終わった。その結果、蜂起参加者の大量逮捕と処刑、領地・財産の没収などが実施され、多くのポーランド人がプロイセン、フランスその他の西欧諸国へ亡命した。ポーランド王国の自治も削減された。その影響はプロイセン、オーストリア支配下のポーランド人にもおよび、自治が縮小されて、ゲルマン化政策が推進されることになった。

十一月蜂起ののち西ヨーロッパに亡命した人々のなかには、ポーランドのロマン派を代表するミツキェヴィチ（一七九八～一八五五）、スウォヴァツキ（一八〇九～四九）、クラシンスキ（一八一二～五九）などの詩人、ショパンのような音楽家、レレヴェル（一七八六～一八六一）のような学者もいて、ポーランド文化の名を高からしめた。また、ポーランドの民族解放運動に対してフランスをはじめとする西欧諸国で共感が高まった。

一八四八年のヨーロッパの革命、「諸国民の春」は、ポーランド人の胸にも新たな希望の灯をかきたてた。プロイセンのフリードリヒ・ヴィルヘルム四世は、ポズナン大公国に自治組織と軍隊を認める約束をしたが、それは革命の挫折後には反古《ほご》となった。オーストリア帝国支配下のガリツィアのポーランド人は慎重な態度をとり、ハプスブルク家に忠実な態度をとった。しかし、ハンガリー革命では、ベムやデンビンスキなど十一月蜂起に参加した多くの亡命軍人が軍事面で活躍し、ニコライ一世の送りこんだロシア軍と戦った。

一八四八年にみるべき動きのなかったロシア領のポーランド人は、新皇帝アレクサンドル二世の統治に期待をかけたが、その期待は裏切られた。だが、ロシア国内の農奴解放をめぐる社会の動揺、イタリアの統一運動などに力を得て、叛乱の組織化に着手した。そして、新兵の募集が引金となって一八六三年一月に叛乱が開始された(一月蜂起)。しかし、この叛乱も、予期された農民の大規模な参加が得られず、敗北によって幕を閉じた。

これ以後、それまでの武装蜂起による民族解放という理念は、一方で、ポーランド人の経済水準や文化水準の向上のための実際的な仕事、とくに経済活動に専念するという「実証主義《ポジティヴィズム》」の思想にとってかわられる。そして、三分割国において、この「実務の思想」をもとに実際に経済面でポーランド人は大きな成果をあげる。プロイセンにおけるゲルマン化の政策にポーランド人がよく抵抗しえたのもその一例である。その一方では、三分割国における労働運動、社会主義運動の発展にともない、当然ポーランド人労働者もその運動に参加した。やがて、二十世紀に入ると、ロシアの一九〇五年革命と一九一七年の二つの革命にポーランド人もまきこまれる。そして、第一次大戦における三分割帝国、ロシア、ドイツ、オーストリア・ハンガリーの敗戦によって、ポーランド人は、一世紀以上におよんだ異民族の支配を脱して、独立の悲願を達成した。ポーランド独立のさい軍事組織を率いて活躍したユーゼフ・ピウスツキは、建国の英雄となった。

さらにナチス・ドイツが一九三九年九月一日にポーランドを攻撃したとき、独ソ協定にもとづいてソ連はこれを背後から攻撃し、ポーランドを両国で分割した。ドイツ占領下でポーランド人はふたたび亡国の苦しみをなめたが、激烈な抵抗運動を展開した。その間に、スモレンスク郊外のカティンの森でソ連軍によって殺害されたと推定される四三〇〇のポーランド人将校の死体が発見されたこともあり、また、一九四四年のワルシャワ蜂起をヴィスワ川に迫ったソ連軍が「見殺しにした」というポーランド側の見方もあって、両民族の根深い敵意は、共通の敵であるナチス・ドイツとの戦いを通じても消えたとはいえない。それは第二次大戦後における社会主義建設期においても、両国の関係に暗い影を落としたまま、尾をひいていたといいうるであろう。

スラヴ・メシアニズムとパン・スラヴィズム

以上のようなロシアとポーランド両民族の関係を背景として、ロシア人とポーランド人はそれぞれ相手の民族に対するイメージを形成してきた。また、ロシア人、ポーランド人を含むスラヴ族全体について、思想家や文学者たちは、時代背景、個人的資質、社会環境などによってさまざまに異なるスラヴ民族観をつくりあげた。ここではそれを、他のスラヴ諸国におけるスラヴ観をも含めて、略述することにする。

ロシアにおいてもポーランドにおいても、広い意味でのスラヴ主義思想が十九世紀の二〇年代から三〇年代にかけて生まれるのは、十八世紀の啓蒙主義に対する反動としてのロマン主義の文学・思想の影響によるもので、ルソーの思想、ヘルダーのスラヴ民族観、シェリングの哲学などに直接・間接につながっている。しかし、共通しているのは一般的な前提であって、ポーランドとロシアではある意味で対照的な方向に発展する。

ポーランドの思想家で科学者のスタニスワフ・スタシツ(一七七五～一八二六)は、分割後のポーランドにおいて民族文化の維持のために努力したワルシャワの「学問の友協会」の指導者でもあった。彼は一八一五年に『ヨーロッパにおける政治的均衡に関する思索』において、「兄弟的な平等の基礎のうえに、大ロシア帝国内でのスラヴ人の同盟」を実現するよう呼びかけ、「そのようなスラヴ人の同盟は必然的にヨーロッパの連合をもたらし、戦争を不可能にする」と主張している。そして、このような任務を達成できるのは「ゲルマン族ではなく、スラヴ族、とくにポーランド人とロシア人」だけであるとも述べる。これは一種のスラヴ・メシアニズムであり、こういった思想は十九世紀のポーランドの哲学者にも受けつがれた。

また、ヴィルノ大学の歴史学の教授で学生時代のミツキェヴィチに影響をあたえ、一八三〇年の十一月蜂起の指導者のひとりとなり、亡命後も、政治活動、研究活動を続けたレレヴェルは、ポーランドの古いスラヴ人の村落共同体のなかに人間の真の自由と平等の理想を見出し、ポーランドの衰退は封建貴族とカトリック教会のもたらした異質の思想、社会的不正によるものとした。

しかし、なによりもポーランドの「メシアニズム」思想を西ヨーロッパの知識人にひろめ、自分自身その思想に殉じた詩人ミツキェヴィチほどにポーランドの解放運動のロマン派的性格を体現した者はいないであろう。彼はパリに亡命後、一八四〇年末から約三年半、コレージュ・ド・フランスに設けられたスラヴ語・スラヴ文学の教授として迎えられ、「スラヴ文学」の講義をした。彼はそこでスラヴ人の歴史を、専制権力による残酷で不寛容な支配を体現したロシアとそれに対するポーランド、チェコの抗争の歴史と定義し、個人の自由と宗教的寛容を政体の基礎とした西スラヴ人が、このアジア的・モンゴル的専制と西ヨーロッパの唯物主義を奉ずる近代国家との両者によって犠牲に供せられたのだとする。しかし、ナポレオンの精神を受けつぐフランスとの結びつき、カトリック教会の純化などを通じてポーランドは再生し、スラヴ族の中心となってヨーロッパを救うことになる、というのがミツキェヴィチの思想である。

ミツキェヴィチ

一八四八年には、ミツキェヴィチはハプスブルク帝国とロシア帝国に対して、イタリア人とともに戦うための義勇軍を組織した。そして、クリミア戦争の勃発で、西欧とロシアの対決が迫ったとみるや、ポーランド軍団を組織するためにイスタンブル（コンスタンティノープル）に赴き、そこで病死した。同じく、ロマン派の詩人スウォヴァツキとクラシンスキも、殉教者ポーランド、モンゴル的圧政者モスクワ・ロシアという図式を作品の中心にすえていた。こういったロシア像は、西欧において定着し、ロシア人は、人種的にもスラヴ人とモンゴル・タタール、フィン・ウゴル族との混血であって、純粋なスラヴ人ではないとする極論まで現われることになった。

ロシアでは、ピョートル一世以降の西欧化の流れに対する反動として、シェリングの哲学やドイツ・ロマン派文学の影響下に、西欧化以前のロシアの古い体制、農村共同体、東方正教会をスラヴの精神性の源泉とみなす思想が、一八三〇年代から四〇年代にかけて、いわゆる西欧派との論争をへて形成されてくる。それがロシアのスラヴ主義思想で、やがてそれは、ロシアがオーストリアやオスマン帝国の圧政下にある西スラヴ族や南スラヴ族の解放者としての歴史的使命を果たすべきであるというパン・スラヴィズムの思想へと転化する。

スラヴ人の言語や文化の共通性を重視し、その研究へむかったスラヴ主義者においては、スラヴ主義は文化的スラヴ主義ともいえるものであったのに対し、ポゴージンからダニレフスキイにいたるスラヴ主義（パン・スラヴィズム）思想は、西欧に対するロシアの精神的優位、政治上の膨張の必要性を強調する政治思想となった。そして、ロシアの精神性を支える東方正教会に対立する原理としてのカトリック教会と革命思想がともに否定され、ポーランドはまさにその両者の体現者、スラヴの裏切者として断罪された。ロシアにおけるパン・スラヴィズム思想が頂点に達するのは、オスマン帝国に対する南スラヴ族の叛乱が頻発し、一八七七〜七八年のロシア・トルコ戦争にいたる時期で、このときには、ドストエフスキイがその評論で激越なパン・スラヴィズム思想を展開した。

こういったスラヴ主義思想は、政治の面では、一八四八年の第一回スラヴ民族会議、一八六七年の第二回スラヴ民族会議となって具体化された。

チェコスロヴァキアとオーストリア・スラヴィズム

一六二〇年の白山の戦いにおける敗北ののち、政治・経済・文化のあらゆる面で後退し、ゲルマン化の波のなかで、チェコ語の使用さえ制限されていたチェコ人は、十八世紀の末からしだいに北部ボヘミアを中心とする工業発展の過程に組みこまれた。都市人口が増大するにつれて、経済・文化、とくに教育の水準が向上し、チェコ人の民族意識もめざめる。

スラヴ学の父ヨセフ・ドブロフスキー(一七五三〜一八二九)の『チェコ語と文学の歴史』『チェコ語文法』、ヨセフ・ユングマン(一七七三〜一八四七)の『チェコ語・ドイツ語辞典』『チェコ文学史』、スロヴァキアの出身であるが、チェコ語で著作を書いたパヴェル・シャファジーク(スロヴァキア語ではシャファーリク。一七九五〜一八六一)の『スラヴ諸語および文学の歴史』『スラヴ古代文明』、フランティシェク・パラツキー(一七九八〜一八七六)の『チェコ民族史』などはこのチェコ文化の発展を示す記念碑的労作であり、これらの著作がさらにチェコ民族の覚醒に拍車をかけ、チェコにおけるスラヴ主義の源ともなった。シャファジークと同じく、スロヴァキア出身であるヤン・コラールは、ロマン派の精神に即して書いた『スラーヴァの娘』やスラヴ諸語、文学の相互影響、共通性を述べた著作によって、文化的スラヴ主義を鼓吹した。

他方、ハンガリーの支配下にあって経済的にも停滞し、農奴として無権利の状態におかれていたスロヴァキア人の間でも、民族的自覚は進み、スロヴァキア人の自由と権利を求め、スロヴァキア文語を確立するための努力がリュドヴィト・シトゥール(一八一五〜五六)、ミハル・ミロスラフ・ホッジャ(一八一一〜七〇)、ヨセフ・フルバン(一八一七〜八七)などによって続けられていた。

このような状況のなかで、チェコ人もスロヴァキア人も一八四八年の革命を迎えたのであった。チェコ人たちは、パラツキー、ハヴリーチェク＝ボロフスキー(一八二一〜五六)など自由主義派の指導者を中心にプラハに結集して、ウィーン宮廷に対し、封建的負担の廃止、市民的自由の確立、ボヘミア、モラヴィア、シロンスク三州のボヘミア王国への統合と単一議会、独立の中央政府の樹立、チェコ語とドイツ語の平等などを要求した。ウィーン、ブダペスト、プラハ各地における革命の脅威におびえた皇帝は、これらの要求を受諾し、チェコ人は自治権を得た。しかし、革命派の内部には、ドイツ人とチェコ人の民族的対立、穏健派と急進派の対立があった。その間をぬって態勢をたてなおした保守勢力は、反撃に出て、革命勢力、改革派を破砕し、一八五〇年までにふたたび絶対主義体制に復帰した。

一八四八年六月にプラハでスラヴ民族会議が開かれた。これは主として、ハプスブルク帝国内のゲルマン化と、マジャール化政策に対抗するための帝国内の西スラヴ人、南スラヴ人の結集が目的であったが、帝国の枠を超えたスラヴ人の統一を訴えるパン・スラヴィズムの傾向も一部にはあった。フランクフルト国民議会の大ドイツ主義に反対して、公開書簡によって、チェコ人の民族的自立性を主張したパラツキーは、ドイツ人やハンガリー人とともに、平等の権利をもつスラヴ人がハプスブルク連邦国家を形成し、東のロシア帝国、西のドイツ人国家の二大国に対抗して、少数民族としての生存を擁護するという「オーストリア・スラヴィズム」を主張した。このオーストリア・スラヴィズムの思想は、十九世紀後半のチェコやクロアティアのスラヴ人政治家に深い影響をおよぼした。

一方、スロヴァキア人は、ハンガリー政府に対して、自治権を要求し、それが拒絶されたばかりか、彼らの運動に対する迫害が強化されたため、義勇軍を組織し、皇帝軍とともにハンガリー革命軍と戦った。しかし、革命の挫折後、スロヴァキアはふたたびハンガリー王国の一部となり、自治権も市民的自由も奪われたまま第一次大戦を迎えた。スロヴァキアの民族運動の指導者であったシトゥールが、晩年の『スラヴ民族と未来の世界』のなかで、全スラヴ民族のロシア帝政のもとでの統一というパン・スラヴィズムの思想を主張したのは、このときの苦い経験がもとになっている。また、スロヴァキア民族運動における親ロシア的傾向も一八四八年の革命の挫折に由来している。

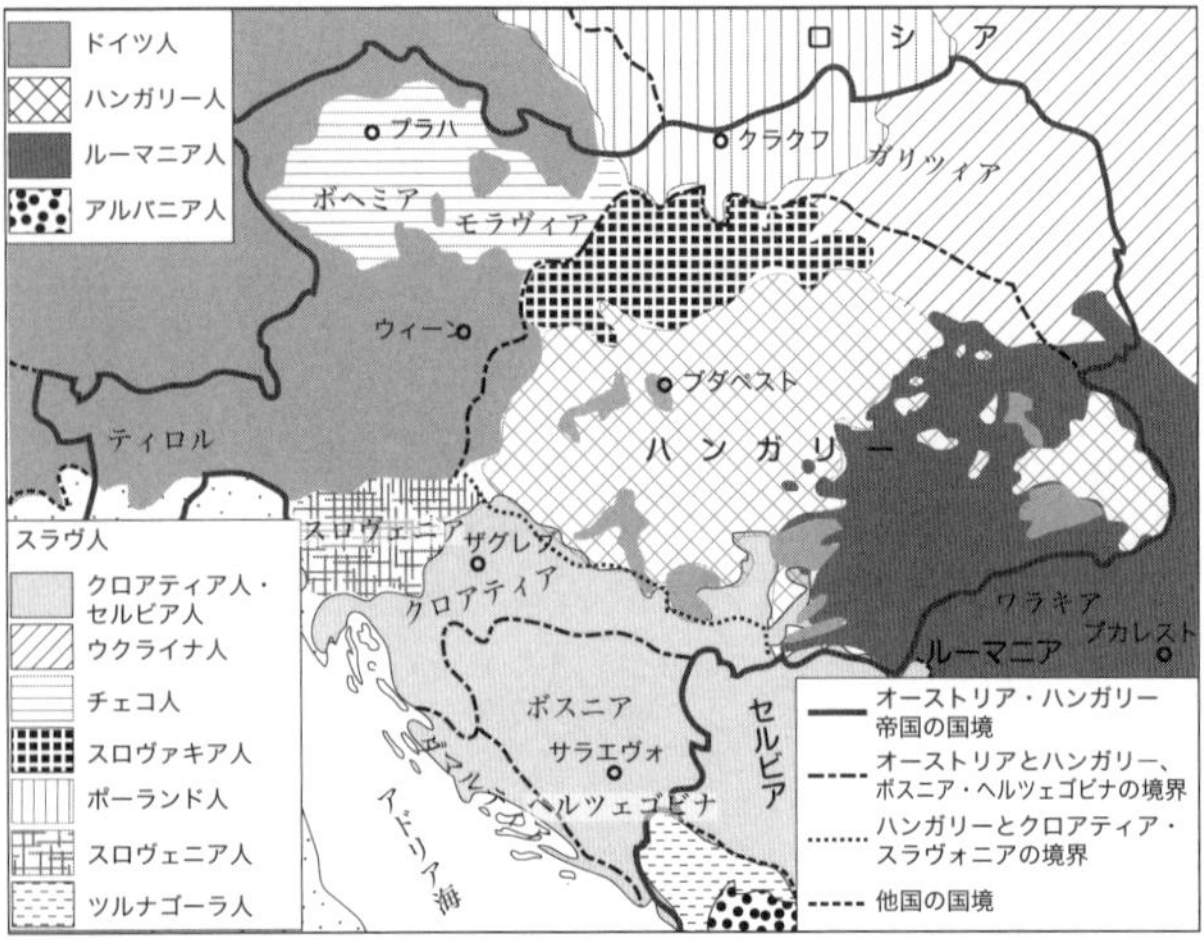

オーストリア・ハンガリー帝国の民族分布

一八六七年のアウスグライヒによるオーストリア・ハンガリー二重帝国の成立は、帝国内のスラヴ人の不満を高めた。ただし、オーストリアの地域ではガリツィアのポーランド人に相対的な自治権があたえられ、ポーランド人の支配層はウィーンに対して妥協、協力の態度をとった。しかし、被抑圧民族としてのウクライナ人は教育や信教の自由を要求し、ロシア帝国への併合を望む傾向が強かった。

　アウスグライヒののち、チェコ人はドイツ人中心の帝国議会に抗議して、一八八〇年まで議会をボイコットした。しかし、チェコ人地域の経済発展は急速に進み、学術、芸術、教育など文化のあらゆる面でめざましい成果をあげ、チェコ人中産階級はドイツ人を抑えて指導的地位を占めるにいたった。一八八〇年には、ボヘミア、モラヴィア両州に言語令が発布され、行政面でのドイツ語とチェコ語の平等が認められた。チェコ人の進出を恐れるドイツ人の間には、ビスマルクのドイツ帝国との併合を望むパン・ゲルマニズムの志向も生まれ、とくにズデーテン地方のドイツ人の間にその傾向が強く、第一次大戦から第二次大戦にかけての紛争地域となった。

第一次大戦の初期、クラーマシュをはじめ親ロシア派の政治家はロシアの勝利に望みをかけたが、この期待は裏切られた。しかし、チェコ人をはじめ、帝国内のスラヴ人は消極的抵抗によって戦争に非協力の態度を示した。中欧諸国側の敗色が濃くなるとともに、前線では兵士の脱走が続き、ロシアに投降したチェコ人とスロヴァキア人は約五万人の軍団を構成して、一九一七年から一八年にかけて、ドイツ軍、のちに赤軍を相手に戦った。

一九一八年、チェコ人とスロヴァキア人は統合してチェコスロヴァキア共和国をつくった。トマーシュ・マサリク(一八五〇～一九三七)が共和国大統領に選出された。チェコスロヴァキアは、チェコ地方を中心に経済的に発展をとげ、民主的議会制をもつヨーロッパ有数の工業国となった。しかし、一九三八年のミュンヘン協定によりナチス・ドイツはチェコスロヴァキアを分断し、翌年には占領した。ナチスに対する抵抗運動は激しく、スロヴァキア地方では熾烈なパルチザン戦が展開された。

解放されたチェコスロヴァキアは、一九四八年の政変を境に共産党が主導権を握る人民民主主義国となり、一九六〇年には社会主義共和国となった。一九六七年から六八年にかけての民主的改革の進展は、ワルシャワ条約機構軍の侵入によって阻まれたが、その後も、経済的・文化的に進んだ社会主義国としての地位を維持した。

クロアティアと「イリュリア運動」

南スラヴ人の大部分は、民族解放運動がヨーロッパで急速に発展する時期に、二つの国で被支配民族として生きていた。すなわち、北半分のスロヴェニア、クロアティア、スラヴォニア、ハンガリーの南部ヴォイヴォディナ、ダルマティアに住むスロヴェニア人、クロアティア人、一部のセルビア人はハプスブルク帝国の支配下に、南半分のボスニア、ヘルツェゴヴィナ、セルビア、マケドニア、ブルガリアに住むセルビア人、マケドニア人、ブルガリア人は、トルコ人、アルバニア人とともにオスマン帝国の支配下にあった。また、南スラヴ人はカトリック、東方正教、イスラム教の三つの宗教を保持していた。そこで、当然十九世紀の民族意識の覚醒の時期においても、各地域において民族解放運動は、多様な形をとることになった。

南スラヴ人の運動には、十八世紀のピョートル一世以来の積極的な南進政策、また一八六〇年代のパン・スラヴィズムの運動、そして、バルカンへのロシアの進出にともなう数次のロシア・トルコ戦争の結果が大きな影響をおよぼしている。同じ東方典礼のキリスト教徒であり、スラヴ人であるという同胞意識はこの時代の南スラヴ人のロシアへの態度を決定していたといえるであろう。

そういった南スラヴ人のパン・スラヴィズム思想の先駆者が、十七世紀のクロアティア出身のカトリック神父で、イエズス会士のユライ・クリジャニチである。彼は、南スラヴ人、正教徒のセルビア人の間で布教活動に従事したのち、ポーランド、ロシアに派遣され、ロシア宮廷に仕えるために自らロシアに赴いた。一時期シベリアのトボリスクに流刑になっていたこともある。彼は、オスマン帝国支配下の南スラヴ人の解放、そして全スラヴ族の統一がロシア皇帝のもとになされるべきであるとの覚え書をツァーリに提出し、また『政治論』(一六六五)その他の著作でもこの考えを述べた。

クロアティアでは、一八〇五年から一三年にかけてのナポレオンによる「イリュリア諸州」の創設が、狭いクロアティアの枠を超えた南スラヴ人の統合、結集をめざす思想や運動にはずみをあたえた。一八二八年にグラーツに「イリュリア・クラブ」が生まれ、それに参加したリュデヴィト・ガイ(一八〇九~七二)は、チェコのコラールやシャファジークにも影響されて、一八三一年からザグレブで、南スラヴ人の結集、南スラヴ語の統一をめざす「イリュリア運動」を展開した。彼は『クロアティア・スラヴォニア語正書法の基礎』を書き、また『イリュリア国民新聞』を発行したりして、南スラヴ人の統一を訴えた。イリュリア運動の影響下に、民謡、民族衣裳など、民衆芸術の研究が盛んになった。

イリュリア運動は、スロヴェニアにはある程度影響をおよぼしたが、セルビア人やブルガリア人には受け入れられなかった。それは、後期のイリュリア運動そのものが、クロアティア人を中心とする南スラヴ人の結集という「大クロアティア主義」へと変質していったからであった。

その後、クロアティアの民族運動には、絶えずこの「大クロアティア主義」が一部に底流としてあり、それはときとして反セルビア感情となって、クロアティア地域のセルビア人にむけられ、また「大セルビア主義」と衝突した。しかし、セルビアが十九世紀に自治公国から独立王国へと政治的発展をとげる過程で、一八七〇年代にはクロアティア人の間でも、カトリック教会と東方正教会という信仰の違いを克服して、南スラヴ人の統一国家を建設すべきであるという「ユーゴスラヴィア(南スラヴ国)主義」が、強い潮流となった。その主張者のひとりシトロスマイエル司教は、一八六七年にはザグレブに南スラヴ芸術アカデミーを創設し、七四年には南スラヴ人のための大学を創立した。アカデミーは、クロアティア詩人叢書や南スラヴの古い記録文書を刊行し、文学や歴史研究の発展に寄与した。

ハンガリー南部のヴォイヴォディナには、イスラム教徒の支配を逃れてきた多くのセルビア人が住み、彼らはオスマン帝国内のセルビア人の運動をさまざまな形で援助した。啓蒙主義思想家で作家のドシテイ・オブラドヴィチ(一七四二〜一八一一)も、この地方の出身で、のちにセルビア公国の初代文部大臣となり、ベオグラードに中等学校を創立した。

セルビアの発展

セルビアとクロアティアの文化に大きな足跡を残したセルビアの農民出身の言語学者ヴーク・カラ

ジッチは、スロヴェニア出身の言語学者コピータル(一七八〇~一八四四)の指導と協力のもとで、セルビア語の文法書を書き、発音に忠実な正書法を定め、辞書を編纂した。そして、セルビア語とクロアティア語の両者に共通の文語を、東ヘルツェゴヴィナ方言をもとに定めた。そして、一八五〇年にクロアティア人とセルビア人が協定を結び、この文語を両者が承認した。以後、このセルビア・クロアティア(セルボ・クロアート)文語が両民族の言語文化の共通の基礎となった。

オスマン帝国支配下の南スラヴ人のうちで、ツルナゴーラ(モンテネグロ)公国は、ときとして名目的にオスマン帝国の臣従国となることはあっても、絶えず反抗をくりかえし、トルコ軍を峻険な地形を利用して撃退し、実質的に独立を維持していた。ピョートル一世の時代以降、ロシアと密接な関係を結び、バルカンにおけるロシアのもっとも忠実な同盟国となっていた。一八五八年にトルコ軍に対して勝利を得、トルコに独立を認めさせた。そして、一八七八年のベルリン会議でヨーロッパ列強によっても独立国としての地位を認められた。以後、第一次大戦後にユーゴスラヴィアに統合されるまで、セルビア王国の忠実な同盟国となった。

ボスニアおよびヘルツェゴヴィナは、バルカン地域への領土の拡大をめざすオーストリアの政治的野心の対象となっていた。一八七五年のこの地方の叛乱は、バルカン全域の動乱のきっかけとなった。その結果、ベルリン会議でオーストリア・ハンガリーによる占領、統治が認められた。そして一九〇八年、同国はロシアの了解のもとにこの地域を併合した。以後、憤激したセルビア人の民族運動が激化し、ボスニアのサラエヴォは、第一次大戦勃発の発火点となった。

トルコのイェニチェリ（近衛歩兵）の暴虐に対する民衆の怒りからはじまったセルビア人の叛乱（一八〇四〜一二）は、初期にはイェニチェリをもてあましたオスマン政府の暗黙の了解を得ていた。しかし翌年、指導者カラジョルジェ（ペトロヴィチ）の招集した集会《スクープシチナ》が、オーストリアの保証のもとでのセルビア人の自治を要求するにいたって、叛乱は、オスマン帝国の中央権力に対する武力闘争に転化した。期待されたロシアからの実質的な援助は十分に得られないまま、一八〇六年から一二年にかけての対ロシア戦争にトルコ軍の兵力が割かれているのを利用して、セルビア人は、国土の大部分を自力で解放した。オスマン帝国側はセルビア人の自治組織を認めたが、彼らはこれに満足せず、交渉を続けた。しかし、オスマン帝国の攻撃でベオグラードはふたたび占領され、叛乱は失敗に終わった。

しかし、ミロシュ・オブレノヴィチの指導下での二回目の叛乱（一八一五〜一七）は成功し、オスマン帝国の宗主権のもとでのセルビア自治公国が認められた。以後、セルビア公位はオブレノヴィチ家とカラジョルジェヴィチ家の間で争われることになり、政情不安が絶えなかった。オブレノヴィチ家は、親オーストリア政策をとり、親ロシア感情の強いセルビア民衆としばしば対立した。一八七六年、セルビアはボスニアの叛乱を支持して、オスマン帝国に宣戦するが、敗北し、ロシアの外交的介入によって危機を脱する。しかし、翌一八七七年、ロシア・トルコ戦争にルーマニア、ツルナゴーラとともに参加し、戦後、完全な独立を承認され、領土も拡大した。セルビアは一八八二年に王国となった。

そして一八八五年、ブルガリアが東ルメリアを併合すると、セルビアはブルガリアに宣戦を布告したが、敗北した。このときも、ロシアとオーストリア・ハンガリーの調停によって平和が回復された。一九一一年から一二年にかけて、セルビアはブルガリア、ギリシア、ツルナゴーラと同盟を結び、一二年にオスマン帝国に宣戦を布告し、短期間に勝利を得た（第一次バルカン戦争）。しかし、セルビア

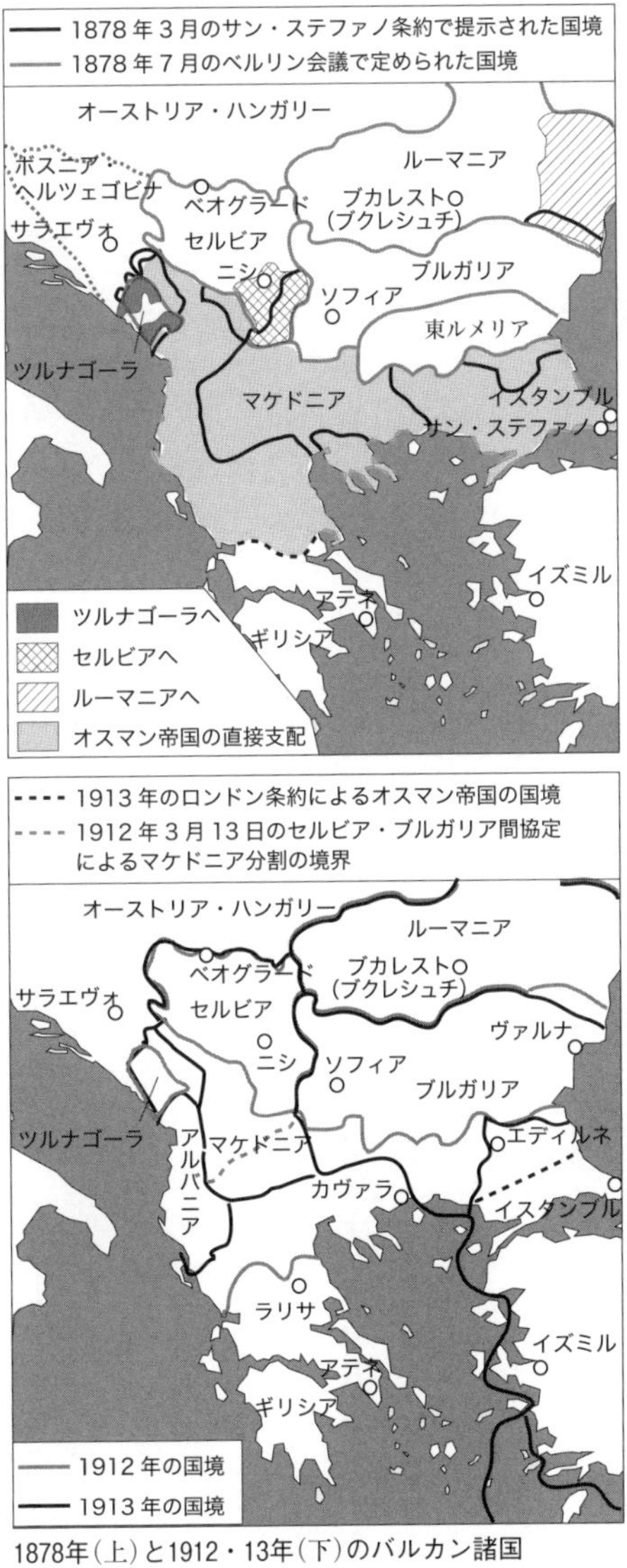

1878年（上）と1912・13年（下）のバルカン諸国

はマケドニアの領有をめぐってブルガリアと対立し、ギリシアと結んで翌一九一三年にブルガリアと戦った(第二次バルカン戦争)。そしてセルビアは勝者となり、マケドニアの北部および中央部を得た。こうしてセルビアとブルガリアの間には、マケドニアをめぐって深い対立、敵意が生じ、第一次大戦、第二次大戦において、両国が敵対する原因のひとつとなった。

セルビアは、第一次大戦後にツルナゴーラおよびオーストリア・ハンガリー帝国内の南スラヴ族とともに、「セルビア人・クロアティア人・スロヴェニア人王国」(のちにユーゴスラヴィア王国)の構成部分となった。両大戦間期には、セルビア中心主義に対する他民族、とくにクロアティア人の反対が激しく、一九四一年のナチス・ドイツの侵入以後、クロアティアは独立国となってファシスト政権がつくられた。

ブルガリアの独立とマケドニア問題

オスマン帝国の支配のもとで、ブルガリア人は、十八世紀の後半から徐々に民族意識にめざめてきた。全体としての経済的発展は停滞していたが、ロシア、オーストリアの対トルコ貿易に従事するブルガリア商人がバルカン諸地方や南ロシアの都市に進出していた。とくに、ワラキア、モルドヴァの二公国の諸都市とオデッサには、ブルガリア人の居住地区さえあった。

十八世紀後半、アトス山の修道士パイシイ・ヒレンダルスキの『スラヴ・ブルガリア史』は、中世ブルガリア帝国の栄光をブルガリア人に想起させた。ブルガリア人の民族運動は、まず教会組織と学校教育の分野でのギリシア人の独占的支配を排除するための運動として展開された。一八三〇年代から七〇年代にかけて、ブルガリア人は、ブルガリア語による教育を行なう学校を各地に設立し、学校網の普及は急速に進んだ。他方、一八六〇年に、ブルガリア教会は独立を宣言した(はじめロシアは、正教徒間の争いを避けるため、ブルガリア人を支持しなかったが、のちには承認した)。

オスマン帝国の支配に対する自然発生的な反抗は、ハイドゥティ(義賊団)の活躍や農民叛乱の形をとり、それは十九世紀に入ってしだいに激しさを増した。一八五〇年代にバルカンへの進出を望むロシアの支持のもとにブルガリア人の解放運動の組織化が進んだ。ブルガリア人は、ロシアとセルビアの援助を受けながらも、彼らの政治的意図とは一定の距離を保ち、民衆自身の武装蜂起による解放運動へ進んだ。ラコフスキ(一八二一〜六七)、レフスキ(一八三七〜七三)、ボテフ(一八四九〜七六)らは、いずれもこの戦術をとる急進派の指導者として活躍した。そして、一八七五年のボスニア・ヘルツェゴヴィナの叛乱、セルビア、ツルナゴーラの対オスマン帝国宣戦のあとを受けて、七六年四月にブルガリアの民衆蜂起がはじまった。しかしトルコの軍事力の優勢、蜂起側の準備不足のために蜂起は失敗し、ルーマニアから進撃したボテフは戦死し、ブルガリア人約三万人が殺された。とくにバタクの虐殺は全ヨーロッパ世論の憤激をまねいた。

ロシアは一八七七年にオスマン帝国に宣戦を布告し、オスマン帝国は敗北した。一八七八年のサン・ステファノ条約で、ブルガリアは黒海、エーゲ海にいたるトラキア、マケドニアの広い領土を得、自治公国として承認されることになった。しかし、ブルガリアの領土拡大をロシア勢力の進出として恐れるイギリス、オーストリア、ドイツなどの列強の圧力により、六月のベルリン会議で、ブルガリアの領土は三分の一に削減された。

一八七八年から第一次バルカン戦争にいたるまで、マケドニアの解放をめざすマケドニア内部革命組織（ＩＭＲＯ）、その他の組織がつくられ、サン・ステファノ条約で得た領土の回復を意図するブルガリアも、マケドニアへの領土拡大をねらうセルビアおよびギリシアも、それぞれ武装組織を送りこみ、それにイスラム教徒およびトルコ人、アルバニア人の武装勢力も加わって、果てしない流血の争いがマケドニアを舞台に展開された。そして、第一次、第二次バルカン戦争の結果、マケドニアの主要な部分はセルビア領となり、南部はギリシア領となった。

セルビアに対立するブルガリアは、オーストリア、ドイツなど中欧諸国に接近し、第一次大戦ではドイツ、オーストリア側に立って参戦し敗戦国となった。第一次大戦後、国内情勢は激しい変動をみたが、第二次大戦中にはナチス・ドイツの勢力圏内に入った。しかし国民の親ロシア感情の強さを考慮し、ブルガリア政府は対ソ戦には参加しなかった。第二次大戦後は、東欧社会主義圏の一国となったが一九八九年に民主化された。

6　オスマン帝国とスラヴ民族

パクス・オトマニカ

北西アナトリアのビザンツ帝国との国境にオスマンと名乗る人物に率いられた一群の人々がいた。彼らは、十世紀ごろにはまだ中央アジアのシル川北方のステップ地帯にいた、オグズと総称される部族連合に属する遊牧民の末裔である。オグズ族は、その後南下して、イランを中心にセルジューク朝（一〇三八〜一一九四）を樹立し、一〇七一年のマラーズギルト（マンジケルト）の戦いでビザンツ軍を撃破すると、大挙アナトリアに移住した。オスマンに率いられた人々も、そうしたオグズ族トルコ人たちの一部であった。一二九九年にオスマンが、アナトリア中央部のコニヤを首都とするルーム・セルジューク朝（一〇七七〜一三〇八）から独立して王朝を創設すると、オスマン朝（一三〇〇ごろ〜一九二二）は、その子オルハンの時代には早くもバルカン半島に進出し（一三五四年）、マリッァ川、ストルマ川、ヴァルダル川に沿って北進し、一三八九年にはコソヴォ平原においてセルビア人を主体とするバルカン連合軍に大勝して、バルカン支配の足場をきずいた。

オスマン朝のこの躍進の原動力となったのは、九世紀以来イスラム世界において軍人として活躍したトルコ系のガーズィー（イスラムの信仰戦士）であったが、バルカン側にもオスマン朝の進出を許す事情があった。まず、ビザンツ帝国の衰退、中世ブルガリア帝国(第二次)およびセルビアのネマニャ朝などの崩壊の結果、バルカンを統一してトルコ人に抵抗するための強力な政治権力が存在せず、それぞれに自立した封建領主層が相互に対立していたことがあげられる。また、これら封建領主や修道院の圧迫に苦しむ農民層の間では、トルコ人の進出に、むしろ「解放」を期待する気運が存在したことも指摘されている。

コソヴォの戦いは、戦後スルタン(ムラト一世)がセルビア人に暗殺されるなどの話題をおりこみ、長くセルビア人の間に語り伝えられることになるが、その後、オスマン朝は十五世紀を通じてその勢力圏をギリシア、アルバニア、ボスニア、ワラキア、モルドヴァなどへと拡大し、十六世紀初頭にはハンガリーがオスマン朝の領有に帰した。この間に、コンスタンティノープル(現イスタンブル)を攻略(一四五三年)して首都と定め、東方ではアナトリアを統一し、エジプトを征服(一五一七年)してオスマン帝国はイスラム世界の盟主となり、紅海、地中海、黒海に制海権を樹立した。

その結果、バルカン半島は、強大なオスマン帝国の内懐に抱かれ、久しい間失われていた政治的安定を回復し、パクス・オトマニカ(オスマンの平和)のもとに新たな歩みをはじめることになったのである。

バルカンのトルコ化とイスラム化

そうはいっても、オスマン朝のバルカン進出当初は、異民族と異文化との支配に対する恐怖から、混乱が生まれたことも事実である。それを象徴するのが、バルカン諸民族の人口移動である。これには大別して二つの流れがある。そのひとつはバルカンから東欧や中欧への人口流出であり、いまひとつはバルカン内部における人口移動である。人口流出の例としてはギリシア人の中欧、南ロシアへの移住、アルバニア人のイタリアへの逃避などがあげられる。南ロシア方面に移住したギリシア人は、十八世紀以降、資本主義の洗礼をいちはやく受けて、オデッサを中心に民族独立運動の先頭に立つことになる。人口移動の例としては、セルビア人の北上、南ハンガリーへの移動があげられるが、それによって空白となったコソヴォ地方には、イスラム化したアルバニア人が流入し、のちのユーゴスラヴィアにおけるコソヴォ・メトヒヤ自治州を形成し、かずかずの問題を起こすこととなる。また、キリスト教徒住民の多くが都市を退去し、農村や山間部に移動した結果、都市はムスリム（イスラム教徒）による地域支配の拠点となり、キリスト教徒が多数を占める農村部と対峙した。

ところで、バルカン諸民族はトルコ人の進出をけっして手をこまねいて傍観していたわけではない。なかでも、アルバニアのスカンダル・ベグ、ハンガリーのフニャディ・ヤーノシは、しばしばオスマン軍に苦杯を飲ませたことで知られており、それぞれの国では民族的英雄とされ、小説や民衆詩の主人公として親しまれている。またセルビア人の間では、さきに述べたコソヴォの戦いが忘れられぬ屈辱として人びとの心に刻まれており、そのうっぷんはトルコ人を恐れぬ豪傑、マルコ・クラリェヴィチの英雄譚《たん》を生んだ。変わったところでは、「串刺し公」ないし「ドラキュラ」(竜の子ないし悪魔の子の意)と呼ばれたワラキアのヴラド四世である。ヤーノシの死後、彼は、反帝国の先頭に立ってコンスタンティノープルの征服王メフメト二世に対して手ごわくたちむかい、オスマン帝国のルーマニアに対する直接支配を許さぬ伝統をきずいた。果断でときとして残虐な彼の性格と、ルーマニアの吸血鬼伝説とを巧みに結びつけて生まれたのが、ブラム・ストーカーの怪奇小説『吸血鬼ドラキュラ』である。ヴラド四世もまた、ルーマニアでは民族的英雄であることには変わりない。

オスマン帝国は、果敢に抵抗する封建領主に対しては仮借なき戦いをいどみ、これを没落させてその領土を没収した。その結果、バルカンにおける封建領主領や修道院領の多くは消滅し、農民はそのくびきから解放された。しかし一方では、オスマン帝国は、その支配を許容する態度を示したり、あるいは積極的に協力する小封建領主や名望家たちを味方にひきつける必要上、彼らをスィパーヒーにとりたてることをためらわなかった。しかもその場合、イスラムに改宗することを強要されなかったから、彼らはオスマン帝国史上に、「キリスト教徒スィパーヒー」としてその名を残すことになった。

こうした現実的・保守主義的政策の結果、征服当初の一時的混乱期を除くと、オスマン帝国の支配は徐々にバルカン半島に浸透し、そのトルコ化、イスラム化が進行した。注意すべきことは、バルカンのトルコ化、イスラム化には地域によって二つの顕著な特徴がみられることである。第一は、ブルガリア、ギリシア、およびセルビアの一部などでは、アナトリアからトルコ人が大挙移住し、トルコ人の手によって直接、トルコ化、イスラム化が進んだことであり、第二は、ボスニア、ヘルツェゴヴィナ、中部アルバニア、セルビアの一部などのように、異端のボゴミル派に属する人びとや小封建領主など、現地のキリスト教徒住民が改宗したためにイスラム化が進んだ地域である。前者の地域においては、オスマン帝国が消滅しトルコ人がアナトリアへとひきあげるとともに、イスラム文化もまた忘れ去られつつあるのに対して、後者の地域は、今日なお多数のムスリムが住み、バルカンにおけるイスラム文化の中心としての位置を維持している。

トルコ・イスラム文明の性格

十九世紀の西欧史学は、オスマンとこれに従う人びとを「素朴な」遊牧民集団と決めつけ、オスマン朝の建国と発展とは、イスラムに改宗したアナトリアのギリシア人からなる「オスマン人」の力によるところが大きいとし、オスマン朝は、したがって、イスラムの外形をまとった「ネオ・ビザンツ帝国」にすぎないと主張した。しかし、それから一世紀を経過した今日、われわれはそうした見解が、当時優勢であったヨーロッパ至上主義的見方にすぎないことを知っている。

オスマン朝は、トルコ系ガーズィーの武力を起爆力としてはいたが、バルカンのトルコ化、イスラム化を進めるうえではこのほかに、イスラム神秘主義教団の長老、職人的同信組織の指導者アヒーなどさまざまな人びとの役割がみられた。また、バルカンとアナトリアを統一してからは、イスラム世界各地から、行政官、学者、文人、芸術家、商人、職人など多彩な人びとが参加し、その結果、オスマン朝はコスモポリタンなイスラム世界帝国へと発展したのである。たしかに、オスマン帝国におけるビザンツおよび中世スラヴ文化の影響を無視することはできないが、ここではむしろ、オスマン帝国支配がバルカンのスラヴ諸民族におよぼした影響という視点から若干の問題点を指摘しておこう。

いうまでもなく、イスラムは、七世紀初めに予言者ムハンマドによって創始されて以来オスマン帝国にいたるまでに、すでに長い歴史をもち、九世紀にはイラクのバグダードを中心にイスラム文明の爛熟期を迎えている。オスマン帝国は、いわばこうしたイスラム文明に、内陸アジアの遊牧騎馬民の若い血をそそぎ、これを活性化したものにほかならない。ここでだいじなことは、イスラムはけっして砂漠の宗教ではなく、その文明も得体の知れぬものではない、ということである。イスラム文明とはその特徴を一言でいえば、都市的・商業的文明である。そのことは最盛期のバグダード(九〜十世紀)の人口が一五〇万を数えたといわれることからもおのずから理解されよう。この時代、バグダードには「知恵の館」と呼ばれる学術センターが建設され、そこでアリストテレスやプラトンなどの著作がアラビア語に盛んに翻訳されたばかりでなく、インドや中国の文明をもとり入れたうえで、さらに高度な独自のイスラム文明が形成されたのである。これを文明史全体の脈絡に位置づけてみれば、イスラム文明は、古代オリエント、古典ギリシア・ローマなどの古代文明を摂取・継承し、それを独自な形にまとめあげたものであるということができよう。十三世紀のスペインでアラビア語からラテン語への翻訳が盛んに行なわれた事実は、ヨーロッパがイスラム文明を学習する過程であったことを示しており、それは十六世紀まで続くことになる。

十六世紀ないしルネサンス期以降、ようやく独自な歩みをはじめたヨーロッパが、それ以前の「中世」を暗黒時代として否定し、いわゆる古典ギリシア文明の「復興」を唱えたとき、否定されたものはただたんに中世ヨーロッパだけではなく、同時に自ら学習したイスラム文明をも意識的ないし無意識的に捨て去ることにより、古代文明の唯一の継承者としての「近代ヨーロッパ文明」を誇示することになったのである。しかもさらに都合の悪いことは、こうした近代ヨーロッパ至上主義が、いわゆる「近代化」の過程を通じて非ヨーロッパ世界にも深く根をおろしてしまったことである。

以上のような視点からオスマン帝国のバルカン支配を眺めるならば、これを「野蛮な」トルコ人ないしムスリムによる暗黒時代とする見方は、近代ヨーロッパ的偏見にほかならないことを知るであろう。したがって、近代ヨーロッパに含まれるとはいいがたいバルカンのスラヴ諸民族がそれをいうとき、それはバルカンのスラヴ民族独自の見方ではなく、近代ヨーロッパ側の偏見によって歪められ主体性を失った見方にすぎないといえよう。

オスマン帝国は、しばしば「完成されたイスラム国家」などと呼ばれている。それは、オスマン帝国のスルタンがイスラム世界の盟主たるカリフ(予言者ムハンマドの代理人)の権限を併合したことにもよるが、それればかりではなく、アッバース朝(七五〇～一二五八年)時代にササン朝ペルシアやビザンツ帝国の影響を受けて成立した官僚機構をさらに整備して、強力な中央集権的官僚機構をつくりあげたことによるところが大きい。この過程においてオスマン朝が、あらためてビザンツ帝国の影響を受けたことは想像にかたくないが、以下にイスラム文明史の脈絡で二つの点について指摘しておきたい。

第一の点は、バルカン史のうえで「血税」と呼ばれて悪名の高いデヴシルメ制度である。これはバルカンのキリスト教徒諸民族の子弟を何年かに一度、必要に応じて強制的に徴用し、ムスリムに改宗させたうえで、イェニチェリ(近衛歩兵)などの軍人に育てあげる制度である。この制度は、早く八世紀の中ごろからアッバース朝において、中央アジアやカフカズにあってまだイスラム化、都市化していないトルコ系遊牧民、クルド人などを奴隷商人を通じて購入したり、戦争捕虜として捕獲したのち、これを奴隷軍人として育てあげることに端を発したアラブの「マムルーク」の制度を受けついだものにほかならない。

オスマン帝国ではこれを制度化したうえで、これら軍人候補者たちのなかから優れた者を、宮廷侍従および官僚として多数登用したため、本来トルコ系王朝であるこの国家の官僚機構の中枢は、バルカン諸民族にエスニックな出自をもつ人びとによって占められることになった。ここで、「奴隷」という用語は、しばしば誤解を生みがちであるが、官僚層はもちろんのこと、イェニチェリらの軍人もまた、オスマン社会では、れっきとした支配エリート層に属することを忘れてはならない。したがって、複雑な民族構成をもつオスマン帝国では、支配エリート層は、自分たちを被支配層と区別するために、洗練されたオスマン・トルコ語を話し、宮廷作法、行政実務に通じ、都市的文化を共有する人間を意味する「文化的概念」として「オスマン人」と呼んだのである。そのなかに多数のバルカン諸民族出身者がいたことはいうまでもない。このように民族的出自や文化的相違を意に介せず、被支配諸民族をその能力に応じて積極的に利用する機能主義は、遊牧騎馬民による征服王朝の伝統でもあったのである。

第二の点は、ムスリムをも含めて、人をそれぞれの所属する宗教・宗派による宗教共同体レベルで識別し、その内部自治を認める制度である。これもまた、ユダヤ教徒、キリスト教徒を「啓典の民《ズィンミー》」として自治を認め、保護を加えるイスラムの伝統を継承したものにほかならない。この制度は、バルカン史やシリア史などのうえで、諸民族間の融合を遮断して孤立させ、複雑な民族問題を今日まで存続させた悪政として批判されているが、「民族」という概念の存在しない中世に近代的概念をもって批判を加えることには問題がある。このズィンミー「制度」のもとで、キリスト教徒諸民族が「剣かコーランか」式の改宗を強要されて「ムスリム」一般に溶解されることなく、民族的アイデンティティを維持し、自治を享受することができた側面にむしろ目がむけられるべきであろう。

ティマール制下のバルカン社会

ティマール制とは、出征義務を遂行するかわりに、「封土」（ハス、ゼアメト、ティマールの三段階に分けられる）からの徴税権をあたえられた「騎士」スィパーヒーを中核とする軍事的・社会的体制で、アラブのイクター制やビザンツのプロノイア制を受けついだものである。ただし、ティマール制はイクター制などよりも国家的統制を強く受ける面があった。それは同じトルコ系のセルジューク朝のように、イクター制の担い手であったマムルーク軍人が軍閥化して王朝の崩壊をまねいた、過去の苦い経験があるからである。したがって、スィパーヒーは、ヨーロッパ封建制における封建領主のような領域的支配や領主裁判権を行使しうる存在ではなく、基本的には、たんなる徴税官にすぎなかった。

バルカンにおけるオスマン支配の拠点は都市であったが、ここには宮廷や中央からデヴシルメ出身の軍政官が派遣されて、行政、徴税、治安維持を担当したが、裁判権は中央の大法官（カザスケル）に直属するカーディ（イスラム法官）が掌握していた。カーディは行政の重要な部分に対しても発言力をもっており、この面からみても、軍政官は大封建領主として地方社会に君臨する存在などではありえなかった。

伝統的なイスラム都市では、職人や小商人たちの間にはフトゥワと呼ばれる同信的組織があって、イスラムの宗教組織のいまひとつの面である神秘主義諸教団（ベクタシー、ナクシバンディなど）の長老の精神的・道徳的影響のもとに、ある程度の自治を認められていた。オスマン帝国ではこの組織は、

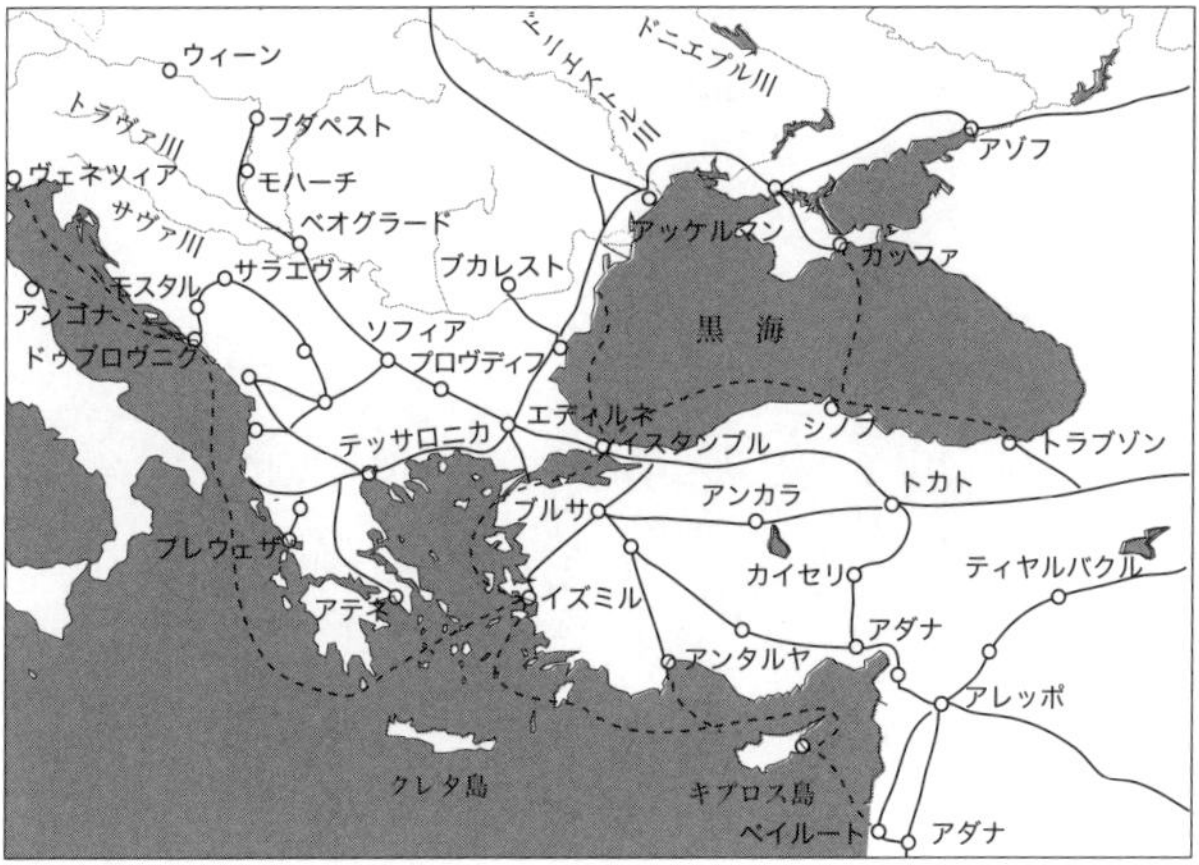

16世紀のアナトリア－バルカンの交易ルート

ヨーロッパのギルドに近い職能集団に発展していたが、その反面、カーディや市場監督官（ムフテスィプ）を通じて国家的統制の手がおよんだ。

国境がドナウ川に沿って北西にのびたことにより、首都イスタンブルと国境とを結ぶ軍用道路や商業路が発達した。これらはエディルネを接点として、バルカン右道（黒海に沿って北上）、中道（今日のプロヴディフ―ソフィア―ニシ―ベオグラード―ブダペスト）、左道（テッサロニカからアドリア海にいたる古代ローマのエグナティア街道）の三道を中心に、たとえば、サラエヴォ―モスタル―ドゥブロヴニクなどの枝道も発達した（図参照）。したがってこれらの街道筋にあたる諸都市が発達し相互に結びつけられた。そのもっとも典型的な例はサラエヴォである。オスマン支配以前には小さな寒村であったこの町は、一五二一年にフスレヴ・ベグと名乗るボスニア出身のデヴシルメ官僚（レディヴォエ伯爵の甥)が軍政官として派遣されて以来、急速に発展し、オーストリア方面との国境の町として、またモスタル経由でアドリア海にいたる商業中継都市として、さらに近郊に産する銅を利用した手工業都市として重要性を獲得した。

ところで、伝統的イスラム社会において、都市生活や交通に必要な宗教的・社会的諸施設は、国家がつくるのではなく、支配層に属する人びとが個人的浄財を投じてつくるのが一般的であった。これをワクフ制度というが、オスマン王家の一員や官僚層はこの制度を継承して、各都市にモスク、学校、病院、救貧院などをつくり、また道路、橋、給水施設などによって旅の便宜を確保すると同時に、公衆浴場、隊商宿、店舗などを建設して、これらの維持に必要な経費としてその収入を寄進した。都市居住民はそれぞれに分かれて街区をつくっていたが、イスラム教徒の街区の場合はモスクやマスジド(小モスク)を中心に形成され、そのほとんどが個人名をもっているのはそのためである。オスマン時代のバルカン都市では、こうしたモスク、同職種が集中的に店を構えるバザール、あるいは隊商宿を中心に社会生活が営まれ、ムスリムとキリスト教徒諸民族との文化的融合が進んだ。

西欧やバルカンの史家が、しばしば「トルコ封建制」と名づけるティマール制は、さきに述べたようにヨーロッパ封建制の概念とはほとんど比較しがたいものであるが、ここではそうした議論はさておく。オスマン政府はバルカン征服の進展と同時に、各地に役人を派遣し住民と生産とに関する調査を行なって「検地帳」を作成し、納税能力の多寡に応じて各村をスィパーヒーのティマールに指定し、また各地方ごとに租税率やスィパーヒーと農民との関係を規定する詳細な法令を制定した。こうしてティマール制は、オスマン帝国の農業生産をも掌握する制度となった。バルカン史家のなかにはこの「トルコ封建制」がビザンツ封建制よりも未発達なものであるとか、規則ずくめの過酷なものであると説く者も少なくないが、研究史的には、ティマール制下のオスマン支配は比較的穏やかなものであったとする見解が定着しつつある。

ティマール制は、さきに述べたその性格上、トルコ人ないしムスリムの「封建領主」の存在を許さぬものであり、またごく少数の例外を除いては私的大土地所有は存在しなかった。その点では七世紀ごろのビザンツ封建制下の土地所有状況によく似ていた。イスラムの歴史において国家的土地所有の観念は早くから成立していたが、オスマン帝国でもティマール制下の土地はすべて国有地とされており、スルタンはスィパーヒーと農民との間に領主・農民関係が発生することを阻止するために、法令や勅令によってビザンツ帝国などの前オスマン時代に存在した封建的諸関係(貢納、賦役など)をしだいに清算し、イスラム法にもとづく中央集権的支配を貫徹することに腐心した。

ティマール制下において、非ムスリム農民はウシュル(十分の一を意味する言葉で農作物から徴収される現物税であるが、実際の税率は作物の種類と地域とによって異なる。ただしムスリムと非ムスリムとで税率が変わることはなかった)のほかに、ジズヤと呼ばれる人頭税を支払う義務があったが、それはけっして耐えがたいものではなかった。農民は農業を放棄して勝手に土地をはなれることは許されなかったが、国有地の永代借地人としての身分を保証され、耕作地を相続する権利を認められて、身分的には自由な小農民であった。租税は家族(戸)単位で課せられ、村落で一括してスィパーヒーなどに支払う方法をとったため、たとえばセルビア人社会における伝統的な拡大家族(ザドルーガ)が存続したり、あるいは、村落社会の有力者であるセルビアのクネズ、ブルガリアのチョルバジヤ、ギリシアのコジャバシスなどがオスマン支配時代を通じて影響力を持続した。

ところで、アナトリアに移住したトルコ人の多くは遊牧民であった。オスマン朝は国家体制を整えるにつれて、これらの遊牧民を定住させることに専心したが、バルカン征服にあたっては、彼らを軍事組織に編成して送りこんだ。その結果、トルコ語でユルックと呼ばれるこれらの遊牧民が、セルビア、マケドニア、ブルガリア、ドブルジャなどにおいて半定住的牧畜生活を送った。オスマン政府が、一方ではバルカン土着のヴラフ人などの牧畜民をも軍事力として利用したこととあいまって、オスマン支配とともにバルカンの経済に牧畜的要素が「復活」したといわれることがある。しかし、そうした評価の裏にうかがわれるごとく、牧畜経済を農業経済よりも原初的なもの、未開なものとする見解は近代的偏見にすぎない。アナトリアやバルカンのように乾燥度が高く、平地の少ない山岳地帯では、農業と牧畜とは共存し、相互に補完的役割を果たすことがむしろ自然の姿である。また、近代的科学工業が存在しない時代では、牧畜民の生みだす生皮、毛などは都市の手工業の発達にとって欠くことのできない原材料であると同時に、ユルックの飼育するラクダは、もっとも重要な輸送手段を提供した。

洗練された都市文明

五〇〇年近く存続したオスマン帝国支配は、さまざまな影響を今日のバルカン社会に残しているが、そのひとつが文化的な影響である。それらは、今日たとえば、ギリシア語、セルビア語、ブルガリア語などのなかに残されているトルコ語の語彙(ただし、それらの多くはアラビア語、ペルシア語起源である)の多いことからも明らかであるし、また衣、食、住のいずれを例にとってみてもオスマン文化の影響は顕著である。

これらのことは、すでによく知られている事実であり、ここでそれらの事例を数えあげることはむずかしいことではない。しかし、ここでは次のようなことだけを強調しておきたい。すなわち、オスマン帝国がバルカン諸民族のなかに残した数々の文化的影響を個々別々にとりだして検討を加えることは、将来ぜひとも行なわれなくてはならない作業であるが、同時に、それらを全体として、イスラム文明の特徴である高度に洗練された都市文明のバルカンへの波及として認識し、バルカン史のなかに位置づけねばならないということである。

イスラム文明が、その古典的完成をみた九〜十世紀のバグダードを中心とした都市文明を、スペインやイタリアを媒介として西ヨーロッパに伝えたことは、すでにみたとおりである。そして今度は、

「オスマン人」を担い手とし、イスタンブルを中心として活性化された都市文明が、オスマン支配のもとで発達したバルカン諸都市に移植されたのである。現在の研究史的状況では、オスマン文明の実態はまだ全体として明らかにされたとはいいがたく、それだけにバルカンへのその影響も断片的に指摘されているにすぎないが、言語、文学にはじまり、衣、食、住、音楽、芸能、礼儀作法、洗練された会話術など、すべての面におよんで都市文明の粋が伝えられたと考えるべきであろう。ただし、トルコ・イスラム文明といえども、すべてが内陸アジア起源のトルコ文化やアラブのイスラム文明に源を発すると考える必要はないのであって、その少なからぬ部分がアナトリアやバルカンにすでに存在した文化ないし文明と融合した結果であったと考えることも必要である。したがって、トルコ・イスラム文明自体、オスマン支配以前のアナトリアやバルカンの文化と接触した結果、さらに高度な文明へと止揚されたものであるともいえよう。トルコ・イスラム文明は最初、都市に住む「オスマン人」によって享受されたと思われるが、ときとともにバルカン諸民族のなかに溶けこんでいった。

帝国支配の変貌とバルカン民族の覚醒

オスマン帝国史は、一般に十六世紀末を境として前期と後期とに時代区分されている。前期は建国と征服との発展期であり、後期は停滞と衰亡の歴史である。後期を衰退期ととらえる見方はいまでは克服されつつある。少なくともオスマン王家による支配が十七世紀以後、以下に述べるように変質したことは事実である。

十七世紀以後、ティマール制を中軸とした、スルタンによる中央集権支配が解体するにつれて、これにかわる二つの制度がしだいに重要性を帯びてきた。そのひとつはイルティザームと総称される徴税請負制であり、いまひとつはチフトリキ（チフリク）と呼ばれる「大土地所有」の普及である。

イルティザームは、ある地域の徴税権がイスタンブルなどの大都市で競売に付されたのち、これを獲得した官僚、軍人、宮廷侍従およびその家族たちが、それを在地の徴税請負人たちに下請負いにだすことによって、実際の徴税がはじめて可能になる性質をもつものである。したがって、イルティザームの普及は苛斂誅求《かれんちゅうきゅう》を必然化する構造をおのずからもっていたが、同時に在地の徴税請負人の台頭をうながすことにもつながった。

ティマール制下の農村社会は、小農経営程度の土地保有を基礎とした社会であったが、十七世紀以後ティマール制は形骸化し（名目的には十九世紀中葉まで存続）、それにかわってチフトリキの名による「大土地所有」がひろがっていった。ただし、山地の多いバルカン半島では、チフトリキのすべてが大土地所有ないし大農経営というわけにはいかず、たとえばボスニア地方のような山間部に発達したチフトリキは、せいぜい小農経営規模のものであった。しかし、チフトリキがティマール制下の土地所有と異なる点は、カーディによる裁判や法令を通じてチフトリキの「所有者」と農民との関係をチェックする機構が、名目的には存在したとしても実際には機能せず、チフトリキを「所有」する者が、法的には非合法であるにもかかわらず、これを事実上の私有地としたことに求められる。

十八世紀以後のバルカン経済史の焦点は、こうしてチフトリキをめぐる地主と農民との関係に移行するが、注意を要する点は、この地主・農民関係が、ストヤノヴィチらのいうように、ティマール制下のスィパーヒー・農民関係よりも過酷なものであったといえるかどうかは、容易に実証しがたい問題を含んでいることである。一方、チフトリキの成立と発展とをうながした要因のひとつに、東欧および西欧からのバルカン農作物に対する需要の増大と、それによる綿花、タバコ、トウモロコシなどの商品作物の普及とがあげられている。したがって、チフトリキは、バルカンのどこにでも発達したわけではなく、マケドニア、テッサリア、北部ブルガリアなどの平地や、ボスニア、アルバニア海岸部、ペロポネソス(モレア)半島などの国境や商業ルートに隣接した一部の地域に限られていた。ただし、その場合でも、ガンゼフが十八世紀の北西部ブルガリアに例をとって主張したように、チフトリキの成立がただちに資本主義的農業経営への移行をもたらしたかどうかは、さらにきめのこまかい実証的研究を待つほかない。

チフトリキ経営の性格をめぐる以上の留保とは別に、イルティザームやチフトリキ経営の普及はオスマン中央政府にとって、頭の痛い問題を生みだした。それはチフトリキ所有者が、しばしば徴税請負権や政治権力をも掌握していたからである。オスマン帝国史上、こうした在地勢力は「アーヤーン」と総称されているが、彼らはやがて中央権力の干渉を排除し、各地になかば独立の地方政権を樹立する形勢をみせはじめた。その典型的な例は北部ギリシアのヤンヤ(現ヨアンニナ)に依って、ヨーロッパ人から「ヨアンニナのライオン」と呼ばれたアリー・パシャ(一七四四ごろ〜一八二二)であった。彼はテッサリア平原とアドリア海沿岸地方とに多数のチフトリキをもつ大地主であり、アドリア海には艦隊を浮かべて、ナポレオン・ボナパルトと制海権を争った。

ムスリム政権であるオスマン帝国では、チフトリキ所有者すなわち地主層の多くはトルコ人ないし非トルコ系ムスリムであったが、キリスト教徒村落共同体の有力者もまた、地主層として台頭する余地を見出していた。たとえば、一七七〇年にいちはやく民族蜂起ののろしをあげたペロポネソス半島のギリシア人叛乱を指導したベナキスらのコジャバシスたちは、いずれもチフトリキ所有者であった。

オスマン帝国による征服当初、バルカン諸都市はトルコ人ないしムスリムによる支配の拠点であったが、ときとともにキリスト教徒諸民族も都市に移り住んだ。たとえば、サラエヴォでは、一五二〇年にはただの一家族も存在しなかったキリスト教徒が、一八〇七年には全住民の二五％を占めるようになった。したがって、ムスリムとキリスト教徒の文化的融合は、圧政化したといわれるオスマン支配後期に、さらにいっそう進んだと考えられる。しかし、一方では両者の競合は激化し、その結果、本来はムスリムと非ムスリムとにかかわらず納税者大衆をさし示す言葉であった「レアーヤー」(ラーヤ)が、非ムスリムを呼ぶ侮蔑的な意味に変わった。

キリスト教徒、とくに東方正教徒の都市への移住は、彼らがバルカン農産物の取引きに従事する商人として台頭した事実と照合する。これら東方正教徒商人は、通商を通じてヨーロッパ諸国からナショナリズムの思想を鼓舞され、また経済的にもすでにイスタンブル商業圏を脱出したことから、オスマン帝国支配を桎梏《しっこく》と感じるようになった。一八〇四年のセルビア人蜂起の指導者カラジョルジェはその代表的人物であった。

こうして、非ムスリム地主層、商人、それにしだいに影響力を拡大していた主教層を中心として、民族独立運動が隆盛を迎えると、オスマン帝国支配を否定するためのさまざまな「世論」が形成されていったのである。

第四章

近現代世界におけるスラヴ民族

1　スラヴ世界と西ヨーロッパ

スラヴ世界の多様性と共通性

スラヴ民族がひとつのまとまりをもった集団として歴史に登場してくるのは、大きくみて三回である。九〜十世紀のキリスト教受容によるヨーロッパ世界との合一、十八〜十九世紀の民族的覚醒（再生運動、スラヴ主義）、そして今世紀の社会主義圏の形成であり、いずれの現象もヨーロッパとの深いかかわりのなかで生まれたことは、本書のそれぞれの論述によって明らかにされている。

巨視的にアジア・東方世界との対比においてみれば、キリスト教受容はスラヴ世界をヨーロッパ運命共同体のなかに組み入れる大事件ではあったが、ロシアをはじめとする東方正教圏はビザンツ文化と結びつくことによって、西欧のラテン・ゲルマン世界とは別の道を選びとったことになる。カトリック圏に組み入れられたスラヴ世界と東方正教スラヴ世界の宗教的・文化的差異は、その後の歴史的運命によってさらに増幅されることになる。スラヴ世界はほとんど等しく異民族支配を経験することになるが、東方正教圏がアジア・非キリスト教民族による支配のため、西ヨーロッパから切り離され文化的にも停滞を余儀なくされたのに対し、カトリック圏は、征服者がヨーロッパ人であったという点で幸運であったといえる。クルティウスのいう「ラテン的中世」の一員となったからである。この「幸運」のもっとも代表的な事象としては、カトリック圏スラヴ世界においてのみ、西欧型のルネサンスが成立したということがあげられよう。

十六世紀末から十八世紀初頭にかけて、スラヴ圏諸国はいずれも分裂、孤立し、政治的な大激変の渦中にまきこまれた。この時代、スラヴ世界の統一性はおろか、西欧とのつながりなど論外と思われるかもしれない。しかし文化史的観点からみれば、国と国との干渉戦争、軍事的征服ということは、きわめて濃密な文化的刺激、文化的接触の場である(第二次大戦の結果、アメリカ軍が進駐したことが、日本にとって「文化大革命」であったように)。また大局的にみれば、この時代はスラヴ圏内のみならず全ヨーロッパ的にも、宗教的分裂を軸とした紛争、葛藤、矛盾の渦巻いた時代であった。地上の現実はうつろいやすく、仮象にすぎないという、カルデロン、セルバンテス、パスカルまでを含む、スペイン語でいう desengaño デセンガーニョ(仮象の世界への迷夢から醒めること、同時に地上世界への幻滅、諦観とを意味する)の気分のひろまった時代であった。文化史でいうバロックの時代である。いずれの国でも、宗教的・政治的激変がバロックを発見ないし受容する契機となった。ルネサンスの光のさしこまなかったロシアにまでバロックが入ってきたのは、このような大激変が背景にあったからである。ロシア史上はじめてまとまった形で西欧の文化がポーランド、ベラルーシ、ウクライナ経由で入ってきた。外国軍隊の駐留（ポーランド、スウェーデン）、ロシア人の虜囚（ミハイル・ロマノフの父フィラレートも捕虜としてポーランドに連れ去られていた）、正教徒でありながら西欧的教養をもつウクライナ人の影響などが西欧文化のロシア流入への道をつけた。

十七世紀の大激動をへてなお政治的独立を保ちえた国はスラヴ圏では数少なかった。宮廷文化を基礎とする古典主義を成長し発展させることができたのは、ロシア、ポーランド両国だけであった（他に独立を保っていた国としてドゥブロヴニク〔ラグーザ〕があり、十七世紀に文化の最盛期を迎え、十八世紀にもその余韻は残っていた）。したがって古典主義の文学・文化の成立ということからみれば、この時代もスラヴ圏内部には大きな差異がみられることになる。またこの時代、オスマン帝国支配下の民族とそれ以外の民族との間には、同じスラヴ民族間でも大きな相違が生ずるようになったことはいうまでもない。

スラヴ世界における「ルネサンス」の問題

ルネサンスとは、一度死滅した古典文化の「再生」を意味しており、古代ローマの継承者たるイタリアで生まれて全ヨーロッパ的にひろまった文化活動をさす。その意味でのルネサンスはダルマティア、ドゥブロヴニク、ポーランド、チェコにおよんだが、東スラヴ圏には大きな影響をあたえなかったことは前にも述べた。

ところで、十八世紀末から十九世紀にかけて東ヨーロッパの諸民族に広くみられた文化活動に「再生」運動というのがある。再生とは言葉のうえではルネサンスとまったく同義である。たとえばチェコ語のオブロゼニー obrození を例にとってみよう。この言葉は、再生、ルネサンス両方の意味をもつ。ただ学術的には、renesance という西欧型ルネサンスを表わす言葉があり、これに対しオブロゼニーは十八〜十九世紀の文化活動を表わす歴史用語として限定して用いられている。オブロゼニーに対して英語対訳辞典には Late Renaissance、ロシア語対訳辞典には Češskoje Vozroždenije(チェコ・ルネサンス)という訳語がつけられており、要するに西欧の本来のルネサンスと比して遅れてやってきたルネサンス的状況を意味する言葉となっている。

チェコの場合、ルネサンスと、後世のルネサンス的な再生運動とでは明確に用語が区別されているので無用の混乱を生むことはないが、たとえばロシアの場合のように、区別する用語をもたない場合に問題が生ずる。そのよい例がヴァジーム・コージノフによるロシア・ルネサンス定義である。彼の考えでは、十七世紀末から十九世紀初頭は、中世文学から近代文学への移行期、つまりロシア・ルネサンスであり、プーシキン、ゴーゴリにおいてロシア文学は近代文学を成立させる条件を得るにいたったというのである。コージノフが論集『コンテクスト——一九七二』で表明したこのような大胆な文学史構想は大きな論議を呼んだが、プーシキン時代に近代文学、国民文学の基礎がきずかれたということ自体は従来から学問的合意が得られていたことであって、煎じつめてみれば、問題はここにルネサンスという名称をあたえるかどうか、またそれに西欧のルネサンスと等しい価値をあたえるかどうかである。

　結論からさきにいえば、一八一二年の対ナポレオン戦争を軸とするロシアの国民文化の成立は東欧の「再生運動」に相応するものであって、ヨーロッパの全遺産を広くとり入れたという点でルネサンス的であり、この時代、ロシア文化は古典主義時代の西欧の徒弟から脱皮して一人前となり、真にヨーロッパ文化に統合されたといっていい。ただ、後述するように、ロシアでも東欧の場合と同じく、ロマン主義イデオロギーに発する民族主義が根底にあった。今、ルネサンス的ということを強調した。これは東欧においてもロシアにおいても、啓蒙、ロマン主義がルネサンス的に機能したということである。これを「歴史概念」であるルネサンスと等価におくことが問題なのである。

　一八九五年ごろからはじまる三十年間は、ロシア文化史上、「二十世紀ロシア・ルネサンス」と名づけられている時代である。この名称は亡命系ロシア人や西欧の学者が主として用いているが、旧ソ連本国では認められていなかった。間に一九一七年の革命が入り、この革命によってすべて新しくなったという建前があり、革命前のものはすべて否定的なデカダンスとされていたからである。その考え方の当否は別として、二十世紀初頭が文化史的にみればプーシキンの「金の時代」と対比される「銀の時代」であったということについては意見が一致している。ロシアの過去のどの時代にもまして、世界の文化の紹介が活発化し、インド、エジプト、ギリシア、ラテンのような古代から、現代最新の思想にいたるまで輸入され消化された。さきほどの命名はこのようなルネサンス的状況をさしているのである。

こう論ずればきわめてはっきりしてくるように、ルネサンス的ということは、西欧において十四〜十六世紀に生まれた文化活動の特質に相応し、類似してはいるが、そこから抽出された普遍的な、回帰・反覆可能な特質をさすのであって、本来的な歴史概念であるルネサンスと等価ではない。ロシア・ロマン主義がルネサンス的に機能したということは、ロマン主義がルネサンスだ、ということとは同一ではない。

これと似た思考操作はかつてのソビエト文芸学においてしばしばみられた。今のルネサンス概念のあつかいにみられるように、普遍的価値判断基準と歴史的概念との混同、ないしすりかえである。リアリズムという概念を例にとってみよう。リアリズムは文学史的概念としては一八四〇年代にはじまる時代的な限定をもった文学潮流であるが、しばしば普遍的な価値としての(「現実を正しく反映する」というたぐいの)リアリズムが混同されることになる。すべて優れた文学はリアリズムであるという先入観もここに加わり、あらゆる時代にリアリズム探しが行なわれ、ついには歴史そのものが成り立たなくなってしまうことがある。

ここでロシアと本来的なルネサンスの同時代的関連について付言しておく。総体的な文化活動としてのルネサンスは十六世紀までの段階でロシアには生まれなかったが、ロシアとルネサンスが無関係であったわけではない。ビザンツ帝国滅亡後、東方正教世界の指導者としてツァーリを名乗ったイヴァン三世は、十五世紀後半、イタリアから工匠、建築家を招き、クレムリンの工事にあたらせた。こうして建築の面ではイタリア・ルネサンスの影響がおよぶこととなる(ヴァシリイ三世に招かれて一五一八年にアトス山からモスクワに来た学僧マクシム・グレクは、イタリアに学び人文主義者たちとも交友があったが、彼自身は反人文主義のサヴォナローラに共感をもっていたために、イタリア・ルネサンスの真の息吹きを伝えることはできなかった)。

啓蒙思想からロマン主義へ

十六世紀までのルネサンスと、十八世紀後半以降の「再生」運動は、ともに西欧からの影響下に生まれ、多くの共通点をもってはいるが、民族としての覚醒、民族主義的側面を後者がもっているという点で両者は決定的に異なっている。十八世紀までのヨーロッパ思想の特徴はそのコスモポリタニズム、普遍主義にあった。十八世紀の古典主義の思想的側面である啓蒙は、通例、個人としての、普遍の単位としての人間は重んずるが、民族などという理性によって説明できない非合理的集団には積極的な意味を認めない立場とされている。事実、ポーランドを分割し、亡国に追いやったエカテリーナ二世、フリードリヒ大王、マリア・テレジア、ヨーゼフ二世はいずれもいわゆる「啓蒙専制君主」であって、彼らは民族的・歴史的条件を軽視する啓蒙の立場に立っていたとされている。

ポーランド分割が強行されたのと並行してハプスブルク家治下ではその「普遍主義」的政策にもとづいて、諸地域の歴史的伝統を無視してドイツ語を共通語として強制するなど一元化政策がとられた。このようなスラヴ民族圧迫政策が民族的自覚をうながす要因となったことは疑いないが、為政者側の啓蒙専制主義にもとづく圧制への反抗が「反啓蒙」の立場に立っていたかというと、必ずしもそうではないのである。啓蒙思想がアメリカ独立戦争のイデオロギーとなった例によっても明らかなように、西欧からスラヴ圏に大きな流れとして入ってきた啓蒙は民族自立の運動と深く結びついてもいたのである。

ポーランドは第一次分割(一七七二年)前後から、古典主義、啓蒙主義の黄金時代を迎え、国民的な再生への道を歩みはじめたのだったが、このことが逆に諸大国を刺激し、第二次分割へとむかわせることとなった。ウィーン政府治下のスラヴ諸民族も、啓蒙思想を民族自立のよりどころとして出発したのであって、同一の思想が相反する立場の根拠を提供する事例がここにある。

ヨーロッパの周縁である東欧圏やアメリカで啓蒙思想がこのように機能したということは、逆に従来の啓蒙理解が一面的であったということを知らせてくれる。十八世紀は、文化史、思想史の立場から、古典主義的な理性中心の前期と、ロマン主義を予告する感性中心の後期に区分されるという考え方が二十世紀になって支配的となり、後期の中心をなす概念としてプレロマンティシズム(前ロマン主義)という言葉が用いられるようになった。これは感情主義、主情主義という流れとも重なり、ロマン主義の先ぶれとして、啓蒙の狭さ、無味乾燥への反動と考えられ、啓蒙と対立するものとされた。

しかし最近の研究が明らかにしているのは、感性の称揚と情念の復権、自我意識の深化というもっぱら後期の特徴としているものが、十八世紀全体の重要な特徴として世紀前半から存在し、啓蒙の合理主義と表裏一体をなしていたということである。哲学者《フィロゾーフ》たちの活動は世紀後半に頂点に達するが、彼らはいずれも「感じやすい」人間をもって自認していた。啓蒙と「感性」を切り離して考えることが事実と反することは、ルソー、ディドロを例にとれば容易にわかる。ルソーに典型的に代表される感情の解放はヘルダーおよび一七七〇年代の「シュトゥルム・ウント・ドラング」で頂点に達するが、東欧諸国に多大な影響をおよぼすのは、この「ルソー→ヘルダー」の流れである。

とくにヘルダーは「スラヴ再生」の父ともいうべき存在である。すでにルソーは、文明の堕落を経験しない自然状態の人間を理想化していたが、これは十八世紀にはきわめて普遍的であった「善良《ボン・》な野蛮人《ソヴァージュ》」「罪深い文明社会」というイメージとつながる考え方で、この立場からヘルダーは文明に「遅れた」諸民族に温かい同情をそそいだのである。ヘルダーはスラヴ民族を勤勉で平和を愛する客好きな民族であると述べ、また民族にとって先祖伝来の言葉ほどたいせつなものはなく、民族の言語をとりあげたりそれをけなしたりすることは、その民族の富を奪うことであると主張した。ヘルダーはまたスラヴ民族の風俗習慣、歌謡・伝説は消滅しつつあるがそれを集め保存することが緊急の課題だと訴えた(ヘルダー『歴史哲学』)。

このような考え方が、異民族支配のもとで歴史そのものを抹殺されかねなかったスラヴ民族に訴えないはずはなかったが、その関心の中心はヘルダーの示唆に従うがごとく言語と歴史にむけられた。チェコのドブロフスキーにはじまるスラヴ言語学、スラヴ学はまさにヘルダーの路線に従ったものであるが、これがスラヴ再生運動の第一波の先がけとなった。「ルソー──→ヘルダー」の思想の流れは、遅れていることは単純なマイナスではなく、遅れていることによってより自然に近く、文明の悪からまぬかれ、かつ古きよきものが保存されているという考え方をスラヴ圏にもたらした。この考えが、スラヴ主義の支えとなり、またルソーの弟子トルストイの思想の根幹をつくることとなる。

一方、民族的独立を脅かす側にまわったロシアでは、啓蒙はラジーシチェフやノヴィコフにみられるように、感情の解放、社会的不公正の糾弾、フリーメーソン流の神秘主義とのつながりという特徴を示し、これは西欧流の普遍主義的立場とむしろ近いといえる。ロシアで民族的色彩が強まるのは、フランス革命とナポレオンが現実的・政治的な力となってロシアを脅かすようになってからであって、この場合は明確にロマン主義イデオロギーが主導的な役割を果たすことになる。

東欧諸国において、啓蒙思想が浸透して再生運動を呼びおこした国は、政治的・文化的先進地域であったポーランド、チェコ、クロアティアに限られ、スロヴァキア、セルビア、ブルガリアはロマン主義段階になって再生運動に加わることとなる。

再生運動の大きな特徴は、さきほども述べたように、その民族主義的性格にある。しかし注意しておく必要があるのは、その民族主義的性格にもかかわらず、再生運動がスラヴ民族の共通性(言語、風俗習慣など)、一体性と相互関係の主張であり、それがスラヴ比較言語学、スラヴ学という学問を誕生させ、スラヴ主義というイデオロギーを生んだということである。

スラヴ民族の一致団結を主張する立場は、啓蒙思想、ヘルダー、ロマン主義という西欧伝来の思想の影響下に生まれたが、さらにつけ加えておきたいことは、たとえばフィヒテの主張にみられるような、ドイツ語を共通言語とする民族がひとつの国家をつくろうというパン・ゲルマニズムの考え方が、パン・スラヴィズム発生の契機となったという事実である。「民族主義」的なイデオロギーが、外国から輸入される、ないしは外国の考え方を雛形とするということは、歴史上よくみられることである。

スラヴ主義の問題

一口にスラヴ主義といっても、その成立の基盤、一般的前提が共通であるだけで、各国別にきわめて対照的な現われ方をしていることは、すでに指摘されている通りである(第三章第5節参照)。スラヴ主義は、オーストリア、ハンガリーやオスマン帝国の支配下にあった民族が、共通の言語的・人種的結びつきにもとづいてスラヴの統一を考えるという、多分にユートピア的なタイプと、ロシア、ポーランドという大国の個性の強いタイプに区分することができよう。ロシアのスラヴ主義は東方正教とのつながりを強調し、モスクワ公国という過去を理想化したのに対し、ポーランドはアジア的専制のロシアと対決し、千年王国的未来を待望するメシアニズムの方向にむかう。

いずれのタイプに属するにしても、前述したようにスラヴ主義というイデオロギーは、西欧からの影響、刺戟《しげき》から生まれているが、それは西欧と戦う武器となるだけではなく、西欧に大きな影響をあたえることとなる。この間の事情の一端をロシアについてみておくことにしよう。

ロシアのスラヴ主義者たちの主張の根拠にロシアにおける農村共同体「ミール」の存在がある。ところがこのミールを最初に高く評価したのは、ニコライ一世時代の国有財産省大臣キセリョーフの援助のもとに一八四三年ロシアを旅行したドイツ人ハクストハウゼン(一七九二～一八六六)だったのである。彼はミールがサン・シモン主義的共同体に似た機能を果たしているということを「発見」したのである。これはのちのナロードニキ的ロシア型社会主義へと通ずるが、じつはフランス空想社会主義的な見地からのミールの発見とかかわっていることを考えると、そのつながりは深い。

スラヴ主義者による西欧批判の筆法もロシア人自身の発明によるものではなかった。西欧内部の反体制派、反動派、伝統主義者からとり入れたものであることが多かった。ジョゼフ・ド・メーストル、フォイエルバッハ、ハイネ、シュトラウスそしてマルクスなどがその代表である。

西欧が体現している文明の頽廃、堕落の認識の深まりが、文明の悪におかされていない東方への期待という考え方をうながすという思考形式は、すでにルソー、ヘルダーに萌芽がみられたが、この方向を頂点にまでもっていったのがダニレフスキイ(一八二二〜八五)(『ロシアとヨーロッパ』、一八六九年)であり、それを受けついだのがレオンチエフ(一八三一〜九一)である。『東方、ロシア・スラヴ民族』(一八八五〜八六年)にまとめられた論文のなかでレオンチエフは、個別性や差異を失わせる単純化、一様化が西欧で進展し、社会の衰頽、死滅がはじまっていると主張した。西欧の没落という考え方はやがてシュペングラーに大きな影響をあたえることになる。東による西の救済というイメージはスラヴ主義の独占ではなく、ルソー、ヘルダーに発し、最後にシュペングラーにたどりつくことになる。

シュペングラーによって先鋭な形をとって現われた東方神話、東方への憧憬は、亡命ロシア人の本拠となった一九二〇年代のベルリンにおいてもっとも色濃く表現されることとなった。ロシア人のみならず、バルト系ドイツ人(エストニア出身でモスクワでインド哲学を学んだ、のちのナチス・イデオローグのローゼンベルクのような)や東欧各地のスラヴ系の人びと、さらにゴーリキイ、ベールイなどの作家やソビエト体制派の人びともこの地を行き来しており、東と西が融合するという状況が生じたのである。

シュペングラーのいう西欧の没落とはすなわち東方の興隆ということであり、西欧の没落を救うには東の要素をとり入れなければならないということである。この考え方はまさにダニレフスキイの主

ダニレフスキイ

張の路線上にある。しかし、シュペングラーをもっぱらダニレフスキイの影響という面からとらえるのは早計である。たとえばショーペンハウアーを端緒とする東方、インド、仏教的なるものへの関心が西側に存在しており、それを受けついだニーチェの思想がシュペングラーの基盤にあったであろう。このショーペンハウアーの仏教理解はロシアではいちはやくトゥルゲーネフ、トルストイ、フェートらによってとり入れられていたし、またニーチェの考え方をとり入れたベールイやイヴァーノフ＝ラズームニクは「東方」の救済という考え方を練り上げ「スキタイ人」グループを結成し、東方原理の体現者たるロシアが西欧を救うのだと主張した。この考え方は亡命者のなかに共鳴者を多く見出した。西欧に逃れながら「東」に福音があると考えるという、一見奇妙な現象がみられることとなる。

西欧への亡命者の東方への回帰、ロシア的理想の主張というのは、この時代に限ったことではない。西欧主義者ゲルツェンが亡命の地ロンドンでナロードニキ的ロシア型社会主義を主張した例も過去にあったし、ソルジェニーツィンやアクショーノフのような亡命作家も、西側の現実に失望して、ロシアの農村共同体的過去に心のよりどころを求めようとした。

スラヴ世界と亡命

ユダヤ人離散の歴史を除けば、スラヴ人ほど亡命と密接にかかわっている民族はない（ユダヤ人自身がスラヴ圏文化の担い手で、スラヴ世界からの亡命の主役でもあるが）。この場合、異民族支配の悲惨さということを強調することは一面的である。一八三一年のポーランド叛乱後のポーランド人の集団亡命という他民族支配の結果生まれた事件もあるが、スラヴ人の歴史上最大の亡命者を生んだのは、一九一七年のロシア革命である。主として一九二〇〜二五年に集中したロシア人亡命者の数は、一九二六年の統計によると一一六万人に達した。

スラヴ世界はキリスト教受容以後、ヨーロッパ世界と深いつながりをもつようになったが、それ以後スラヴ人の西欧への旅行、留学はことにバロック時代以後ひとつの伝統となった感がある。いちはやくパン・スラヴ的ユートピア思想をたずさえてモスクワにおもむいたクロアティア人クリジャニチ、ヨーロッパ中を勉学して歩き、のちに亡命者となったチェコ人コメンスキー（コメニウス）は、スラヴ世界のこの特徴のもっとも早い体現者である。ゴーゴリですらロシアを逃れてローマで創作活動を行なったことがある。のちにドストエフスキイやトルストイが声高に非難することになるが、トゥルゲーネフの例にみられるように、外国でなんの疎外感もなしに暮らすことのできるコスモポリタン的気質がロシア人をはじめとするスラヴ人に欠けているわけではない。

旧オーストリア・ハンガリー二重帝国治下にあったスラヴ人たちがウィーンを外国とは考えていないということは、かつてのオーストリア・スラヴィズム(オーストリア帝国の解体を目標とせず、そのなかでの自治を考える)の名残りとも考えられるが、ウィーンに代表されるヨーロッパ文化との一体感がそれだけ根強いということでもあろう。したがってスラヴ人のコスモポリタニズム、留学指向というものもヨーロッパを第二の祖国とするという求心的欲求の現われとみることができそうである。反西欧的言辞でのみ知られているドストエフスキイでも、ヨーロッパはロシアの第二の祖国であって、その祖国に忘恩の態度をとることはできないと明確に言い切っている。

こう書いてくると、スラヴ世界は留学、旅行、亡命を通じてひたすら西欧から文化を受容しているだけだったという誤解が生ずるかもしれない。たしかに十九世紀半ばごろまでは西欧から学ぶことは多かったが、それ以後、二十世紀初頭にかけていっきょに西欧から受けた借財、富を返すことになる。トルストイやドストエフスキイやチェーホフに代表される文学は世界的ブームを呼び、ディアギレフのバレエ団やスタニスラフスキイに象徴される芸術がヨーロッパを席巻することになる。学術上の寄与も大きく、たとえば言語学、文芸批評の面では今日でも、スラヴ構造主義として概括される研究方法がヨーロッパをリードしてきたといっていい。さきほどふれた一九二〇年代の大量の亡命は、文化史的にみればロシア・インテリゲンツィアの代表的部分を含み、二十世紀初頭のロシアにおける文化的開花をワルシャワ、プラハ、ベルリンを経由して、西欧へ送り届ける役割を果たした。ベルジャーエフやウラジーミル・ヴェイドレ、ナボコフ、アンリ・トロワイヤ(本名レフ・タラーソフ)に代表される亡命が、二十世紀ヨーロッパ文化に寄与したことを評価しておく必要があろう。

2 社会主義とスラヴ民族

社会主義と民族問題

「社会主義の建設には二つの段階がある。まず第一の段階は、成長の困難である。第二の段階は、困難の成長である」。一九七〇年代の東欧でささやかれたマルクス主義理論でいう社会主義の二つの段階論をもじったジョークのひとつである。このジョークは、ソ連・東欧社会主義圏がかかえてきた解決しがたい困難さをある程度正確に表現しているといってよい。経済成長の停滞はいうまでもなく、広く根をはってしまった官僚主義、勤労者たちの労働意欲の減退、必要消費物資の慢性的不足でいつ解消するかわからない長い行列。そして、東欧の諸国民のみならず、ソ連の国民の間にもひそかに成長していた西欧崇拝。周期的に爆発していた東欧の反ソ暴動とスラヴ民族の内部に存在する各民族間の激しい対立意識は、多民族国家を自認するソ連においても例外ではありえなかった。いわば、社会主義は、その創始者であるソ連においてすらも、民族問題の最終的解決には、ほど遠い地点に立っていたといえよう。

第一次大戦を直接のきっかけとして誕生した労農ロシアは、生産手段の私的所有を国・公有化することによって、階級のない社会を創造しようと試みた。この考えは、マルクスの資本主義分析から導かれた当然の結論であった。人間の人間による搾取の廃絶こそが、社会主義の新たな展望をおしひらくとの考えは、ひとつのユートピアの現実化ととらえられた。この搾取なき社会のもとで、各民族は、完全な自決権をもち、「自由な諸民族の自由な同盟」(「勤労被搾取人民の権利の宣言」一九一八年一月)によって世界史上はじめて勤労人民が権力を握ったロシア・ソビエト共和国が形成できるとされたのである。

この原則は、社会主義的連邦制の原則と呼ばれた。民族自決と各民族共和国の同権、そして自由意志による結合の結果として「統一的な多民族連邦国家」ソビエト連邦が形成されることは、一九三六年制定の「スターリン憲法」、七七年制定の「ブレジネフ憲法」においても明記されている。自由意志による結合であるからには、当然ソ連邦からの自由な脱退の権利も留保されている(「スターリン憲法」第一七条、「ブレジネフ憲法」第七二条)。しかし、かつてのソ連邦で、一五の構成共和国がソ連という国家の枠から脱退する可能性はとうてい考えられなかった。いかに民族自決権が尊重され、脱退が構成共和国の民族の総意であったとしても、おそらく脱退は実現できないであろうと考えられていた。このことは、東欧のあいつぐ動乱の過程でソ連の示した具体的行動、一九六八年のチェコ動乱の処理原則とされたブレジネフの「制限主権論」ひとつをとってみても明らかであった。ここに、社会主義の建前と本音の違い、あるいは理想と現実の深刻な乖離があったのであり、言葉をかえれば、社会主義国における民族問題解決の困難性がよこたわっていたといってもよい。

帝政ロシアは、第二次大戦の開始時、ヨーロッパ諸列強に比べ、はなはだしく後進的な農業国家であった。工業はわずかな主要都市にしか発展しておらず、基幹産業部門のほとんどが、フランス、ベルギー、ドイツ、オランダなどの外国資本によって支配されており、民族資本家の力量は弱いものであった。都市をとりまく広大な農村も、農村共同体がスラヴ的伝統を墨守した旧態依然たる風俗、習慣、遅れた技術水準を維持したまま存在し続けていた。農業生産力ははなはだ低く、文化は遅れ、非識字者が圧倒的であった。また帝国主義の植民地分割競争に立ち遅れたため、西欧列強のような海外植民地ももたず、絶えず国境を外に拡大し、領土をおしひろげていくという特徴をもっていた。ロシア人の植民による版図の拡大である。

この帝政ロシアの行動が、民族問題に独得の性格をつけ加えた事実は否定できない。ロシア人のほかに辺境にあった多様な諸民族、東ヨーロッパの各民族をかかえこみながら、なおかつ大ロシア人主義を標榜し、ロシア人による他民族の抑圧と差別を構造として樹立していったツァーリズム体制は、非ロシア人にとって文字どおり「民族の牢獄」としてとらえられていた。ロシアでもっとも抑圧されていたユダヤ人のなかから、ロシア革命を推進するトロツキイ、ジノヴィエフ、ブハーリンなどが輩出したのは、理由のないことではない。また、非ロシア人の革命家がロシア革命に民族の解放と自由な発展の期待をよせ、ロシア革命に協力したのも、帝政ロシアの大ロシア人主義が苛烈をきわめた差別社会であったからこそである。

一九二六年の統計によると、ソ連の総人口は一億四七〇〇万人、うちロシア人は七七八〇万人、ほぼ半数を占めている。ユダヤ人は二六七万人、ドイツ人一二四万人、ポーランド人八〇万人。ウクライナ人、ベラルーシ人、ウズベク人、タタール人、カザフ人の次にユダヤ人が位置している。革命後の労農ロシアは、民族の自決、同権、自由な結合をスローガンとして民族問題の解決に挑戦し、民族共和国の連邦制としてソビエト連邦をつくりはしたが、国家機構の抜本的編成替えだけで民族問題が解決されるはずはなかった。非ロシア民族への差別、抑圧は、古くからロシア民衆の意識の底に刻みつけられていたからである。その象徴的事件がレーニンの死直前におきたグルジア事件であった。

民族共和国を「自治」の原則のもとに、新国家へ加盟、統一させるというスターリンの考えに対して、レーニンはロシア共和国を含めた各共和国が同権、平等のもとに新しい連邦に加盟するという原則を主張した。どのような民族であれ、その民族の言語、文化、風俗、習慣、信仰が最大限に尊重され、平等、同権の原則が守られるという制度上の保証がなければ、社会主義共和国連邦はたちまち、ふたたび大ロシア人の排外主義、民族抑圧の支配を許すことになってしまうであろうとレーニンは考えていた。革命後わずか五年しかたっていないとはいえ、ロシア人の他民族差別観は根強いものであった。そして、ロシア革命の指導者たち、とりわけ、スターリンやオルジョニキッゼのようなほかならぬ非ロシア人出身の革命家が、ロシア人顔まけの、民族の権利をそこなう差別政策の積極的な推進者として立ち現れた点に、民族問題の困難性があったのである。レーニンが、民族主義一般の問題を抽象的に提起する無意味さを強調し、抑圧民族の民族主義と被抑圧民族の民族主義、大民族の民族主義と小民族の民族主義を区別する必要をとき、異民族の最大限の信頼をかちとるためには、ロシア人は形式的平等ではなく、「歴史上の過去に異民族が『強大民族』の政府からこうむった不信、疑惑、侮辱を、異民族に対するその態度により、その譲歩によってなんとかしてつぐなうことが必要である」(一九二二年十二月三十一日付レーニンの「覚え書き」)と主張したことは、歴史における民族差別、民族抑圧の蓄積が、革命によって一挙に解決できる種類のものではないことを十分に理解していたからである。

差別されてきた民族の苦しみは、差別してきた民族がより大きい差別をも甘受する姿勢なくしてはとうてい解決できないという点は、じつは、ソ連誕生以来、くりかえし提起されてきた。しかし、世界でもっとも多くの民族を包含し、その民族数が約一一〇を数えたソ連で、どのようにして民族の平等と同権を保証しえたのであろうか。ソ連がひとつの強大な国家であるためには、軍事と外交だけを分離し、それを統一国家の機能に移管しても、たとえば、国家機関での意志の疎通は、どのように行ないうるのか。民族言語の尊重をうたっても、肝心の軍隊の指揮にあたってロシア語で命令するのか、しないのかなどのさまざまな問題がすぐに発生することは明らかであった。民族の同権、平等、自由な結合と、連邦国家の運営とは、互いに矛盾し、ときには利害が衝突し、完全分離・独立のナショナリズムを誘発する危険は避けがたい。その防止のために、ソ連共産党の組織が単一独裁政党として全国に網の目のようにはりめぐらされていたのである。

ロシア共和国以外の構成共和国にも、それぞれ共産党があるにしても、それがソ連共産党の完全なコントロール下にあることは明らかであった。一八〇〇万党員の最上層部を占める政治局員(一二人)、政治局員候補(七人)、書記(一一人)のほとんどがロシア人で占められ、しかも、ウクライナ、カザフ、ベラルーシという非ロシア人の人口の多い民族共和国共産党第一書記のポストは、ロシア人党幹部が政治局入りする重要な資格であることは、結局はソ連共産党自身が、ロシア人の指導下におかれていることを意味していた。そのために、ソ連の民主化を求める運動組織の間にも、ロシア人と非ロシア人とは互いに微妙に対立しあい、反発しあうという複雑な様相を呈することにもなる。たとえば、ソ連の著名な反体制物理学者サハロフたちが要求したパスポートに対する民族籍記入撤廃についても、それを歓迎するのはユダヤ人だけであり、他の民族は、むしろ民族籍記入をロシア人に対する独自性の象徴と考えようとしており、注目されるウクライナ民族主義運動も弾圧にもめげず継続されていた。非ロシア人にとって、単一の「ソ連邦国民」に包含されることは、即ロシア人の支配下に入り、民族性を破壊され、ロシア人化するととらえられていたのであり、ここにも、社会主義ソ連の複雑な民族問題があった。

当時、非ロシア人にとって、ロシア語は「民族間交流語」と定義され、ロシア語の普及が国家の政策として進められており、非ロシア人の五人にひとりがロシア語を第二母国語として自由に駆使できる段階に達したといわれたが、初等教育におけるロシア語授業の実施や、マス・メディアを通じてのロシア語の普及という条件を考慮に入れても、非ロシア人へのロシア語の普及、あるいは、ソ連国民としての諸民族のロシア語使用は、程遠い段階にあったといってもさしつかえなかった。

国家の側面からいえば、ソ連最高ソビエトが国家権力の最高機関としてあり、この最高ソビエトが、同数の代議員よりなる連邦ソビエトと民族ソビエトの両院によって構成されていた。この民族ソビエトが、各民族の声を国政に反映させ、立法化しうる唯一の機関であった。この民族ソビエトの代議員は、各構成共和国から三二、各自治共和国から一一、各自治州から五、各自治管区から一、の基準で選出されるようになっており、いちおう、人口の半数を占めるロシア人の優位性は消去されていたが、連邦・民族両院の合同会議で選出されるソ連大臣会議自体がソ連共産党と表裏一体のものであり、共産党が前述したようにロシア人優位の政党組織であるため、民族ソビエトは形式的な存在に堕していると考える人が多かった。

ソ連・東欧をとわず、すべての社会主義国は、プロレタリアート独裁を標榜し、この独裁の執行政党として共産党を位置づけていた。これら社会主義諸国の共産党はマルクス・レーニン主義で武装しており、国家機関や社会団体の中核として、国家と社会を共産主義の目標をめざして前進させていく指導的・嚮導《きょうどう》的な力である。そして、この共産党は、イデオロギーにもとづく組織体であって、いささかも民族的性格を帯びてはいないとされていた。ロシア人も非ロシア人も共産党員として同一人格をもつと考えられていたが実態は異なっていた。共産党の内部にも、民族問題は色濃く反映しており、このことが民族対立を政策路線の対立にまで燃えあがらせる原因となっていた。

スターリン時代の民族抑圧と東欧

レーニンの死後、全権力を掌握したスターリンは、一九三〇年代に入ると一国社会主義防衛をめざして、国内における非ロシア人の抑圧を強化していった。一九四〇年ラトヴィア、エストニア、リトアニアのバルト三国を併合、ソ連の連邦共和国に編入したほか、ポーランド、フィンランド、ベッサラビアなど合計六三万平方キロの領土を第二次大戦終結以前に併合している。その併合人口は二二六五万人に達していた。バルト三国では共和国編入後ドイツ人が母国へ追放され、同時に多数のソ連人がこの地へ移住してきた。独ソ戦の時期に、これら併合地域のユダヤ人をはじめ非ロシア人が独ソ両国の犠牲となったことはいうまでもない。第一次大戦によって独立をかちとったバルト三国がソ連へ強制編入されたことが、一九七二年五月、リトアニアに端を発した宗教弾圧抗議暴動につながっていったのである。バルト三国は、宗教的にはローマ・カトリックとプロテスタントの影響が強く、民族的にも言語的にもスラヴ民族と異なり、工業も発展した民族意識の強烈な地域である。ソ連の領土拡大によって、民族の同権、自由な結合の枠が大きく踏みこえられていったことがスターリン時代の特色であり、またこのことが、多民族国家ソ連の矛盾をいっそう激化する要因となったといわねばならない。

このように領土拡大で新たにかかえこむことになった民族対立と同時に、スターリン時代に行なわれたソ連国内における民族抑圧もみのがすことができない。一九四一年八月、独ソ戦争のために、ドイツ軍に協力するおそれのあるとみなされたヴォルガ川沿岸のドイツ人やクリミア・タタール人が中央アジアやシベリアへ集団強制移住させられたのを手始めに、ドイツ軍協力への懲罰として北カフカズに居住していたカラチャイ人、カルムイク人、チェチェン人など少数民族が中央アジア地域へ強制移住させられた。また極東地域では、日本の植民地支配を逃れてハバロフスク、ウラジヴォストクなどの都市やその周辺に移住していた朝鮮人が、一九三三年に民族ごとアルマ・アタや、タシケントなど中央アジアへ強制移住させられている。その数は不明であるが、移住後の一九三九年の統計では、一八万人とされている。この強制移住は、日本の対ソ攻撃に備えた措置のひとつであったことはいうまでもない。

ドイツ軍のソ連侵略は、たしかにソ連の強制的農業集団化や民族抑圧に反感をもち、この機会を利用してソ連からの離脱をはかろうとした非ロシア人の活動をうながした。バルト三国はもちろん、ドイツ軍のウクライナ侵略をウクライナ人の一部が歓迎したことも事実である。ソ・フィン戦争で豊かな地カレリア地方をソ連に奪われたフィンランドはドイツ側についたし、ベラルーシ独立運動も燃えあがった。いわば独ソ戦を利用して、民族独立のチャンスを得ようとしたのである。ドイツ軍の敗北によって、戦後これらの対独協力分子が厳しい処断を受けたことはいうまでもない。しかし、問題はそのことだけにとどまらなかった。共産主義者としてナチスの迫害を逃れ、ソ連へ亡命したポーランド、ユーゴスラヴィア、チェコスロヴァキアをはじめとした多くの共産主義者もスターリンの粛清の犠牲となっている。

スターリンにとって、共産主義者であるとの忠誠よりも異民族であることへの警戒心がより強かったといってもよい。この事実が、第二次大戦後の東欧諸国の共産党組織の再建にとって大きな障害となった。そして、スターリンにまったき忠誠を誓ったスターリン主義者の支配する共産党が確立されたことが、民族的利益よりもソ連の利益を第一におく社会主義国家を生みだす一因となったのである。

第二次大戦の結果、ソ連ははじめて「一国社会主義」の枠をぬけだして、その西部国境沿いに、いくつかの社会主義国を樹立することができた。ポーランド、ハンガリー、チェコスロヴァキア、ブルガリア、ルーマニア、ユーゴスラヴィア、アルバニア、東ドイツの八ヵ国である。これらの諸国が社会主義国となる歴史的過程は、さまざまであった。ドイツ側に立ち、戦後ソ連の戦時賠償の対象となったブルガリア、ルーマニア、ハンガリー、自力で対独戦をたたかいぬいたユーゴスラヴィアとアルバニア、徹底抗戦したポーランドと、チェコスロヴァキアの消極的対独レジスタンス。そして、ナチス・ドイツの本拠でもあった東ドイツ。ファシズムに対する協力、抵抗、抗戦の姿勢のなかに、戦後の各国社会主義の歩みと独自性が刻みこまれていたといってよいし、また東欧圏の民衆の深層心理として存在する相互の対立意識、差別意識がかくされていたといえよう。

ソ連、東欧社会主義圏九カ国は、世界に存在していた一六の社会主義国のうち、最大のまとまりをみせ、ソ連もまた社会主義の多極化が進行するなかで、この東欧圏のみをソ連の唯一の同盟圏として掌握しようと努めていた。大戦後まもなく東西冷戦がはじまったため、ソ連の対応は西に対するソ連の防波堤として、これら八つの社会主義国家群をソ連の固い絆のもとにおく必要に駆られた。こうして経済的には、西のマーシャル・プランに対抗したコメコン(経済相互援助会議)が一九四九年一月につくられた。これは、一九五九年のコメコン規約の採択によって組織がより整備され、また増大するアジア、アフリカなど第三世界社会主義国を次々と加盟させたため、必ずしもソ連、東欧圏だけの相互援助会議ではなくなった。いわば、ソ連を盟主とする社会主義国家群の経済同盟の形態をとっていた。しかし正式加盟国にはユーゴスラヴィアとアルバニアが入っておらず(ユーゴスラヴィアは一九六四年より準加盟国)、キューバ、ヴェトナム、モンゴルが加わって一〇カ国となり、その他北朝鮮など五カ国がオブザーバーとなっていた。

このコメコンによる経済的結束と対応して、軍事同盟としてのワルシャワ条約機構があった。これは一九五五年、西ドイツのNATO加盟に対抗してつくられた集団安全保障機構であるが、これにもユーゴスラヴィア、アルバニア(一九六八年離脱)が入っておらず、ソ連と東欧の七カ国からなっていた。そして、その統合総司令官、参謀長は、つねにソ連軍人があてられ、ソ連統制下の集団安全保障機構の様相を呈していた。この点では、ソ連はNATOを統制下におくアメリカと対照的な地位を占めていたといえよう。

ソ連は、一九四〇年代後半から五〇年代前半にかけて、このように経済・軍事の網の目を東欧圏にかけ、ソ連を中核とした社会主義圏の結束をはかっただけではなかった。各国共産党の指導者には、ソ連共産党の指導に従順に従う共産主義者を配置し、ソ連型社会主義を唯一のモデルとして、主要基幹産業の国有化と農業集団化を強行させたのである。各国社会主義は、当然その発展段階も異なり、歴史的伝統も異なっていた。また、その国の内部には、ソ連同様に深刻な民族問題をかかえこんでいた。そのような矛盾にかかわりなく、ソ連モデルの強行が指令されたために、東欧圏は、必要以上の困難に逢着せざるをえなかった。また共産党独裁に対する民衆の不満、小型スターリンの圧制に対する反感が、社会主義建設の大きな障害となった。

この東欧のスターリン体制化に最初に叛旗をひるがえしたのは、ユーゴスラヴィアであった。ユーゴスラヴィアは、対独レジスタンスの指導者ティトーのもとに一四万の共産党員を率いて対独戦に独力で勝利した国であった。ティトーはユーゴスラヴィア民衆の期待を背景にして、ソ連モデルのおしつけを排し、中央集権的行政組織、上からの農業集団化を拒否し、一九五〇年には、工場管理を国家ではなく、労働者自身に委ねるという画期的な法律をだし、労働者自主管理社会主義の道をきりひらいた。また、画一的な農業集団化を中止し、中農を中心とした自作農強化の独自路線を採用した。スターリン支配下でのこのような独自路線の採用は、スターリンの激しい怒りを買うことになった。ティトーは、このスターリンの圧迫を、仔羊が下流で水をのんでいるのに、水を濁らせたと文句をつける狼の話にたとえて回想している。ユーゴスラヴィアは、こうして一九四八年コミンフォルムを除名され、以後、非同盟外交の立役者として第三世界における独自外交の指導者となっていくが、このティトーの思想に流れているものは、レーニンがいった、「大国民族主義と小国民族主義はまったく同権、平等でなければならない」という信念であった。

ユーゴスラヴィア国内の民族問題も複雑であった。セルビア、クロアティア、スロヴェニアなど南スラヴ民族がひしめき、ユーゴ国内の南北問題も歴然としていた。このため、ユーゴスラヴィアは六共和国二自治州の形をとり、各民族の言語、宗教を尊重しつつ連邦国家を形成していたが、民族対立は絶えなかった。「五つの民族、三つの宗教、三つの公用語、二種類の文字」の国といわれたユーゴスラヴィアでは、各民族の歴史、伝統の相違に加え、北部のスロヴェニア、クロアティアの経済、文化の発展の高さに比し、南部のマケドニアは北の三分の一にもみたない経済水準の低さであった。また、政治権力を握るセルビア人と、経済発展の高いクロアティア人との反目も鋭く、クロアティア独立の志向も強かった。ブルガリアとの間にはマケドニア問題、アルバニアとの間にはコソヴォ・メトヒヤ自治州の問題をかかえていた(一九八一年三～四月には、アルバニア人の流血暴動がおきた)。このため、国家指導部は各民族の同権を配慮した集団指導制がとられたが、この複雑な多民族国家の運営は、とうていソ連モデルの教条的適用で解決されるようなものではなかった。ティトーが、ソ連圏から追放され、独自路線を採用したのも、このような背景なしには考えられない。むしろ、この大胆なソ連圏離脱が、のちのユーゴスラヴィアを生みだしたといってもよい。

反ソ動乱の性格と民族

ユーゴスラヴィアのソ連への反逆は、ほかの東欧圏にも深刻な影響をあたえずにはいなかった。そして一九五三年のスターリンの死とともに勃発した東ベルリン、チェコスロヴァキアの反ソ暴動、そして、フルシチョフによる一九五六年のスターリン批判を契機としてハンガリー、チェコスロヴァキアなどにおこった動乱《スムータ》は、自国の小型スターリン指導部のソ連追従に対する民族的反発の現われであった。これら反ソ動乱は、ソ連の軍事介入によって力によって制圧されてしまったが、一九六八年にはチェコスロヴァキア、八〇年にはポーランドの叛乱となって爆発することになる。

第二次大戦後の東欧圏の一連の反ソ叛乱をみると、叛乱が発生した国のすべてが、ソ連よりも経済水準が高く、工業も発展しており、また一定の議会主義的伝統をもっていた国であることがわかる。東欧圏として一括されていたとはいえ、チェコスロヴァキア、ハンガリー、ポーランドのような国々は、社会主義圏内にとどまったことによって、西ヨーロッパ諸国の発展から著しく立ち遅れてしまったことへの焦慮と不満が強く、さらに一党独裁と、それにともなう思想、言論、信仰の自由などが著しく制限されていることへの反感がひそんでいたことも原因である。

チェコスロヴァキア動乱の発端は、一九六八年一月、小型スターリンの名をほしいままにしたノヴォトニーが党第一書記を解任されたことにはじまる。後任は、チェコスロヴァキア共産党第一書記のドブチェクであった。チェコスロヴァキアで、スロヴァキア人出身の党第一書記が誕生したこと自体が、新しい民族主義台頭の先ぶれであった。なぜなら、チェコ人とスロヴァキア人は、南北問題としてみれば、チェコは北、スロヴァキアは南に属し、政治、行政の指導権はチェコ人に長い間占められていたからである。ノヴォトニーを指導者とする社会主義チェコスロヴァキアは、第二次大戦後もほとんど無傷の工業施設を継承し、社会主義の順調な発展を約束されていた。しかし、チェコスロヴァキア共産党によるソ連モデルの全面的採用によって、一九六〇年をさかいに経済は目にみえて停滞し、六二〜六三年をピークに急速な下降線をたどっていった。一九六八年四月、チェコスロヴァキア共産党中央委員会は「行動綱領」を採択し、社会主義的民主主義を拡大することによって、政治・経済面に人民のエネルギーを結集することを宣言した。これはソ連モデルが、息づまるような硬直した官僚主義を生み、労働者の生産意欲をそこない、技術革新への熱意をそいでいる現実を直視した結果であり、この「行動綱領」の実行によって、経済停滞から脱出し、国民の共産党離れを防ぎとめようとしたのである。同時に、この「行動綱領」は、従来存在してきたチェコ人のスロヴァキア人差別の実態を認め、絶対的平等と自発性を基礎に両民族が力をあわせて国家の建設に邁進しようと呼びかけていた。また、一九五二年のスラーンスキー事件のような反ユダヤ主義的粛清裁判への深刻な自己批判も含まれていた。もちろん、このようなチェコスロヴァキア再生を誓う共産党の動きは、同国民衆の歓迎するところであった。しかし、このチェコスロヴァキア共産党の動向は、ソ連の意に反したもので

チェコスロヴァキア動乱　ソ連軍の侵攻に抗議するプラハ市民(1968年8月)。

あり、ソ連圏内からの離脱をはかるものとしてとらえられた。一九六八年八月、この「反革命」の動きを封じるためソ連軍を主体としたワルシャワ条約機構軍六〇万が同国全土を瞬時のうちに制圧、ドプチェクは解任され、「プラハの春」は八ヵ月の短命に終わったのである。

チェコスロヴァキア動乱の特色は、一九五三年、五六年の東欧動乱と異なって、共産党自体が「再生」を志向し、国民に新しい社会主義の道を約束したことにある。たんなる一部の反ソ分子の跳梁の結果起こされた暴動ではなかった。中央集権的計画経済の破綻は、工業国チェコスロヴァキアにとって無限の教訓であり、オタ・シクなど革新派エコノミストによる市場経済原理の導入も計画されていた。いわば非ソ連型の社会主義がめざされたのである。しかし、ソ連軍による制圧とチェコスロヴァキア共産党の第二のスターリン化によって、チェコスロヴァキア経済は再生の機会を逸し、かつての工業先進国は、コメコン内部におけるソ連向け中進技術の機械機器輸出国の地位にとどまらざるをえなかった。ソ連圏にいる以上、その主権は制限されざるをえないというブレジネフの「制限主権論」は、その後の東欧諸国の動きに大きなブレーキの作用を果たした。ここで注目しなければならないのは「行動綱領」がはっきり自認していたように、チェコ人のスロヴァキア人への民族差別、反ユダヤ主義などが、長年にわたってチェコスロヴァキア共産党によって温存されてきた事実である。「プラハの春」が、広く民衆と知識人によって支持されたのは、経済停滞や、政治における民主主義の蘇生だけでなく、社会主義国内部に構造的に固定されてきた民族差別を払拭しようと志向していた点にあった。また、この差別の撤廃なくしては、チェコスロヴァキアの「再生」もありえなかったのである。この「再生」をおしつぶしたソ連自身が内部にかかえこんでいる民族問題と同様の問題がチェコスロヴァキアに存在し、しかもそれが未解決のまま闇に葬られていったことが、チェコスロヴァキアの「再生」の意欲を大きく傷つけたことはいうまでもない。

一九八〇年八月、ポーランドの労働組合「連帯」を核に展開された新しいポーランド社会建設のエネルギーの爆発も、その前史として、六八年のワルシャワの学生反ソデモ、七〇年の沿バルト海ポーランド労働者の流血暴動、七六年のウルスス・ラドムの労働者暴動があった。経済停滞はいうまでもなく深刻だった。とりわけ七〇年代末から八〇年代に入ると、連続のマイナス成長が続いた。技術革新に立ち遅れまいと借りまくった二五〇億ドルという対外借款は、オイル・ショックの影響を受けて目算が狂い、債務と利子の支払い合計が輸出総額に匹敵するというほど巨額なものとなった。しかし、ポーランド共産党指導部は、このような国家的破産の責任をとろうともせず、責任をすべてポーランド民衆、とりわけ労働者に転嫁した。「連帯」発生の根源は、労働者が官製労働組合によってはなにひとつものごとを解決できないことを深く自覚した結果である。こうして、官製労組から自主労組「連帯」への移動と結集がはじまり、労働者の総意を結集した「連帯」が、敬虔なカトリック教徒ワレンサを議長として、政府、共産党指導部と対決し、自ら経済の改革にのりだす方向をとっていった。「連帯」が一貫して、政治権力をとる動きを抑制したことは、ソ連の干渉の危険を避けるためもあったが、要は、労働者の生活を守ることを主要任務とし、行動の枠を限定していたからである。グダンスクの造船労働者のストは、全ポーランドをまきこむ政府・共産党対全労働者の対決の様相を呈した。「連帯」は賃上げ、検閲の廃止、マスコミによる事実の報道、スト参加者解雇の撤回、信仰の完全な自由など、民主主義的要求を次から次へとかちとっていった。共産党内の動揺は激しく、三〇万人の脱党者とともに、「連帯」に対抗する党指導部に対する下級組織党員の不満と批判も爆発した。しかし、このポーランド全土を揺るがし、その帰趨が全世界の注目を浴び続けた「連帯」の運動は、一九八一年十二月、ヤルゼルスキ軍事政権の弾圧によって衰退していった。

この「連帯」運動の特徴は、「プラハの春」と違い、社会主義の主人公であるべき労働者が、屈辱的な従属状態をはねのけて自主的に労働組合をつくり、硬直した共産党を追いつめていったことにある。共産党は、この巨大な労働者の力におされて譲歩を続け、ついにソ連介入の圧力を背後から受けて、自ら弾圧に踏みきったのである。「連帯」運動を支えたのは、国民の八〇％以上を占めるカトリック教徒の信仰心であり、教会が巨大な影響力を発揮したことも、先行する一連の東欧動乱とは異なる点である。同時に、この運動には、民族問題がほとんど表面にでることなく、ポーランド国民の一体化した反ソ感情が強烈に現われた点でも特徴的といってよい。

しかし、東欧諸国の民衆レベルにおける反ソ、嫌ソの感情がいかに強くとも、ソ連と東欧の絆は軍事的・経済的・政治的にも強固な枠がはめられていた。軍事的には、三七〇万のソ連軍がワルシャワ条約機構軍としてソ連をはじめ東欧諸国に配置されており、核ミサイルも配備されていた。経済的にも、コメコン体制がしっかりとソ連と東欧を結びつけていた。とりわけ、東欧諸国が石油、天然ガスなどエネルギー資源の圧倒的部分をソ連からの供給によっており、また鉄鋼をはじめとする基幹原材料の提供をも受けていた現状と、その見返りとしての中進技術の機械機器のソ連向け輸出という貿易構造からみれば、ソ連圏からの離脱は考えられないことであった。もちろん、コメコン体制そのものに、矛盾がないわけではなかった。しかし東欧圏が西側の先端科学技術の導入をはかろうとしても、外貨をかせぐ有力な手段をなにひとつもたず、もし西側の借款にたよるとすれば、ポーランドのような経済破綻をきたすおそれは十分にあった。ソ連の傘下にとどまりつつ、ソ連モデルからの脱却を漸進的に行ない、経済改革の成果を国民に還元していくほかに、東欧諸民族の生活水準の向上の道はありえなかった。その点では、一九五六年のハンガリー動乱の歴史的教訓を学んで、計画経済に市場原理を導入しつつ経済発展をしてきたハンガリー経済改革の実験は、東欧諸国のみならずソ連にとっても大きな関心の的となってきていた。

ソ連そのものも一九七〇年代後半以降、経済成長率は五%台から二%台に落ちこんだ。また労働力の不足と労働意欲の低下、そして技術革新からの立ち遅れは、社会主義のモデルとされた中央集権的計画経済の非合理性をいっそうきわだたせていた。そのため、ゴルバチョフ政権は、各企業に経済の自主性をあたえ、技術革新の断行によって労働生産性を引き上げる方法を模索した。しかし、ソ連経済のアキレス腱ともいえる農業の不振、そのためアメリカをはじめとする西側からの大量の穀物輸入には、石油、天然ガスなどの原資を売って獲得した外貨を充当せざるをえず、その意味では、ソ連の貿易構造は、革命前の穀物の飢餓輸出による西欧の機械・技術導入と様相は同じであったともいえよう。くわえて、GNPの一〇～一四％におよぶといわれる軍事費の重圧が、硬直した国家予算をよりいっそう生産・消費材にふりむけることを困難にした。そしてまた、アジア、アフリカ、そしてキューバなど第三世界社会主義国への援助もソ連一国の肩にのしかかっていた。

ソ連の民族問題も、ひとつの転機を迎えようとしていた。それは、総人口二億七〇〇〇万の半分を占めるロシア人の出生率(ロシア共和国では一九八三年に人口一〇〇〇人当たり一七・六人)に比べ、中央アジアの各共和国は、タジク共和国の三八・七人を先頭にすべて三〇人台を上回っており、人口の爆発的増大が明白だからであった。スラヴ系共和国(ロシア、ウクライナ、ベラルーシ)やバルト三国の先進国型に比べ、イスラム系共和国の急速な人口の増大は、いずれ近い将来に、非ロシア人がソ連人口の過半を占めることを意味していた。ソ連の労働力不足が、定着を好み、敬虔なイスラム教徒であるこれら中央アジアの諸民族によって補充できない弱点は、ソ連のその後に大きな影響をあたえることになったのである。

3　ソ連崩壊後のスラヴ民族──分断と対立

前節では一九八〇年代までのスラヴ圏を社会主義圏としてとらえ、それがかかえていた諸問題を検討している。それから四〇年をへた現在のスラヴ圏はそれらの問題が顕在化して自壊した社会主義体制、そのことがもたらした民族連邦国家の解体と分裂、さらには民族間の葛藤によって規定される。ここではソ連崩壊後のスラヴ諸民族相互の歴史を俯瞰してむすびとしたい。

「連帯」労組の運動とヨハネス・パウルス(ヨハネ・パウロ)二世

前節でふれられているように、ソ連のブレジネフ政権末期の一九八〇年にポーランドではワレンサによる連帯労組の運動がはじまり、一気に民主化の機運が高まった。一九八一年にヤルゼルスキ軍事政権は戒厳令をだしてこの動きを弾圧したが、一九八二年にブレジネフが亡くなり、一九八五年にゴルバチョフが書記長に就任し、「ペレストロイカ」がはじまったことが追い風となって「連帯」は弾圧に抗して運動を続けた。そして「連帯」系の候補者が一九八九年に社会主義圏ではじめての自由選挙に圧勝、一党独裁を続けてきたポーランド統一労働者党は解散した。ワレンサは一九九〇年には大統領となった。

それに先立って一九七八年に南ポーランド、クラクフ近郊ワドゥイツ出身のローマ教皇ヨハネス・パウルス二世(本名カロル・ヴォイティワ)がスラヴ圏出身として史上はじめてローマ教皇に即位していたことの意味は大きい。社会主義圏とはいえカトリックの伝統が強固であったポーランドにとって、この状況が大きな精神的支えとなったことは確かである。一方、伝統的に中世以来反ラテン、反カトリックの志向が強かったロシアにとってこれは大きな脅威だった。スラヴ圏における宗教活動の自由を求める動きは、一九八五年にチェコのヴェレフラードでおこなわれた「スラヴの使徒」聖メトディオス没後千百年祭にもあらわれていた。

それに呼応するようにヨハネス・パウルス二世はソ連崩壊後、カトリック圏のみならず東方正教圏を含むスラヴ諸国を次々と訪問した(ポーランド、チェコ、スロヴァキア、クロアティア、スロヴェニア、ボスニア・ヘルツェゴヴィナ、ブルガリア、ウクライナ)。ちなみにウクライナでは、ソ連時代に非合法化されていたギリシア・カトリック教会(東方典礼カトリック教会)が一九八七年に合法化されていた。ヨハネス・パウルス二世は二〇〇五年に没するまで在位したが、スラヴ圏の民主化の進展におおいに貢献したといえよう。

ペレストロイカ

一九六四年以降ソ連の政治体制を支配していたブレジネフが八二年に死去、それを継いだアンドローポフ、チェルネンコのあと、八五年三月にゴルバチョフが書記長に就任してから、ソ連の政治・経済状況が劇的に変化した。ゴルバチョフは東西の対立を緩和しようとする動きを加速させ、一九八七年に中距離核戦力全廃条約がソ連とアメリカとの間に結ばれた。一九八九年にはソ連軍をアフガニスタンから完全撤退させた。西側との関係を改善し、軍事力を削減し、経済の立て直し(「ペレストロイカ」)をはかったのである。その結果一九九〇年に共産党独裁体制が放棄された。一九九一年三月にワルシャワ条約機構が廃止され、コメコンも解消された。しかし西側諸国のNATOは廃止されなかったために、スラヴ圏の西部はEU、NATOへの加盟をめざし、最終的にこのどちらにも加盟していないスラヴ諸国は、セルビアのほかはベラルーシとウクライナのみになった。これが二〇二二年のロシアのウクライナ侵攻の遠因となった。

経済面では「ペレストロイカ」は中央集権的経済体制を独立採算制に移行させ、経済の活性化をはかろうとした。しかし従来の体制が部分的に破壊されただけで、新たな市場経済体制は正常に機能せず、経済は混乱に陥った。この間の一九八六年四月にチェルノブィリ(チョルノーブィリ)の原発事故が起きている。この事故に対する秘密主義的な旧来の対応への反省が「グラスノスチ(情報公開)」への弾みをつけるきっかけとなった。

文化面では言論の自由が「グラスノスチ」をスローガンに展開して一九八八年に検閲も廃止された。ナボコフをはじめとする現代亡命ロシア文学や、国外追放になっていた作家ソルジェニーツィンの作品も解禁となった。同じ年にロシア正教千年祭がモスクワで祝われ、ソ連体制のもと、はじめて宗教文化が公認された。しかしこの祝祭が、最初にキエフ(キーウ)にもたらされたキリスト教があたかもモスクワにもたらされたかのように宣伝されたことに、ウクライナは当然ながら大きな不満をもった。「グラスノスチ」は本質的にはソ連の枠内のロシア中心の運動であった。

一九八九年にはワルシャワ条約機構五カ国(ソ連、ブルガリア、ハンガリー、東ドイツ、ポーランド)首脳が、「プラハの春」に対する軍事介入が誤りであったことを公式に認めた。同年にベルリンの壁が崩れ、ルーマニアのチャウシェスク政権が倒れたのをきっかけに、一挙にスラヴ諸国に民主化の波が広がっていった。それは同時にソ連による東欧諸国の一元的支配の終焉を意味した。

ゴルバチョフは一九九一年に共産党の一党独裁を廃止、大統領制をしき、ソ連邦初代大統領となった。同年の国民投票によってロシア連邦初代大統領となったエリツィンは、八月のヤナーエフ副大統領らによるクーデター未遂事件を阻止、十二月にソ連邦を解体し独立国家共同体を結成した。この結果ベラルーシとウクライナがソ連から独立することになった。その後一九九九年にプーチンが首相となり、エリツィンによって大統領代理に指名された。翌二〇〇〇年にプーチンが第二代ロシア連邦大統領に就任、その後二〇〇八年にメドヴェージェフが第三代大統領となったが、二〇一二年以降プーチンが再び大統領に復帰し現在にいたっている。

各国の動き

一九八九年にハンガリーでは複数政党制の導入が決定され、同年九月、東ドイツ難民がハンガリー経由で西側に亡命することを公認、これがベルリンの壁崩壊につながった。同年ハンガリーの社会主義政権は崩壊した。ルーマニアでもチャウシェスクの独裁政権が打倒された。

ブルガリアでは戦後三五年の長きにわたって政権につき、バルカン半島では唯一ソ連との全面協力体制を維持していたトードル・ジフコフが一九八九年に辞任し、一党独裁を放棄し、九〇年に人民共和国から共和国に改称した。社会主義圏ではソ連に最も忠実な国とみなされていたブルガリアだったが、レーニン廟にならってつくられた社会主義ブルガリアの建国の父ディミトロフの廟も一九九九年に撤去された。ソ連時代のブルガリアでは非スラヴ的な文化要素であるプロト＝ブルガール文化の研究ははばかられていたが、その制約もなくなった。

チェコスロヴァキアではベルリンの壁が崩れた一九八九年にビロード革命がおき共産党政権が崩壊、一九七七年に人権擁護運動「憲章七七」の発起人となった劇作家ヴァーツラフ・ハベルが大統領となる。一九九〇年には国名から「社会主義」が削除された。その後チェコとスロヴァキアの経済格差、伝統的に存在したチェコによるスロヴァキア差別が遠因となり、スロヴァキア人の民族主義が再燃、九三年にチェコ共和国とスロヴァキア共和国に分離した。

ベラルーシとロシア

スラヴ諸国のなかで唯一、ソ連崩壊後もロシアと密接な関係を保ち続けているのがベラルーシである。ベラルーシ語もウクライナ語と同様に、ロシア革命後、独立した言語と認められたが、ソ連時代に言語的にベラルーシにおけるロシア化が進み、ベラルーシ語の話者は減少しつつある。一九九一年の独立後、国名をロシア語の「ベロルシア」からベラルーシ語の「ベラルーシ」に改めた。独立後は一九九四年に初の大統領選で親ロシア派のルカシェンコ(ベラルーシ語ではルカシェンカ)が当選し政権につき、翌九五年にロシアとの経済・軍事面での協力強化をうたった友好善隣協力条約に調印し、九九年にプーチン政権と連合国家創設条約を締結、二〇〇〇年一月には新連邦が発足したが、実質的には機能していない。以来ルカシェンコが大統領として政権につき、独裁の傾向を強めている。

ユーゴスラヴィアの分裂と内戦

一九八二年に亡くなったブレジネフに先立って一九八〇年にティトーが亡くなると、前節に述べられていたユーゴスラヴィア連邦を構成する各共和国間の経済格差、宗教の違い、言語の違いによる矛盾と軋轢が顕在化していった。社会主義圏でありながらソ連圏とは距離をとり、独自の道を進んでいたユーゴスラヴィアだったが、それはティトーの強力な統制があったからである。ソ連邦の解体と並行して、一九九一年から九二年にかけてユーゴスラヴィア連邦の解体と再編が進んだが、その背景にはクロアティアにトゥジマン、セルビアにミロシェヴィチという民族主義的指導者があらわれたことがある。ユーゴスラヴィアからはスロヴェニア、クロアティア、ボスニア・ヘルツェゴヴィナ、マケドニアが独立、残ったコソヴォとヴォイヴォディナの二自治州を含むセルビアとツルナゴーラ（モンテネグロ）によりミロシェヴィチが新ユーゴスラヴィアを構成した。新ユーゴスラヴィアはミロシェヴィチの失脚後、二〇〇三年に国名をセルビア・モンテネグロに改称し、緩やかな連合国家制に移行したが、二〇〇六年に両国が分離、ユーゴスラヴィアは完全に解体された。

この解体にともなって旧ユーゴスラヴィアを舞台に複数の紛争が勃発した。この紛争は基本的に西欧がクロアティアやボスニアの後押しをし、反セルビアの対応をとることで収束にむかった。その当事者であるクロアティアとセルビアでこの紛争の評価が異なることは当然であるが、ここではその順序と地域によってその経過を略述する。

⑴一九九一年六月、スロヴェニアのユーゴスラヴィアからの独立にともなうユーゴスラヴィア連邦軍とスロヴェニア共和国軍との「十日間戦争」。連邦軍が撤退してヨーロッパ共同体ＥＣ（一九九三年十一月からヨーロッパ連合ＥＵ）の仲介により休戦協定が結ばれた。

⑵同じく一九九一年六月にクロアティアがユーゴスラヴィアからの独立を宣言すると、クロアティア国内の南部クライナと東部スラヴォニアを中心に人口の一二％が居住するセルビア人がこれに反発、衝突がおきた。これにセルビア人保護の名目でユーゴスラヴィア軍が介入、九月から紛争が本格化し、

セルビア人勢力とクロアティア共和国軍との内戦（クロアティア紛争）となった。一九九四年十一月末に停戦合意が成立したのをきっかけとして、国連保護軍が停戦の監視にあたったが、九五年八月にクロアティア軍が独立を宣言して、「クライナ・セルビア人共和国」を称していたセルビア人居住区をほぼ制圧し、セルビア人勢力を軍事的に排除した。一九九八年一月、最後の国連暫定統治地域だった東スラヴォニアもクロアティアに統合され、クロアティアは内戦前の領土をほぼ回復した。この紛争の過程は現在のロシアのウクライナ侵攻の過程を彷彿とさせるものがある。

(3)ボスニア・ヘルツェゴヴィナの独立宣言をきっかけとして一九九二年三月にはじまったボスニア紛争。独立したボスニア・ヘルツェゴヴィナにはムスリム人（人口の四四％）、セルビア人（同三三％）、クロアティア人（同一七％）の三民族が混在していたが、ムスリム人主体の政府が独立を宣言、これに反発したセルビアとクロアティアとの三つ巴の紛争に発展した。EC（EU）と国連の仲介にもかかわらず、紛争は三年半と長期化し、二〇万の死者と二五〇万の難民・避難民をだす結果となった。一九九五年八月から九月にかけてNATO軍によるセルビア人勢力への空爆がおこなわれた。同年十二月にアメリカの主導で、同国オハイオ州デイトンにおいてボスニア和平協定が結ばれ、内戦は終結した。ボスニア・ヘルツェゴヴィナはこの協定によって、ムスリム人とクロアティア人が多数派のボスニア連邦と、セルビア人が多数を占めるセルビア（スルプスカ）共和国のふたつの政体から構成されることになった。

(4)セルビア共和国コソヴォ自治州は、中世にはセルビア南部とともにセルビア王国の中心であり、州都プリシュティナは、中世セルビア王国の中心都市のひとつだった。コソヴォ西部にはペーチ総主教修道院のほか、十四世紀初頭に建てられた有名なグラチャニツァ修道院、ヴィソキ・デチャニ修道院がある。このコソヴォにおいて一三八九年にセルビア軍が指揮するバルカン半島のキリスト教徒連合軍がオスマン帝国を迎え撃ち、敗北を喫する、という歴史的事件(「コソヴォの戦い」)があった。この結果、セルビアはコソヴォから撤退し、ここに隣接するアルバニアから多数のアルバニア人が流入し、オスマン帝国の支配が続くうちに、ムスリム化したアルバニア人が人口の九〇%を占める状態になっていた。

この地域は一九四五年のユーゴスラヴィア成立時にはコソヴォ・メトヒヤ自治区だったが、六三年に自治州となった。七四年の憲法改正によってセルビアに属するもののセルビアと同等の地位をもつ自治州となった。ところが「コソヴォの戦い」から六〇〇年を迎えた一九八九年に、ミロシェヴィチは「コソヴォは返さない」と宣言し、コソヴォを自治州から自治区へと降格させた。これがコソヴォ紛争の原因である。アルバニア人勢力はコソヴォの共和国への昇格、さらには独立を要求し、九一年にコソヴォ共和国の樹立を宣言したが、セルビアはこれを認めず、セルビア治安部隊が九八年二月末にコソヴォ解放軍の掃討を開始、コソヴォ紛争に発展した。一九九九年三月にNATO軍はセルビアを空爆し、六月に停戦が実現した。コソヴォは二〇〇八年にコソヴォ共和国としてセルビアからの独立を宣言し、日本を含む多くの国がこれを承認しているが、セルビアとロシアは認めていない。

(5)マケドニアは、ユーゴスラヴィア解体のさい、唯一紛争をおこすことなく独立した国であったが、コソヴォで多数を占めていたアルバニア人はマケドニアでも人口の三〇%を占めており、法的権利の拡大を求める動きが拡大し、紛争となった。最終的にアルバニア人の権利拡大が法的に保障された。

ちなみに「マケドニア」の国名は国家としてのユーゴスラヴィア連邦が一九四六年に成立したさいに、その構成国の名称として採用された。その後連邦が一九九一年に解体されたさいに、新たに独立国名となったものだが、地域としてのマケドニアはかつての第二次バルカン戦争の結果、ユーゴスラヴィア時代の「ユーゴ・マケドニア」のほかに、ブルガリア南西部の「ピリン・マケドニア」、ギリシアの「エーゲ・マケドニア」と三つの国にまたがっており、さらに「マケドニア」の国名はアレクサンドロス大王の歴史的「マケドニア」以外にはありえない、とするギリシアが、この国名についてユーゴスラヴィア成立当初から強く抗議を続けていた。ユーゴスラヴィア解体後改めて国名をめぐってマケドニアとギリシアとの協議が続いていたが、最終的に二〇一九年、マケドニアは国名を「北マケドニア」に改称した。

ロシアのウクライナ侵攻

ソ連邦の崩壊は、ソ連時代にある意味で人為的に引かれた国境線が突然実効性をもつにいたる事態を招いた。この結果、各共和国に住むロシア人とロシア連邦に住むロシア人、各共和国に住む非ロシア系民族とロシア連邦に住む非ロシア系民族の分断が生まれた。このことがソ連崩壊前後から顕在化した民族紛争の原因のひとつである。ウクライナもソ連崩壊によって史上はじめて完全独立国となったが、その国境内東部に多くのロシア系住民が残されることになった。ロシアの視点からは、そもそもウクライナとロシアとはキエフ公国の時代から歴史的に切り離しがたい一体性によって結ばれている。ロシア、ウクライナ、ベラルーシの分離は十三世紀のモンゴル侵攻以降のことで、この三民族はスラヴ民族のなかでは最も新しく分化・成立した民族である。それを切り離すことにロシアが反発するのは不可避の反応であろう。それぞれの民族の独立を建前としていたソビエト時代の民族学においてもロシア民族の概念は事実上、東スラヴ民族全体を意味し、ウクライナ、ベラルーシを含んでいた。一九二七年にドイツにおいてドイツ語で出版されたゼレーニンの名著『東スラヴ民族学』の原題は『ロシア(東スラヴ)民族学』Russische (ostslavische) Volkskunde であった。

ウクライナの東部国境が確定したのはロシア革命によってであり、ウクライナがウクライナ人の居住するウクライナ全体をはじめて国家の領土として獲得したのは独ソ戦の勝利の結果である。しかしロシアをソ連と同一視するウクライナにとってはスターリン時代にウクライナの民族主義的運動がこうむった弾圧はロシアのウクライナに対する弾圧であった。そもそも第二次世界大戦後にはじめてソ連に組み入れられ、歴史的にオーストリア、ポーランドの支配が長かった西ウクライナと、ロシア国境近くに多くのロシア系住民が居住していた東ウクライナとでは対ロシア感情に違いがあった。西ウクライナには反ロシア、西欧寄りの国民感情が、東ウクライナにはロシア寄りの感情が強かった。それでも、中・東部のウクライナでスターリンの農業集団化政策による強制的食糧徴発により一九三〇年代におきた大飢饉(ホロドモール)の記憶はウクライナ人の心に痛ましく刻まれた。

しかしウクライナ独立後、一九九九年にポーランド、ハンガリー、二〇〇四年にスロヴァキア、ルーマニアがNATOに、二〇〇四年にポーランド、スロヴァキア、ハンガリーが、二〇〇七年にルーマニアがEUに加盟すると、ウクライナは直接NATO、EUと国境を接することとなった。これがきっかけでウクライナにもEU加盟をめざす動きが表面化した。この状況のなかで二〇〇四年におこなわれた大統領選挙では、ロシア寄りのヤヌコヴィチと西欧寄りのユシチェンコの戦いになり、ヤヌコヴィチの当選が報じられたが、ユシチェンコ陣営を中心に選挙に不正があった、という主張がなされ、キーウ(キエフ)を中心に大規模な抗議活動がおきた(「オレンジ革命」)。これを受けて再選挙がおこなわれ、ユシチェンコが大統領となった。

二〇一四年にロシアはウクライナ領のクリミアに侵攻し、一方的にこれを併合した。クリミアには十八世紀末までトルコの支配下にあるクリミア・ハン国があったが、エカテリーナ二世の時代の一七八三年にトルコ領からロシア領となった。爾来クリミアは長年行政的にはロシアに属するクリミア州であり、革命後はそこにクリミア自治共和国が成立した。しかし独ソ戦のさいに住民のクリミア・タタール人はドイツに協力的だったとスターリンにみなされ、中央アジアへ民族ごと強制移住させられた。クリミア自治共和国も廃止された。その後クリミアはふたたびロシアの州となったが、一九五四年にフルシチョフが「ウクライナのロシアへの自発的併合三〇〇年記念祭」のイヴェントとしてクリミアをウクライナに割譲し、新たにウクライナ領となった。しかし長い間ロシア領であった歴史的経緯からクリミアには多くのロシア人が居住していた。ロシアのクリミア併合にはこのような歴史的事実が背景としてあり、クリミアがボスニアを想起させるようなクリミア・タタール人、ウクライナ人、ロシア人の三民族の複雑な民族関係の場であることを忘れてはならない。

二〇一四年にロシア寄りのヤヌコヴィチが追放される、というマイダン革命がおき、ウクライナの反ロシア、親西欧のスタンスが鮮明になった。クリミア併合の後、ウクライナ東部ではこれに反発した親ロシア勢力によりドンバス紛争が勃発、ロシアのウクライナへの侵攻へと展開していく。

現在のスラヴ諸民族——EU、NATOとロシアの対立の構図へ

現代のスラヴ諸民族の歴史は、西欧がEUへ統合の道をたどったのとは逆に、分裂と抗争の道をたどるにいたった。政治体制的にはスラヴ諸国家において共産主義が経済システムとして崩壊し、その帰結としてソ連、チェコスロヴァキア、ユーゴスラヴィアという三つの連邦国家が分裂・解体した。現在のスラヴ諸民族は分裂、独立と細分化をくりかえし、その極限にいたったといえよう。国境と民

族分布がほとんど一致していないスラヴ諸国においては、分裂と独立によって引き直された新たな国境が、民族を分断する壁として改めてたちあらわれ、それまで顕在化していなかった民族対立をひきおこす原因となった。

また、かつて一九六八年にプラハに戦車を送り込んだワルシャワ条約機構が廃止された後、そこに参加していたスラヴ諸国の多くは一転、ロシアに対抗するNATOに参加し、ロシア・東欧の政治地図は一変してしまった。

強力な個人独裁体制の崩壊により一九八〇年代以降のスラヴ民族の歴史は方向づけられたが、ロシアはプーチンの独裁体制の暴走によりペレストロイカ以前の状況に逆戻りしてしまった。「血は水よりも濃い」ではないことを、残念ながらスラヴ民族の現代史は示している。

■索　　引

人名索引

●カーコ

●ハ－ホ

事項索引

●アーオ

■写真引用一覧

P.79,80——Ornament i miniatjura v bălgarskite răkopisi X-XIV vek, Sofija, 1979.
P.90——Učebnik russkoj istorii, Petrograd, 1915.
P.94——D. G. Ploss, Ženščina, t. I, Peterburg, 1898.
P.108——M. V. Ščelkina, Miniatjury Chludovskoj psaltyri, Moskva, 1977.
P.118——V. Gjuzelev, Knjaz Boris, Sofija, 1969.
P.130——A. Gieysztor, La Pologne millénaire, Warszawa.
P.211——A. Mickiewicz, Pisma różne, Warszawa, 1955.
P.260——Sočinenija G.P. Danilevskago, 1901.
P.278——E. Wright, The Modern World, London, 1979.

■図版引用一覧

1……L. Leciejewicz, Hońtwjerjo, zběrarjo, burja, rjemjeslnicy, Budyšin, 1982.
2……M.Gimbutas, The Slavs, London, 1971.
3……Z. Váňa, The World of the Ancient Slavs, Detroit, 1983.
4……Putzger Historischer Weltatlas, Berlin, 1979.
5……Grosser Historischer Weltatlas, I, II, III, München, 1972, 1970, 1967.
6……F. Dvornik, The Slavs. Their Early History and Civilization, Boston, 1956.
7……R. Auty, D. Obolensky (ed.), Companion to Russian Studies, 2, Cambridge, 1977.
8……C. McEved, The Penguin Atlas of Medieval History, 1978.
9……Atlas zur Geschichte, Bd. 1, Leipzig, 1973.
10……Atlas historyczny świata, Warszawa, 1974.
11……M. Gilbert, Russian History Atlas, London, 1972.
12……Atlas historyczny Polski, Warszawa, 1977.
13……J. Skowronek, M. Tanty, T. Wasilewski, Historia słowian południowych i zachodnich, Warszawa, 1977.
14……R. I. Moore (ed.), The Hamlyn Historical Atlas, London, 1981.
15……H. İnalcık, The Ottoman Empire, London, 1973.

P.5——著者(直野)作成/P.9——1/P.13——2/P.15——3/P.19——3/P.21——3/P.32——2/P.35——2/P.38——3,5,6,9などを参考/P.40——3/P.43——3,4/P.44——5/P.47——2(4,5も参考)/P.55——著者作成/P.65上——著者作成(東スラヴ諸語は7を参考)/P.65下——著者(栗原)作成/P.103——8/P.108——9/P.113——10/P.150——11/P.156——4,5他/P.159——9/P.164——5,11/

P.188――11／P.191上下――11／P.196――11／P.205――12／P.216――13／P.223――4,5,14他／P.237――15(4も参考)

川端 香男里　かわばた　かおり
1933年生まれ。東京大学大学院博士課程中退
東京大学名誉教授(2021年逝去)
主要著書：『ユートピアの幻想』(潮出版社，1971)，『トルストイ』(講談社，1982)，『ロシア文学史』(編著，東京大学出版会，1986)

菊地 昌典　きくち　まさのり
1930年生まれ。東京大学農業経済学科大学院３年修了
東京大学名誉教授(1997年逝去)
主要著書：『増補・歴史としてのスターリン時代』(筑摩書房，1972)，『ロシア革命と日本人』(同，1973)，『現代ソ連論』(同，1977)

執筆者紹介

伊東 一郎　いとう　いちろう

1949年生まれ。早稲田大学大学院博士課程中退
早稲田大学名誉教授
主要著書：『ガリツィアの森　ロシア東欧比較文化論集』(水声社，2019)，『ヨーロッパ民衆文化の想像力』(共著，言叢，2013)，伊東孝之・中井和夫・井内敏夫編『ポーランド・ウクライナ・バルト史』(共著，山川出版社，1998)，『マーシャは川を渡れない―文化の中のロシア民謡』(東洋書店，2001)

栗原 成郎　くりはら　しげお

1934年生まれ。東京教育大学大学院博士課程中退
東京大学名誉教授
主要著書：『スラヴ吸血鬼伝説考』(河出書房新社，1980)，『呪われた中庭』(訳，恒文社，1983)，『ロシア異界幻想』(岩波新書，2002)，『諺で読み解くロシアの人と社会』(東洋書店，2007)

直野 敦　なおの　あつし

1929年生まれ。一橋大学大学院修士課程修了
東京大学名誉教授
主要著書：『ルーマニア語辞典』(大学書林，1984)，『アルバニア語基礎1500語』(大学書林，1986)，『東欧史(新版)』(共著，山川出版社，1977)

永田 雄三　ながた　ゆうぞう

1939年生まれ。イスタンブル大学文学部史学科博士課程修了
明治大学元教授
主要著書：『成熟のイスラーム社会』(共著，中央公論社，1998)，『前近代トルコの地方名士――カラオスマンオウル家に関する研究』(刀水書房，2009)

森安 達也　もりやす　たつや

1941年生まれ。東京大学大学院西洋古典学修士課程修了
東京大学元教授(1994年逝去)
主要著書：『永遠のイコン――ギリシア正教』(共著，淡交社，1969)，『東方キリスト教の世界』(山川出版社，1991)，『神々の力と非力』(平凡社，1994)

『民族の世界史10　スラヴ民族と東欧ロシア』
一九八六年　山川出版社刊

YAMAKAWA SELECTION

スラヴ民族《みんぞく》の歴史《れきし》

2023年２月10日　第１版１刷　印刷
2023年２月20日　第１版１刷　発行

編者　伊東一郎

発行者　野澤武史

発行所　株式会社山川出版社
〒101-0047 東京都千代田区内神田1-13-13
電話03(3293)8131(営業)8134(編集)
https://www.yamakawa.co.jp/
振替 00120-9-43993

印刷所　株式会社太平印刷社

製本所　株式会社ブロケード
装幀　水戸部功

 ISBN978-4-634-42404-3